Harald Krusekamp

Archäologen der Moderne

Studien zur Sozialwissenschaft

Band 117

Harald Krusekamp

Archäologen der Moderne

Zum Verhältnis von Mythos und Rationalität in der Kritischen Theorie

Westdeutscher Verlag

Die Deutsche Bibliothek - CIP-Einheitsaufnahme

Krusekamp, Harald:
Archäologen der Moderne: zum Verhältnis von Mythos und
Rationalität in der Kritischen Theorie / Harald Krusekamp.
- Opladen: Westdt. Verl., 1992
(Studien zur Sozialwissenschaft; Bd. 117)
ISBN-13: 978-3-531-12398-1 e-ISBN-13: 978-3-322-88139-7
DOI: 10.1007/978-3-322-88139-7
NE: GT

Der Westdeutsche Verlag ist ein Unternehmen der Verlagsgruppe Bertelsmann International.

Umschlaggestaltung: Christine Nüsser, Wiesbaden

Gedruckt auf säurefreiem Papier

ISBN-13: 978-3-531-12398-1

Dieses Werk ist gewidmet dem Andenken an

WALTER BENJAMIN

(1892-1940)

aus Anlaß seines fünfzigsten Todestages. Benjamin nahm sich am 27. September 1940 auf der Flucht vor der Gestapo an der spanischen Grenze das Leben.

Danksagung

Die hier vorgelegte Schrift ist eine geringfügig überarbeitete Fassung meiner Dissertation, die im Oktober 1990 der Philosophischen Fakultät der Westfälischen Wilhelms-Universität vorgelegen hat und als Dissertation angenommen wurde.

Die Fertigstellung dieser Arbeit wurde durch folgende Institutionen und Personen begünstigt:

Das Land Nordrhein-Westfalen gewährte mir dankenswerterweise ein zweijähriges Stipendium im Rahmen des Graduiertenförderungsgesetzes. Herrn Prof. Dr. Eickelpasch danke ich für die Betreuung meiner Arbeit und für die instruktiven Diskussionen, die wir in den vergangenen Jahren führen konnten. Im Rahmen seines Doktorandenkolloquiums wurden mir zahlreiche Anregungen zuteil, insbesondere durch Claudia Rademacher, Georg Kneer, Armin Nassehi und Richard Gebauer. Für Ermutigung und Anregungen möchte ich mich ferner bei Herrn Dr. Norbert Rath bedanken. Schließlich danke ich Ute Wallschlag für ihr ausdauerndes Verständnis, das sie mir in den verschiedenen Phasen der Entstehung dieser Arbeit entgegengebracht hat.

Münster/Westf., im Mai 1991 Harald Krusekamp

Inhaltsverzeichnis

"Gebiete urbar zu machen, auf denen bisher nur der Wahnsinn wuchert. Vordringen mit der geschliffenen Axt der Vernunft und ohne rechts noch links zu sehen, um nicht dem Grauen anheimzufallen, das aus der Tiefe des Urwalds lockt. Aller Boden mußte einmal von der Vernunft urbar gemacht, vom Gestrüpp des Wahns und des Mythos gereinigt werden."

Walter Benjamin

I. Einleitung

Seit je hat die europäische Aufklärung sich von mythischen Weltauslegungen abgegrenzt. Bestenfalls wurde der Mythos als eine Vorstufe, meistens jedoch schlicht als der Gegenpol substantieller Vernunft interpretiert. Beschreibt man dieses Verhältnis aus der Perspektive des aufklärerischen Selbstverständnisses, bietet sich dafür die Licht-Dunkelheit-Metapher an. Die Aufklärer haben sich als diejenigen verstanden, die Licht ins Dunkel bringen und so den Menschen einen Weg aus ihrer Unmündigkeit, sei sie nun selbst verschuldet oder nicht, zeigen. Die Aufklärung kündete vom Ende des menschlichen Handelns und Denkens im Bann anonymer Mächte und Wesenheiten. Im Rahmen dieser Vorstellung sind Mythos und Aufklärung nicht zu vereinbarende Pole.

Bei Marx erhält der Gedanke der Befreiung des Menschen eine technische Wendung, die sich aus dem materialistischen Primat der Arbeit - als dem ewigen Gesetz der Menschen - ergibt: "Alle Mythologie überwindet und beherrscht und gestaltet die Naturkräfte in der Einbildung und durch die Einbildung; verschwindet also mit der wirklichen Herrschaft über dieselben" (MEW 42: 44). Aus der Perspektive der Aufklärer wird das mythische Denken als weniger rational dargestellt und dies zumindest in zweierlei Hinsicht. Einerseits ist der Mensch durch sein Aufgesogensein in der nahezu alle Bereiche des gesellschaftlichen und privaten Lebens (wenn von einem solchen überhaupt die Rede sein kann) umgreifenden Totalität des Sakralen in doppelter Hinsicht unfrei: Weder kann er losgelöst vom Diktat des Heiligen erkennen, "was der Fall ist" (Wittgenstein), noch ist er unter diesen Bedingungen moralisch-praktisch frei in seinen Entscheidungen. Andererseits kaschieren die magischen Praktiken gleichsam die technisch-instrumentelle Unwissenheit und Unbeholfenheit derjenigen, deren niedriger Stand der Produktivkraftentwicklung eine reale Beherrschung der äußeren Natur noch nicht zuläßt.

Man muß kein Anhänger des Bildes vom edlen und guten Wilden sein oder irgendwelchen sozialromantischen Vorstellungen anhängen (oder vergangenen nachtrauern), um erkennen zu können, daß derartige Vorstellungen der Aufklärer über die Unzulänglichkeiten des mythischen Denkens eine Mischung aus Unfug und "Halbwahrheiten" beinhalten, die gerade dort, wo sie besonders wenig Treffendes über den Mythos aussagen, umgekehrt ein besonders schroffes Licht auf die Defizite einer sich zur Totalität aufspreizenden aufgeklärten Vernunft werfen. Im Mythos geht es deutlich um mehr, als nur um soziale Herrschaft und Naturbeherrschung (und sei letztere, wie in der Auffassung von Marx, in Teilen nur eingebildet). Die Einbindung des Alltagshandelns in ein Geflecht von Erzählungen, an die zugegebenermaßen Handlungserwartungen geknüpft sind, hat eine sinnstiftende Funktion und verschafft den Menschen eine Verhaltenssicherheit, die in den modernen Gesellschaften abhanden zu kommen droht. Max Weber trifft dieses Problem in seiner scharfsinnigen Analyse, daß parallel zur Entzauberung der Welt ein Prozeß des Sinnverlusts verläuft. Die Autoren der "Dialektik der Aufklärung" haben diesen Zusammenhang ebenfalls beschrieben: "Auf dem Weg zu neuzeitlichen Wissenschaft leisten die Menschen auf Sinn Verzicht" (DA: 9).

Die Radikalaufklärer haben sich dem Phänomen des Sinnverlusts in der Moderne kaum gestellt, obwohl hier Konsequenzen sowohl für das theoretische als auch für das moralisch-praktische Wissen festzustellen sind. Die Anhäufung von theoretischem Wissen beinhaltet keinen Sinn an sich: "Wissenschaft selbst hat kein Bewußtsein von sich, sie ist ein Werkzeug. (...) Der Begriff des Sichselbstverstehens der Wissenschaft widerstreitet dem Begriff der Wissenschaft selbst" (DA: 77). Das Wohin und das Wozu der wissenschaftlichen Forschung ist weder ihr Inhalt (Gegenstand) noch eines ihrer Abfallprodukte. Die in einer kapitalistischen Gesellschaft letztlich zur Ware werdende Wissenschaft findet ihr Sinnsurrogat in einer - unter den an sich sinnlosen Gesetzen der Wirtschaftsordnung stehenden - Notwendigkeit zur Kapitalakkumulation, im Surplus. Auf diese Weise kommt dem Begriff der Selbstreferenz neue Bedeutung zu, nämlich als Loslösung der Zwecke von den sie schaffenden Menschen. Nicht besser ist es um die Autonomie des moralisch-praktischen Bewußtseins bestellt, wenn es unter Bedingungen wachsenden Sinnverlustes operieren soll. Sinnverlust bedeutet hier nicht, daß Sinn sukzessive verloren geht[1], sondern daß den Menschen in einer hochspezialisierten und bruchstückhaft arbeitsteilig organisierten, entfremdeten Arbeitswelt und in einer in ihren Spezialisierungen insgesamt zunehmend komplexer werdenden Gesellschaft die Bedingungen und Zusammenhänge ihres eigenen Lebens undurchsichtig werden. Innerhalb der mythischen Weltbilder hatten die Menschen noch die Chance, Anteil zu nehmen an den kulturellen Deutungsmustern, und sie konnten auf der Basis einer soliden kollektiv geteilten Hintergrundüberzeugung den Handlungsbedarf für die symbolische und materielle Reproduktion von Kultur und Gesellschaft koordinieren.

Freilich darf über solchen Überlegungen nicht vergessen werden, daß der modernen Gesellschaft der Weg zurück zu irgendwelchen vorvergangenen mythisch, religiös oder metaphysisch legitimierten Formen der Sozialintegration nicht offensteht. Wir können dem Schicksal, "in einer gottfremden, prophetenlosen Zeit zu leben" (Weber 1973: 610), nicht entrinnen. Darüber können auch die kleinen esoterischen Zirkel nicht hinwegtäuschen, in denen der Mythos hin und wieder eine fröhliche Auferstehung feiert - freilich nicht mehr, um aus Chaos Kosmos zu machen (vgl. Eliade 1985: 30 ff.), sondern um der Banalität einer profanen, lediglich irdischen Ordnung zu entgehen.

Gleichwohl dürfen derartige Sehnsüchte nicht als ein privates Problem mißverstanden werden: Sie deuten "auf ein Unvermögen der Staaten, den Begründungsansprüchen ihrer Bürger zu genügen" (Frank 1983: 35). Diese Legitimationsdefizite von Gemeinwesen sind mit der Gefahr einer propagandistischen Ausschlachtung mythischer Sehnsüchte verbunden. Eine besondere Vorsicht bei der Behandlung dieses Themas ist daher geboten. Frank hat dies

---

1 Ich stimme mit Luhmann darin überein, daß sozialen und psychischen Systemen ein unhintergehbarer Sinnzwang auferlegt ist (vgl. Luhmann 1987: 95), und daß solche Systeme demnach niemals ohne Sinn operieren können. Sinnlosigkeit würde auch nicht durch die Negation von Sinn entstehen. Allenfalls könnte Sinnlosigkeit im Bereich der Zeichen als eine Verwirrung gedacht werden (vgl. Luhmann 1987: 98).

in treffenden Worten so charakterisiert: "Notwendig bewegt sich, wer das Bewußtsein der 'Dialektik der Aufklärung' in sich wach hält, auf dünnem Eise. Die Gefahr einzubrechen ist indessen nicht tödlicher als die, es gar nicht zu betreten und damit den gewiefteren Eistänzern die Fläche zu überlassen" (Frank 1983: 35). Wie für viele andere Themen so gilt auch hier, daß man sich ein Ensemble von Fragen teilen kann, ohne jemals eine Übereinstimmung in den Antworten zu erreichen.

Sowohl Adorno und Horkheimer als auch Habermas haben - auf je ihre Weise - diesen "Tanz auf dem Eis" nicht gescheut. Gemeinsam ist ihren Gesellschaftsanalysen, daß sie sich weniger für die Spuren interessieren, die eine - scheinbar oder tatsächlich - sinnentleerte Moderne in den Handlungs- und Glaubensmustern der Individuen hinterläßt. Vielmehr geht es ihnen um die Tiefenstruktur der Gesellschaft: für deren Entwicklung und Konsequenzen auf die Ausprägung der "modernen" Vernunft. Die Rekonstruktion vergangener Lebensformen soll dazu dienen, die Grundlagen unserer eigenen Kultur besser zu verstehen. Dabei steht nicht die Anhäufung historischer Daten im Vordergrund, sondern die Erforschung und Interpretation einer gleichsam unterirdischen Geschichte sich wandelnder Bewußtseins- und Rationalitätsformen. Dies soll der Titel dieser Arbeit, *Archäologen der Moderne*, andeuten.

Damit enden bereits die Gemeinsamkeiten der alten und neuen Kritischen Theorie: Zwischen der "Dialektik der Aufklärung" von Horkheimer und Adorno und der "Theorie des kommunikativen Handelns" von Habermas liegen Welten. Dabei wäre es freilich zu kurzsichtig, diese Differenzen in der Methode und im Ergebnis einzig mit dem Paradigmenwechsel innerhalb der Kritischen Theorie von der Bewußtseins- zur Sprachphilosophie erklären zu wollen. Vielmehr haben die unterschiedlichen historischen Erfahrungen der Autoren (Faschismus in Europa und Flucht in die USA für Horkheimer und Adorno, Versuch eines demokratischen Neuanfangs in der Bundesrepublik Deutschland für Habermas) deren Erkenntnisinteresse nachhaltig beeinflußt: Bestand für Horkheimer und Adorno angesichts des Faschismus kein Zweifel daran, daß "nicht das Gute sondern das Schlechte (...) der Gegenstand der Theorie" sei (DA: 195), konnte Habermas angesichts des kapitalistisch restaurierten Nachkriegsdeutschlands diesem Diktum nicht mehr folgen: "Es ist wirklich etwas besser geworden" (Habermas 1985a: 203).

Die Versuche der Autoren, die Strukturen der "modernen" Vernunft zu rekonstruieren, fallen dementsprechend unterschiedlich aus: Während für Horkheimer und Adorno in den Greueltaten der Faschisten die Genese der bereits im Mythos angelegten naturbeherrschenden, instrumentellen Vernunft ihren logischen historischen Zenit erreicht, ortet Habermas in der menschlichen Sprache ein Telos der Verständigung (vgl. TKH 1: 387), das sich vom Mythos zur Moderne sukzessive zu einer kommunikativen Vernunft entfaltet, in der die mythischen Weltbilder ihrer totalisierenden Kraft beraubt werden. Die Wahrheit von propositionalen Aussagen und die Richtigkeit von Handlungen sind nicht länger durch ihre Einordnung in ein sakrosanktes kosmisches Weltbild vorab garantiert, sondern sie können sich allein durch einen intersubjektiv herbeigeführten Konsens bewähren: Das Sakrale wurde verflüssigt.

Hingegen stimmen die frühe und späte Kritische Theorie in ihrem Verdikt über den Mythos überein: Mythos wird als eine Form der Naturverfallenheit verstanden. "Mythen wie magische Riten meinen die sich wiederholende Natur" (DA: 19). In den mythischen Weltbildern werden "Natur und Kultur (...) auf dieselbe Ebene projiziert" (TKH 1: 78). Diese - zunächst ganz vordergründige - Übereinstimmung soll natürlich nicht darüber hinwegtäuschen, daß im Detail viele Unterschiede festzustellen sind. Während sich für Horkheimer und Adorno in den "archaischen Willkürakten von Machtergreifung" (ND: 315) bereits die "Einheit von mythischer Natur und aufgeklärter Naturbeherrschung" (DA: 5) abzeichnet, bilden Mythen für Habermas "innerhalb der uns zugänglichen kulturellen Überlieferungen den schärfsten Kontrast zu dem Weltverständnis, das in modernen Gesellschaften herrscht" (TKH 1: 73). Die Autoren der "Dialektik der Aufklärung" sehen unter der eisigen Sonne der Aufklärung die mythische Saat zur Barbarei heranreifen. Dagegen hält Habermas an dem klassisch aufklärerischen Topos des unversöhnlichen Gegensatzes von Mythos und Aufklärung fest. Hier zeichnet sich bereits ab, daß den divergierenden Diagnosen der Moderne zugleich eine unterschiedliche Einschätzung des mythischen Rationalitätspotentials zugrunde liegt.

Meine kritische Auseinandersetzung mit dem Mythosbegriff von Horkheimer und Adorno auf der einen und Habermas auf der anderen Seite erfolgt im Zusammenhang der jeweiligen Theorie, d.h. nicht als unmittelbare Gegenüberstellung ihrer Mythoskonzepte. Ich beginne mit einem frühen Aufsatz von Adorno, der "Idee der Naturgeschichte" von 1932, in dem Adorno sich zum ersten Mal - und für die Kritische Theorie geradezu programmatisch - mit dem Verhältnis von Natur und Mythos, Mythos und Geschichte beschäftigt. Aufgrund der Bedeutung des Benjaminschen Allegoriebegriffs für Adornos Philosophie und Gesellschaftstheorie wird dieser in einem eingeschobenen Exkurs erläutert. Das anschließende Kapitel zur "Dialektik der Aufklärung" steht unter dem Vorzeichen einer kritischen Rekonstruktion der zentralen Thesen des Buches: "Schon der Mythos ist Aufklärung, und: Aufklärung schlägt in Mythologie zurück" (DA: 5). Dabei werde ich einerseits mit den Mitteln einer immanent verfahrenden Kritik die These auf Widerspruchsfreiheit hin untersuchen, andererseits die dieser These zugrundeliegende Mythoskonzeption mit neuen Erkenntnissen und Thesen von Ethnologen und Philosophen konfrontieren. Freilich soll die sich daraus ergebende Notwendigkeit der Hinwendung zu den einzelnen Bestandteilen des Mythosbegriffs nicht den Blick auf das Ganze des Werkes verstellen. Deshalb wurde Wert darauf gelegt, immer wieder auf die übergeordneten Argumentationszusammenhänge zu rekurrieren und die Verbindung der Einzelteile im Zusammenhang der zentralen These darzustellen.

Das Verhältnis von Mythos und Rationalität steht in den Arbeiten von Jürgen Habermas in einem engen Zusammenhang mit seiner formalpragmatischen Rekonstruktion der Bedingungen kommunikativen Handelns. In dieser Hinsicht bleibt Habermas ein Theoretiker der Moderne, der bemüht ist, im Spiegel des Mythos die Strukturen des modernen Denkens sichtbar zu machen. Darüber hinaus geht es ihm nicht lediglich darum, zwei unterschiedliche Rationalitätsformen zu kontrastieren, sondern sie im Rahmen einer Evolutionstheorie historisch einzuordnen. Das mythische Denken wird dabei als eine zeitlich frühere und zugleich weniger rationale Vorstufe des modernen Denkens konzeptualisiert. Da die Formalpragmatik als normativer Maßstab für die Bewertung des geringeren Rationalitätspotentials des Mythos fungiert, beginne ich meine Erörterung mit einer kritischen Darstellung der formalpragmatischen Grundlegung der Theorie. Sodann werde ich mich Habermas' Evolutionstheorie zuwenden und dabei den wichtigen - und problematischen - Einfluß der Theorien von Jean Piaget und Lawrence Kohlberg herausstellen. Zuletzt wende ich mich den philosophischen Aufsätzen im "Nachmetaphysischen Denken" zu, die - zumindest in Teilen - die bisher rein pejorative Verwendung des Mythosbegriffs überwinden. Habermas scheint nun bemüht zu sein, dem Mythos auch Gerechtigkeit widerfahren zu lassen.

II. Der circulus vitiosus: Mythos und Aufklärung

"Schon der Mythos ist Aufklärung, und: Aufklärung schlägt in Mythologie zurück" (DA: 5). Diese wohl bedeutsamste These - andere lassen sich darunter subsumieren - in der "Dialektik der Aufklärung" stellt nicht das *Programm* der Aufklärung in Frage[1], das Kant als den "Ausgang des Menschen aus seiner selbst verschuldeten Unmündigkeit" definiert hat (Kant 1964: 53)[2], sehr wohl aber den realen Erfolg des Unternehmens, denn "die vollends aufgeklärte Erde strahlt im Zeichen triumphalen Unheils" (DA: 7). Dennoch wird Horkheimers und Adornos Archäologie der Moderne nicht von dem Bedürfnis einer Restitution vergangener Lebensformen angetrieben: "Nicht um die Konservierung der Vergangenheit, sondern um die Einlösung der vergangenen Hoffnung ist es zu tun" (DA: 4). Die geschichtsphilosophische Rekonstruktion des Aufklärungsprozesses[3] soll dessen "rückläufiges Moment" (DA: 3) sichtbar werden lassen, um so die Aufklärung über sich selbst aufzuklären.

Die Aufklärung hat ihr Versprechen, die Menschen zur Mündigkeit zu führen, nicht eingelöst: Sie ist "in blinder Herrschaft" verstrickt (DA: 5), hat de facto über das Organum der Naturwissenschaften nur einen Zuwachs an Herrschaft über Natur gebracht. Die an die Aufklärung geknüpfte Hoffnung, die Menschen aus rigiden Formen der Herrschaft herauszuführen, wird durch eine bürgerliche Arbeitsteilung destruiert, die "die Selbstentäußerung der Individuen, die sich an Leib und Seele nach der technischen Apparatur zu formen haben", erzwingt (DA: 30). Die moderne bürgerliche Gesellschaft bringt Anpassungszwänge hervor, die mit solcher Gewalt auftreten, daß sie wie im Mythos gleichsam mit naturgesetzlicher Kraft die Assimilation der Menschen

---

1 "Wir hegen keinen Zweifel - und darin liegt unsere petitio principii -, daß die Freiheit in der Gesellschaft vom aufklärenden Denken unabtrennbar ist" (DA: 3).

2 Horkheimer und Adorno, die diesen Satz von Kant zitieren (vgl. DA: 74), fassen die zwei Wörter "selbst verschuldet" zu "selbstverschuldet" zusammen. Gegenüber der Kantischen Formulierung scheint mir das eine Abschwächung zu bedeuten.

3 Unter Aufklärung verstehen Horkheimer und Adorno nicht lediglich die geistige und politische Bewegung des späten 17. und 18. Jahrhunderts: Aufklärung wird, im Anschluß an Weber (vgl. Weber 1920: 94 f.) als universalgeschichtlicher Entzauberungsprozeß interpretiert (vgl. DA: 7). Adorno spricht von "Jahrtausenden von Aufklärung" (MM: 321). Die Menschheitsgeschichte ist zugleich die Geschichte der - wenn auch bisher gescheiterten - Aufklärung (vgl. DA 43; Schmucker 1977: 17). Daher sind auch die Mythen der Aufklärung nicht entgegengesetzt, sondern "selbst schon deren eigenes Produkt". Denn schon "der Mythos wollte berichten, nennen, den Ursprung sagen: damit aber darstellen, festhalten, erklären" (DA: 11; vgl. Hesse 1982: 53).

zustande bringen.

Die modernen Wissenschaften verherrlichen im Gefolge Bacons jene Disziplin und Macht, die schon im Mythos enthalten war (vgl. DA: 11). Die Moderne ist selbst mythisch: Auch sie steht noch unter dem Bann der Herrschaft, von der sie sich nicht emanzipieren konnte. Sowohl im Mythos als auch in der Moderne sind Opfer und Entsagung von zentraler Bedeutung (vgl. DA: 5): "Die Geschichte der Zivilisation ist die Geschichte der Introversion des Opfers. Mit anderen Worten: die Geschichte der Entsagung. Jeder Entsagende gibt mehr von seinem Leben als ihm zurückgegeben wird, mehr als das Leben, das er verteidigt" (DA: 51 f.).

Der Opferritus der Moderne ist der universale, ungleiche und ungerechte Tausch (vgl. DA: 52); "die Superiorität der Natur [wird] im Wettbewerb stets vindiziert" (DA: 53). Die Menschen treten aus dem alten Naturzusammenhang heraus in einen neuen quasinatürlichen Zwangszusammenhang, in eine "zweite Natur": die moderne Gesellschaft (vgl. Rath 1982: 118)[4]. In ihr "hypostasiert die Lehre des Fortschritts direkt das Ideal der Naturbeherrschung und entartet schließlich selbst zu einer statischen, abgeleiteten Mythologie. Bewegung als solche, abgelöst von ihrem gesellschaftlichen Zusammenhang und ihrem menschlichen Ziel, wird zum bloßen Schein einer Bewegung, zur schlechten Unendlichkeit mechanischer Wiederholung" (KiV: 128 f.).

Wirklicher Fortschritt und Aufklärung, die ihrem Anliegen gerecht wird, kann erst stattfinden, wenn die Menschen ihre Ziele bestimmen, wenn sie nicht länger nur Mittel in einem Prozeß sind, der ihnen mit Naturmacht entgegentritt, dem sie sklavisch ausgeliefert sind, der keine geschichtliche Bewegung darstellt, sondern ein einziges immergleiches, wiederkehrendes Schnaufen und Stampfen von Maschinen, ein dauerndes Kreisen von Fließbändern - kurz: wenn die Menschen Subjekt der Geschichte sind. Solange sie es nicht sind, bleibt die "Moderne" lediglich eine Fortsetzung archaisch-mythischer Naturverfallenheit mit anderen - nämlich technischen - Mitteln, mit Kafka gespro-

4 "Die Menschen arbeiten sich vermittels Herrschaft und zweckbestimmter Vernunft aus 'mythischer' Natur heraus, verschwinden aber gerade infolge dieser Mittel wieder in einem Mythos zweiten Grades, dem gesellschaftlichen Naturzusammenhang der nach den Prinzipien der Herrschaft und des Tausches organisierten Gesellschaft: in der gleichen Bewegung entsteht und verschwindet Subjektivität" (Rath 1982: 119).

chen: ein stehender Sturmlauf.

Die Aufklärung hat den Menschen nicht aus seiner Naturverfallenheit herausgeführt, sondern durch den permanenten Zwang, über Natur zu herrschen, eine andere Form der Naturverfallenheit hervorgebracht. Menschheitsgeschichte und Natur bleiben miteinander verschlungen. Wenn Geschichte dadurch definiert wird, "daß in ihr qualitativ Neues erscheint, daß sie eine Bewegung ist", die nicht in "purer Reproduktion von solchem, was schon immer da war", aufgeht (GS 1: 346), so hat Geschichte bisher schlicht nicht stattgefunden: "Das wissenschaftliche wie schon das mythologische Denken [behandelt] das jeweils Gegenwärtige als bloßen Fall des Immergleichen (...): sei es als Wiederholung immer wieder geschehender archetypischer Vorgänge wie im Mythos, sei es als ein durch allgemeine Gesetzmäßigkeiten determiniertes Ereignis wie in der Wissenschaft" (Wellmer 1985: 146). Der "Bann des Tatsächlichen als des Notwendigen und Immergleichen" (Wellmer 1985: 146) lastet über Mythos und Moderne gleichermaßen.

Der in der "Dialektik der Aufklärung" ausgeführte Gedanke eines Rückschlags von Aufklärung in Mythologie hat einen frühen Vorläufer in Adornos "Idee der Naturgeschichte" (GS 1: 345-365)[5], die mit der behaupteten Einheit von Natur und Geschichte die in der "Dialektik der Aufklärung" dargestellte Verschlingung von Mythos und Aufklärung vorwegnimmt, wobei Mythos dem Natur- und Aufklärung dem Geschichtsbegriff entspricht (vgl. DA: 7, 18, 43; Schmucker 1977: 17; GS 1: 345). Im Unterschied zur "Dialektik der Aufklärung" wird in der "Idee der Naturgeschichte" die Kontamination von Natur

5 Adornos Gesellschaftskritik weist über Jahrzehnte hinweg in verschiedener Hinsicht eine beeindruckende Kontinuität auf (vgl. Buck-Morss 1977: 63 ff.). So knüpft er in der "Negativen Dialektik" an seine Überlegungen zur "Idee der Naturgeschichte" aus den dreißiger Jahren wieder an (vgl. ND: 409). Zugleich gibt es signifikante Parallelen zwischen der "Dialektik der Aufklärung" und der "Kritik der instrumentellen Vernunft" von Horkheimer. Dies kann freilich kaum verwundern, wenn man bedenkt, daß die Arbeit an der "Dialektik der Aufklärung" eine kollektive Produktion gewesen ist, "wo jeder Satz in gemeinsamer Formulierung entstand" (Löwenthal 1983: 397; vgl. Jay 1985: 298). Auch Horkheimers "Kritik der instrumentellen Vernunft" und Adornos "Minima Moralia" zeugen deutlich von einer Zusammenarbeit (vgl. Jay 1985: 298). In meinen nachfolgenden Ausführungen werden sowohl die Kontinuität in Adornos Denken, als auch die Verwandtschaft seiner Gesellschaftskritik zu der von Horkheimer in der "Kritik der instrumentellen Vernunft" ausgeführten, Berücksichtigung finden.

und Geschichte nicht am Leitfaden der Analyse einer aus dem Selbsterhaltungstrieb heraus entstehenden und zur irrationalen Verselbständigung neigenden Naturbeherrschung begründet[6], sondern durch Interpretation von Lukács' "Theorie des Romans" und Benjamins Allegoriebegriff aus dem "Ursprung des deutschen Trauerspiels" entwickelt. Da das Ergebnis dieser Interpretation und die daraus folgenden Probleme in der "Dialektik der Aufklärung" ihre Entsprechung finden und darüber hinaus der Begriff der Natur in Adornos Philosophie eine "zentrale Rolle (...) spielt" (Lüdke 1981: 69), wie auch die Klärung des Verhältnisses von Natur und Geschichte bis in Adornos Spätwerk hinein verfolgt werden kann[7], scheint eine Auseinandersetzung mit der "Idee der Naturgeschichte" sinnvoll zu sein. Ich werde daher zunächst anhand der von Adorno 1932 verfaßten "Idee der Naturgeschichte" das Verhältnis von Natur und Geschichte rekonstruieren (Kapitel II.1) und mich anschließend der "Dialektik der Aufklärung" zuwenden (Kapitel III).

II.1 Natur und Geschichte

Am 15.07.1932 hält Adorno vor der Frankfurter Ortsgruppe der Kant-Gesellschaft (vgl. GS 1: 383) einen Vortrag über die "Idee der Naturgeschichte" (GS 1: 345 - 365). Darin ist es seine erklärte Absicht, "die übliche Antithesis von Natur und Geschichte aufzuheben" (GS 1: 345). Diesem Anliegen stellt Adorno eine Klärung der Begriffe Natur und Geschichte voran. Den Naturbegriff übersetzt er - als "Erläuterung" - "mit dem Begriff des Mythischen" (GS 1: 345)[8]. Damit ist gemeint, "was von je da ist, was als schicksalhaft gefügtes, vorgegebenes Sein die menschliche Geschichte trägt, in ihr erscheint, was substantiell ist in ihr" (GS 1: 346). Natur und Mythos sind auf ein tertium

6 "Naturverfallenheit besteht in der Naturbeherrschung" (DA: 39). "Grenzenlos Natur zu beherrschen, den Kosmos in ein unendliches Jagdgebiet zu verwandeln, war der Wunschtraum der Jahrtausende" (DA: 221).

7 "Angesichts dieser Antizipationen würde ich 'Die Idee der Naturgeschichte' zu den am meisten programmatischen Aufsätzen Adornos rechnen" (Rath 1982: 196).

8 Ähnlich heißt es in der "Dialektik der Aufklärung": "Auf Naturverhältnisse lassen sich auch die Vorstellungen der Mythen *ohne Rest* zurückführen" (DA: 18, meine Hervorhebung).

comparationis gebracht: das des Schicksals[9].

Geschichte hingegen "besagt jene Verhaltensweise der Menschen, jene tradierte Verhaltensweise, die charakterisiert wird vor allem dadurch, daß in ihr qualitativ Neues erscheint, daß sie eine Bewegung ist, die sich nicht abspielt in purer Identität, purer Reproduktion von solchem, was schon immer da war, sondern in der Neues vorkommt und die ihren wahren Charakter durch das in ihr als Neues Erscheinende gewinnt" (GS 1: 346).

Sowohl Natur als auch Geschichte werden hier von Adorno als *theoretische Kategorien* eingeführt. Diese entsprechen nicht der empirischen Realität: Die Gegenüberstellung von Natur und Geschichte brandmarkt Adorno als Ideologie (vgl. Grenz 1975: 58).

Das Verhältnis von Natur und Geschichte kann nur dann geklärt werden, "wenn es gelingt, *das geschichtliche Sein in seiner äußersten geschichtlichen Bestimmtheit, da, wo es am geschichtlichsten ist, selber als naturhaftes Sein zu begreifen, oder wenn es gelänge, die Natur da, wo sie als Natur scheinbar am tiefsten in sich verharrt, zu begreifen als ein geschichtliches Sein*" (GS 1: 354 f.; vgl. JE: 83 f.). Kurz: "Die Idee der Naturgeschichte" ist "die Rückverwandlung der konkreten Geschichte in dialektische Natur" (GS 1: 355). Wenn solche Überlegungen einerseits keineswegs neu sind[10], so darf doch andererseits

---

9 Unverkennbar gehen diese Überlegungen später in die "Dialektik der Aufklärung" ein: allerdings - wohl angesichts des Faschismus - in zugespitzter Form: Schicksal geht in "Naturverfallenheit" (DA: 4), in die "Herrschaft des blind Objektiven" (DA: 5), letztlich in "Barbarei" (DA: 22) über.

10 "Die erste Voraussetzung aller Menschengeschichte ist natürlich die Existenz lebendiger menschlicher Individuen. Der erste zu konstatierende Tatbestand ist also die körperliche Organisation dieser Individuen und ihr dadurch gegebenes Verhältnis zur übrigen Natur" (MEW 3: 20 f.).
"Die Arbeit ist zunächst ein Prozeß zwischen Mensch und Natur, ein Prozeß, worin der Mensch seinen Stoffwechsel mit der Natur durch seine eigene Tat vermittelt, regelt und kontrolliert. Er tritt dem Naturstoff selbst als eine Naturmacht gegenüber" (MEW 23: 192; vgl. MEW 23: 57 f.).
"Wir kennen nur eine einzige Wissenschaft, die Wissenschaft der Geschichte. Die Geschichte kann von zwei Seiten aus betrachtet, in die Geschichte der Natur und die Geschichte der Menschheit abgeteilt werden. Beide Seiten sind indes nicht zu trennen; solange Menschen existieren, bedingen sich Geschichte der Natur und Geschichte der Menschen gegenseitig" (Marx u. Engels: Die deutsche Ideologie; zit. nach ND: 351). Es ist anzumerken, daß dieses Zitat aus MEW 3, Seite 18, von Marx und Engels aus dem Manuskript gestrichen worden ist.

Adornos Primat der Natur nicht übersehen werden (vgl. Grenz 1975: 59). Geschichte entspricht noch nicht der emphatischen Definition ihres Begriffs: "Die Objektivität des geschichtlichen Lebens ist die von Naturgeschichte" (ND: 347)[11].

Adornos Konzeption der Naturgeschichte lehnt sich an Arbeiten von Georg Lukács und Walter Benjamin an (vgl. GS 1: 355)[12]. Lukács differenziert zwischen erster Natur - die Natur, wie die Naturwissenschaft sie versteht - und zweiter Natur, die für die gesellschaftliche Wirklichkeit, wie sie sich geschichtlich entwickelt hat, steht. Die erste Natur ist entfremdet, weil sie nur als "Inbegriff von erkannten, sinnesfremden Notwendigkeiten bestimmbar [ist] und deshalb in ihrer wirklichen Substanz unerfaßbar und unerkennbar" bleibt (Lukács, zit. nach GS 1: 356)[13]. Die moderne, naturwissenschaftliche Rationalität ist nicht daran interessiert, Natur zu erkennen, wie sie ist, sondern wie sie nutzbringend angeeignet werden kann. Indem das An sich der Natur zu einem Für uns wird, schrumpft ihr substantieller Horizont zu jenen "sinnesfremden Notwendigkeiten" zusammen. Durch die Brille der Naturwissenschaften betrachtet, erscheint Natur nur noch als entfremdete.

Die zweite Natur - die Welt der vom Menschen geschaffenen Konvention (vgl. GS 1: 356)[14] - stellt für Lukács einen Gewaltzusammenhang dar, der sich

---

11 In der "Negativen Dialektik" wird darauf hingewiesen, daß Adorno Motive aus der "Idee der Naturgeschichte" wieder aufnimmt (vgl. ND: 409).

12 Der Einfluß Benjamins auf Adornos Philosophie wird von verschiedenen Autoren erwähnt (vgl. Lindner 1977: 72-91; Pettazzi 1977: 39-43; Link 1986: 47-51; Rath 1982: 68-71). Benjamin "wurde nach Kracauer derjenige von Adornos engen Bekannten, dem er am meisten verdankte" (Wiggershaus 1987: 15). Über Kracauer schreibt Baum, daß dieser in dem bereits 1927 erschienenen Essay "Das Ornament der Masse" (Kracauer 1977: 50-63) "die wesentlichsten Merkmale einer Dialektik der Aufklärung auf den Begriff" bringe, "also lange vor Horkheimer/Adorno" (Baum 1988: 49).

13 Die Stellen aus der "Theorie des Romans", die Adorno selbst zitiert, übernehme ich als solche aus der "Idee der Naturgeschichte", um eine deutliche Unterscheidung zu gewährleisten, zwischen dem, was Adorno der "Theorie des Romans" entnimmt, und den von mir zusätzlich herangezogenen Textstellen, die nach dem Originaltext von Lukács zitiert werden. Dieses Verfahren gilt ebenfalls für Benjamins "Ursprung des deutschen Trauerspiels".

14 "Sehr interessant ist, worauf Adorno in diesem Kontext *nicht* eingeht: auf die Anbindung des Begriffs der 'zweiten Natur' an die Kategorie der Verdinglichung, die Lukács in 'Geschichte und Klassenbewußtsein' [erschienen 1923; H.K.] vornimmt" (Rath 1982: 76):
"Denn nur als Universalkategorie des gesamten gesellschaftlichen Seins ist die Ware in ihrer unverfälschten Wesensart begreifbar. Erst in diesem Zusammenhang gewinnt die

durch strenge Gesetzlichkeit und Allgegenwart auszeichnet[15].

Jede Gesellschaft brennt also den historischen Phänomenen die Struktur ihrer Gegenständlichkeit und damit zugleich deren geschichtlichen Charakter ein[16]. Die so gewonnene "Objektivität des geschichtlichen Lebens ist die von Naturgeschichte" insofern, als das Allgemeine sich "über die Köpfe der Subjekte" hinweg realisiert (ND: 347)[17]. Das Moment der Unvermeidlichkeit dieser

---

durch das Warenverhältnis entstandene Verdinglichung eine entscheidende Bedeutung sowohl für die objektive Entwicklung der Gesellschaft wie für das Verhalten der Menschen zu ihr; für das Unterworfenwerden ihres Bewußtseins den Formen, in denen sich diese Verdinglichung ausdrückt; für die Versuche, diesen Prozeß zu begreifen oder sich gegen seine verheerenden Wirkungen aufzulehnen, sich von dieser Knechtschaft unter der so entstandenen 'zweiten Natur' zu befreien" (Lukács 1976: 174).

15 "Die selbstgeschaffene Umwelt [ist] für den Menschen kein Vaterhaus mehr (...), sondern ein Kerker" (Lukács 1920: 55).

16 Paradigmatisch für den geschichtlichen Charakter der Gegenstandsform im Kapitalismus ist für Marx die Analyse der Warenform: "Das Geheimnisvolle der Warenform besteht (...) darin, daß sie den Menschen die gesellschaftlichen Charaktere ihrer eignen Arbeit als gegenständliche Charaktere der Arbeitsprodukte selbst, als gesellschaftliche Natureigenschaften dieser Dinge zurückspiegelt, daher auch das gesellschaftliche Verhältnis der Produzenten zur Gesamtarbeit als ein außer ihnen existierendes gesellschaftliches Verhältnis von Gegenständen. Durch dieses Quidproquo werden die Arbeitsprodukte Waren, sinnlich übersinnliche oder gesellschaftliche Dinge" (MEW 23: 86). Als physische - außerhalb des Menschen - existierende Dinge, gehören sie auch der Natur an, präziser: Ihre unmittelbare Erscheinung wird als Natureigenschaft dieser Dinge wahrgenommen. Diese überlagert und verdeckt das Wesen der Dinge als Warenform: Subkutan jedoch bleibt den Waren der "eigentümliche gesellschaftliche Charakter der Arbeit" (MEW 23: 87) - Bedingungen und Verhältnisse ihrer Produktion - eingeschrieben.
Die Semantik von Lukács' Begriff der zweiten Natur (der Begriff selbst stammt von Cicero, Adorno rezipiert ihn in der Hegelschen Fassung; vgl. ND: 351) ist natürlich diesen Marxschen Auslegungen geschuldet: Der "Schädelstätte vermoderter Innerlichkeiten" (Lukács, zit. nach GS 1: 357) entspricht das in den - toten - Dingen gleichsam begrabene Wesen. Was bleibt ist die Erscheinung, die "Konvention", die "in ihrer wirklichen Substanz unerfaßbar und unerkennbar" bleibt (Lukács, zit. nach GS 1: 356).

17 Adorno weist hier auf seine Übereinstimmung mit Marx hin, und er zitiert (vgl. ND 347): "Auch wenn eine Gesellschaft dem Naturgesetz ihrer Bewegung auf die Spur gekommen ist - und es ist der letzte Endzweck dieses Werks [gemeint ist "Das Kapital"; H.K.], das ökonomische Bewegungsgesetz der modernen Gesellschaft zu enthüllen -, kann sie naturgemäße Entwicklungsphasen weder überspringen noch wegdekretieren. (...) Die Gestalten von Kapitalist und Grundeigentümer zeichne ich keineswegs in rosigem Licht. Aber es handelt sich hier um die Personen nur, soweit sie die Personifikation ökonomischer Kategorien sind, Träger von bestimmten Klassenverhältnissen und Interessen. Weniger als jeder andere kann mein Standpunkt, der die Entwicklung der ökonomischen Gesellschaftsformation als einen naturgeschichtlichen Prozeß auffaßt, den einzelnen verantwortlich machen für Verhältnisse, deren Geschöpf er sozial bleibt, sosehr er sich auch subjektiv über sie erheben mag"

Realisation "unter den herrschenden Verhältnissen der Produktion" macht dessen Naturgesetzlichkeit aus (ND: 348)[18].

Für Lukács bleibt "nur das Innerste der Seele" dem Gewaltzusammenhang der zweiten Natur entzogen (Lukács, zit. nach GS 1: 356). Lukács beschreibt hier einen Ort im Menschen, der unter bestimmten Voraussetzungen - und weil er von der Übermacht der zweiten Natur verschont geblieben ist[19] - die zunächst unerkennbare wirkliche Substanz der ersten Natur erfassen kann, wobei allerdings kein unmittelbarer Bezug zwischen Seele und Natur existiert, sondern es wird eine vermittelnde Instanz benötigt. Diese besteht in den "lyrischen Augenblicken": In diesen ist eine "Beziehung zwischen Seele und Natur herstellbar" (Lukács 1920: 53). Zudem gerinnt im "lyrischen Augenblick" "die reinste Innerlichkeit der Seele zur Substanz, und die fremde und unerkennbare Natur ballt sich von innen getrieben zum durch und durch erleuchteten Symbol" (Lukács 1920: 53). Durch "dieses unvermittelte Aufblitzen der Substanz" werden "verschollene Urschriften" plötzlich ablesbar (Lukács 1920: 54), die Allgewalt der zweiten Natur weicht für einen Moment und gibt den Blick frei auf die erste, die so unentfremdet erfahrbar wird. Die Lyrik ist somit für - den frühen - Lukács das Auge der Seele[20].

Lukács Annahme einer in den "lyrischen Augenblicken" zu gewinnenden Erkenntnis einer unentfremdeten Natur stellt Adorno nicht zufrieden. Für ihn

---

(MEW 23: 15 f.; geringfügige Abweichungen ohne inhaltliche Relevanz gegenüber dem Zitat in der "Negativen Dialektik" sind möglicherweise darauf zurückzuführen, daß ich nach einer neueren Ausgabe zitiere).

Es sei hier nicht verschwiegen, daß Adorno den positivsten Satz von Marx durch die Auslassungspunkte nach dem Wort "wegdekretieren" sozusagen wegdekretiert hat. Dieser Satz, der sich unmittelbar anschließt, lautet: "Aber sie kann die Geburtswehen abkürzen und mildern" (MEW 23: 16).

18 Dieser Überlegung entspricht in der "Dialektik der Aufklärung" der "gesellschaftliche Verblendungszusammenhang" (DA: 40).

19 Ich halte eine Theoriekonstruktion, die ein "Innerstes der Seele" in den Argumentationszusammenhang einführt, nicht für überzeugend. Das hervorstechenste Merkmal dieser Lukácsschen Kategorie scheint mir in ihrer Vagheit zu liegen.

20 Der frühe Lukács verfolgt also ein integrales Konzept von Wahrheit und Erkenntnis, für das die Dichtung als ästhetische Unmittelbarkeitserfahrung eine unverzichtbare Erkenntnisquelle ist. Der Seelschen Definition zufolge betreibt Lukács daher "Überbietungsästhetik", da er nicht, wie die "Entzugsästhetiker", das ästhetische Verhalten als einen vom kognitiven Weltverständnis isolierten und losgelösten Bereich ansieht (vgl. Seel 1985: 46).

ist die entscheidende Frage noch ungeklärt, "wie es möglich ist, diese entfremdete, dinghafte, gestorbene Welt zu erkennen, zu deuten" (GS 1: 356). Die Dynamik dieses Problems steht in Dependenz zur Gesellschaft selbst: "Je unerbittlicher Vergesellschaftung aller Momente menschlicher und zwischenmenschlicher Unmittelbarkeit sich bemächtigt, desto unmöglicher, ans Gewordensein des Gespinsts sich zu erinnern; desto unwiderstehlicher der Schein von Natur. Mit dem Abstand der Geschichte der Menschheit von jener verstärkt er sich: Natur wird zum unwiderstehlichen Gleichnis der Gefangenschaft" (ND: 351)[21].

Die von Lukács beschriebene zweite Natur "hat keine lyrische Substantialität: ihre Formen sind zu starr, um sich dem symbolschaffenden Augenblick anzuschmiegen" (Lukács, zit. nach GS 1: 356). Diese Natur "ist ein erstarrter, fremdgewordener, die Innerlichkeit nicht mehr erweckender Sinneskomplex; sie ist eine Schädelstätte vermoderter Innerlichkeiten und wäre deshalb - wenn dies möglich wäre - nur durch den metaphysischen Akt einer Wiedererweckung des Seelischen, das sie in ihrem früheren oder sollenden Dasein erschuf oder erhielt, erweckbar, nie aber von einer anderen Innerlichkeit erlebbar" (Lukács, zit. nach GS 1: 357)[22].

"Gesichtet ist von Lukács die Verwandlung des Historischen als des Gewesenen in die Natur, die erstarrte Geschichte ist Natur, oder das erstarrt

---

21 Deshalb kann Adorno sich in einem nicht konservativen Sinn dem Satz "Ursprung ist das Ziel" von Karl Kraus (zit. nach ND: 158) anschließen. Adorno sucht keinen Weg, um "ins Phantasma guter Natur zurückzufinden, sondern Ursprung fiele allein dem Ziel zu" (ND: 158), "d.h.: daß nur der Durchgang durch die als Vorgeschichte im Marxschen Sinne begriffene Geschichte zur Restitution der Natur führen könne, nicht der Rückgang hinter die Geschichte" (Lüdke 1981: 70 f.).
Grenz bemerkt, daß "der Begriff der Geschichtlichkeit nicht (...) in Vorgeschichte und machbare nachrevolutionäre Geschichte aufgeteilt werden" darf, sondern Geschichte als Naturgeschichte konstruiert werden muß (Grenz 1975: 59). Richtig an dieser Feststellung ist, daß der Begriff "Vorgeschichte" bei Adorno (vgl. DA: 38) seine Gültigkeit nicht durch eine proletarische Revolution verlieren muß. Andererseits weist der Begriff sehr wohl darauf hin, daß die Geschichte autonomer Individuen in einer vom Zwang blinder Herrschaft (vgl. DA: 41) befreiten Gesellschaft noch nicht einmal ihren Anfang gefunden hat. Im übrigen steht der Begriff "Naturgeschichte" in keinem kontradiktorischen Verhältnis zum Begriff "Vorgeschichte". Vielmehr ist der zweite aus dem ersten zu deduzieren: *Natur*geschichte ist noch nicht Geschichte, demnach also Vorgeschichte.

22 Dieses Zitat stammt nicht von Seite 54 der "Theorie des Romans", wie Adorno angibt, sondern von Seite 55.

Lebendige der Natur ist bloße geschichtliche Gewordenheit" (GS 1: 357). Die metaphysische Möglichkeit einer ungewissen "Wiedererweckung des Seelischen" bleibt jedoch unbefriedigend: Es gelingt Lukács nicht, "ein konkretes Instrumentarium" zur Interpretation der zweiten Natur zu entwickeln (Pettazzi 1977: 41). Damit ist bei Lukács die Wiedererweckung der zweiten Natur in unendliche Ferne gerückt (vgl. GS 1: 357).

Allerdings sieht Adorno in Lukács' Bewertung der zweiten Natur als "Schädelstätte vermoderter Innerlichkeiten" (zit. nach GS 1: 357)[23] "das Moment der Chiffre", dessen Bedeutung jedoch "erst herausgeholt werden muß" (GS 1: 357). Wie diese Chiffre zu deuten sei, entwickelt Adorno anhand Benjamins "Ursprung des deutschen Trauerspiels"[24]. Für Adorno ist es das Verdienst Benjamins, "daß er die Wiedererweckung der zweiten Natur aus der unendlichen Ferne in die unendliche Nähe geholt und zum Gegenstand der philosophischen Interpretation gemacht hat. Und indem Philosophie dies Motiv der Erweckung des Chiffernhaften, Erstarrten aufgreift, ist sie dazu gekommen, den Begriff der Naturgeschichte schärfer auszubilden" (GS 1: 357).

Es ist der Begriff der *Allegorie*, der in Benjamins Trauerspielbuch (erschienen 1928) die Verwobenheit von Natur und Geschichte in sich trägt. Die Allegorie bringt die Vergänglichkeit der Natur zum Ausdruck und damit ihre Geschichtlichkeit (vgl. GS 1: 357 ff.): "Natur selber stellt als vergängliche Natur, als Geschichte sich dar" (GS 1: 358). War bei Lukács die erstarrte Geschichte Natur, so erscheint bei Benjamin vergängliche Natur als Geschichte. "Wann immer Geschichtliches auftritt, weist das Geschichtliche zurück auf das Natürliche, das in ihm vergeht. Umgekehrt, wann immer 'zweite Natur' erscheint, jene Welt der Konvention an uns herankommt, dechiffriert sie sich dadurch, daß als ihre Bedeutung klar wird eben ihre Vergänglichkeit" (GS 1: 359), und das beinhaltet zugleich ihre Veränderbarkeit (vgl. Rath 1982: 69)

23 Die "Schädelstätte vermoderter Innerlichkeiten" ist die quasi vom Kopf auf die Füße gestellte "Schädelstätte des absoluten Geistes" der Hegelschen Phänomenologie (Hegel 1986: 591): Lukács zieht die Transzendenz der Hegelschen Schädelstätte in die Immanenz der Geschichte ein.

24 "An dieser Stelle wird der Text [sc. "Die Idee der Naturgeschichte"; H.K.] recht eigentlich zu einer Exposition des Benjaminschen Geschichtsbegriffs" (Pettazzi 1977: 41; vgl. Link 1986: 48; Schiller 1984: 111).

und damit die Möglichkeit, sie aus ihrem starren, toten Dasein zu erwecken, ohne wie Lukács auf eine "Kategorie der theologischen Wiedererweckung, unter dem eschatologischen Horizont" (GS 1: 357), zurückgreifen zu müssen[25].

Es wird deutlich, daß Adornos "Idee der Naturgeschichte" ohne eine Vorstellung davon, was Benjamin unter Allegorie versteht, nicht angemessen zu erfassen ist[26]. Da zudem die Verschränkung von Natur und Geschichte in Benjamins Allegoriebegriff in der Verschlingung von Mythos und Aufklärung in der "Dialektik der Aufklärung" ihr Pendant hat und ferner signifikante methodische Konvergenzen nachzuweisen sind - Zuwendung zum Detail, zum Bruchstückhaften, um der Wahrheit auf die Schliche zu kommen -, ist eine Explikation des Benjaminschen Allegoriebegriffs unumgänglich.

Exkurs: Benjamins Begriff der "Allegorie"

Für Benjamin ist der melancholische Blick der Passepartout zur allegorischen Interpretation. Allegorie und Melancholie sind die Komplementärbegriffe im "Ursprung des deutschen Trauerspiels" (Benjamin 1982), die den bruchstückhaften Elementen des Bühnenstücks ihre Bedeutung verleihen. Ich werde zunächst darlegen, was Benjamin unter "Allegorie" versteht (a) und anschließend erläutern, warum der melancholische Blick für Benjamin die adäquate Annäherung an Allegorien darstellt und welche Interpretationsleistungen sich aus der Melancholie-Allegorie-Dyade ergeben (b)[27].

---

25 Allerdings geht es Benjamin nicht so sehr um Veränderung, um ein "prinzipielles Hinausgehen über den Naturzusammenhang" (GS 1: 363), sondern "der hinter Benjamins Konzeption von 'Natur-Geschichte' steckende, im innersten theologische Impuls zielt (...) auf die Rettung des Vergänglichen, Verfallenden und Abgestorbenen; daher Benjamins Sympathie mit den Bildern des Verfalls, daher seine Affinität zur barocken Allegorie. Diese messianisch-theologische Intention wird von Adorno methodisch gewendet und damit säkularisiert" (Rath 1982: 69; vgl. Lindner 1979: 54 f.). Der "messianisch-theologische Impuls" tritt im Trauerspielbuch (ersch. 1928) noch deutlich hervor, "in den Schriften nach 1933 aber nur noch gebrochen und verwandelt" (Rath 1982: 196).

26 Die Bedeutung des Allegoriebegriffs Benjamins für die "Idee der Naturgeschichte" übersieht Mirbach in seinem Kapitel "Idee der Naturgeschichte" (vgl. Mirbach 1979: 25-34).

27 Eine umfassende Rekonstruktion des Trauerspielbuchs erfolgt hier nicht. Ich beschränke mich auf die Darstellung des für das Verständnis der "Idee der Naturgeschichte" Notwen-

a) Da Benjamin "auf eine exakte Definition der Allegorie verzichtet" (Steinhagen 1979: 668), kann eine Vorstellung des mit diesem Begriff Bezeichneten nur aus den Darstellungen des Trauerspielbuchs selbst destilliert werden.

Der Allegoriebegriff steht in einem - noch näher zu bestimmenden - Verhältnis zum Begriff des Symbols. Das Symbol - beheimatet "in dem theologischen Bereiche" (Benjamin 1982: 138) - wird definiert als die in einem Wort geronnene Idee, die sein Wesen ausmacht (vgl. Benjamin 1982: 18), im Fall des theologischen Symbols ist das die Idee der Erlösung. Diese Idee verschwindet im profanen, alltäglichen Gebrauch der Worte[28], der in einer "nach außen gerichteten Mitteilung" besteht (Benjamin 1982: 19). Der Alltagsgebrauch der Worte eskamotiert ihre "mehr oder weniger verborgene symbolische Seite" zugunsten "einer offenkundigen profanen Bedeutung" (Benjamin 1982: 18).

Die Idee hinter dem theologischen Symbol verhält sich zu den Dingen klassifizierend, d.h. der "Stab von Begriffen, welcher dem Darstellen einer Idee dient" - also ihr symbolischer Ausdruck ist -, "vergegenwärtigt sie als Konfiguration von jenen" (Benjamin 1982: 16). Die Phänomene selbst sind in den Ideen nicht enthalten: "Vielmehr sind die Ideen deren objektive virtuelle Anordnung, sind deren objektive Interpretation" (Benjamin 1982: 16). Benjamin versucht mit einem Beispiel zu verdeutlichen, wie er sich das Verhältnis von Ideen und Phänomenen vorstellt: "Die Ideen verhalten sich zu den Dingen wie die Sternbilder zu den Sternen. Das besagt zunächst: sie sind weder deren Begriffe noch deren Gesetze. Sie dienen nicht der Erkenntnis der Phänomene und in keiner Weise können diese Kriterien für den Bestand der Ideen sein"

---

digen. Dabei werde ich "unnötig esoterische" Elemente der "komplexen Konstruktion" (Menninghaus 1980: 134) des Trauerspielbuchs, sofern ein Rückgriff auf solche unvermeidbar erscheint, durch den Argumentationszusammenhang so zu beleuchten versuchen, daß eine möglichst "handfeste" Vorstellung des Gemeinten zu gewinnen ist. Dabei ist es allerdings hin und wieder unumgänglich, Benjamins Argumentationslinie im Trauerspielbuch aus dem "metaphysischen Beiwerk" (Thierkopf 1979: 5) herauszuschlagen.

28 Der alltägliche Gebrauch der Worte ist konkretistisch, ja mythisch: Der Reduktion der Worte auf Bedeutung im Alltagsgebrauch entspricht Cassirers Abhandlung über das mythische Denken. "Das Dingmoment und das Bedeutungsmoment" gehen "unterschiedslos ineinander" auf (Cassirer 1969: 32), es besteht eine "'Konkreszenz' von Namen und Sache" (Cassirer 1969: 33). Auf diese Verwandtschaft zur Theorie Cassirers weist auch Menninghaus hin (vgl. Menninghaus 1986: 60).

(Benjamin 1982: 16), mit anderen Worten: Die Ideen werden von außen an die Dinge herangetragen; sie weisen dem Einzelnen einen Platz zu in einem übergeordneten System, das dem Einzelnen nicht wesentlich ist, zu dessen Ausdruck es jedoch als Symbol herhalten muß. Die Dinge werden zu Platzhaltern der Ideen abgemagert und damit zur Symbolisation einer Zusammengehörigkeit gezwungen, die den einzelnen Phänomenen nicht zu entnehmen ist. Zudem sind die Ideen als "ewige Konstellationen" (Benjamin 1982: 17)[29] ungeschichtlich und von naturgesetzlicher Härte (z.B. die Idee der Prädestination). Diese Problematik geht natürlich in vollem Umfang auf die Symbole - als Repräsentanten der Ideen - über.

Die Ideen haben jedoch gerade aufgrund ihrer Ewigkeit noch einen anderen Bezug zu den Dingen, der sich nicht auf Gewalt reduzieren läßt: "Die Ideen sind ewige Konstellationen und indem die Elemente als Punkte in derartigen Konstellationen erfaßt werden, sind die Phänomene aufgeteilt und gerettet zugleich" (Benjamin 1982: 17). Mit dem Zerfall der Idee einer Heilsgeschichte im Barock geht auch diese Rettung der Phänomene verloren. Benjamin versucht nun - und darin sehe ich seine wesentliche Aufgabenstellung im Trauerspielbuch - die Ausdrucksseite der Phänomene, ihr Wesen, zu retten (vgl. Menninghaus 1980: 88), ohne dem Mythos oder religiöser Symbolik zu verfallen, d.h. die Dinge gewaltfrei zu retten, ohne sich zum Handlanger der Intention einer totalisierenden Idee zu verdinglichen. Benjamins Bemühung zielt auf eine "profane Rettung der Sprachmystik" (Menninghaus 1980: 8), wobei "Sprachmystik" ein Ausdruck für das in der Sprache enthaltene geistige Wesen der Dinge ist.

Für Benjamin ist es "Sache des Philosophen (...) den symbolischen Charakter des Wortes, in welchem die Idee zur Selbstverständigung kommt, die das Gegenteil aller nach außen gerichteten Mitteilung ist, durch Darstellung in seinen Primat wieder einzusetzen" (Benjamin 1982: 18 f.). Da die Philosophie jedoch "offenbarend zu reden sich nicht anmaßen darf" (Benjamin 1982: 19), läuft sie nicht Gefahr, die Dinge in eine religiöse Totalität aufzusaugen - wo-

29 Der Zusammenbruch einer Idee widerlegt erst im Moment des Zerfalls ihre Ewigkeit. Solange die Idee Gültigkeit besitzt, ist man jedoch von ihrer Ewigkeit, ihrer überhistorischen Wahrheit, überzeugt (z.B. die Schaffung der Welt durch einen Gott).

mit andererseits wieder die Frage verknüpft ist, wie die Philosophie die Rettung des Wesens der Phänomene bewerkstelligen kann. Dazu muß sie Abstand von den Bildern als Ausdruck der Totalität nehmen, und "in der philosophischen Kontemplation [löst] aus dem Innersten der Wirklichkeit die Idee als das Wort sich los, das von neuem seine benennenden Rechte beansprucht" (Benjamin 1982: 19). Eine phänomenologische Wesensschau soll den Dingen selbst ihre Idee ablauschen und damit die Idee vom "Gestrüpp des Mythos" befreien. Sprache - und die in ihr zum Ausdruck kommenden Dinge - soll erstens nicht länger religiös-symbolisch mißbraucht werden; sie soll zweitens ihre ideenhafte Ausdrucksseite nicht verlieren, also nicht auf ihre alltagsweltliche Mitteilungsfunktion, auf Kommunikation beschränkt sein. Deshalb soll Sprache drittens als Ausdruck des Wesens (der Idee) der einzelnen Phänomene verstanden werden. Die in den Dingen enthaltene und über Sprache mitteilbare Idee wird nicht länger durch einen übergeordneten religiösen oder mythischen Sinnzusammenhang, der den Dingen wesensfremd bleibt, konstituiert, sondern aus den Dingen selbst gewonnen: Die Phänomene stellen Monaden dar, die ihre rettende Idee in sich tragen, die daher auf ihr Enklaven-Dasein innerhalb einer mythischen oder religiösen Totalität zu verzichten imstande sind. Allerdings muß diese den Phänomenen inhärente Idee erst gewonnen werden - sie ist zu entschlüsseln. Die Phänomene bringen die Idee nicht aus sich selbst heraus zum Ausdruck, man muß gleichsam in sie hineinlangen, um ihren Sinn zu erfassen (vgl. Benjamin 1982: 161). Entscheidend für das Erkennen der Idee ist also die Methode der Erkenntnis selbst. Die Methode ist der Umweg, der zur Erfassung und Darstellung des Wesens führt (vgl. Benjamin 1982: 10). Diese Methode wird noch en détail auszuführen sein, es sei jedoch schon jetzt ein vorgreifender Blick auf das zentrale Motiv dieser Methode gegeben, um das Verstehen der Details hernach zu erleichtern: Benjamin geht davon aus, daß "nur bei genauester Versenkung in die Einzelheiten eines Sachgehalts" Wahrheit zu ermitteln ist (Benjamin 1982: 10), "die Erkenntnis (...) sich auf das Einzelne" richten muß (Benjamin 1982: 11) und dies ausdauernd und stets von neuem beginnend; unablässig Atem holend wird in solcher Kontemplation verharrt (vgl. Benjamin 1982: 10). Wie die philosophische Kontemplation den Ideengehalt der Dinge in Erfahrung bringt, zeigt Benjamin am Beispiel des barocken Trauerspiels. Die Kunstform des Trauerspiels symbolisiert keine religiöse Totalität. Die bruchstückhaften Elemente des Bühnenstücks können - um bei Benjamins Beispiel zu bleiben - mit keinem bekannten Sternbild zur Deckung gebracht werden; sie sind nicht mit einer ihnen wesensfremden Bedeutung belastet; den Bildern im Trauerspiel ist die Bedeutung nicht mit auf den Weg gegeben.

Mit diesem "Abstand von Bild und Bedeutung" (Menninghaus 1986: 64) zerfallen die Symbole zu Chiffren, die - oberflächlich betrachtet - keine Bedeutung mehr beinhalten. Damit trifft schon für das Trauerspiel zu, was Adorno über das Wesen moderner Kunst schreibt: "Kunst absorbiert die Symbole dadurch, daß sie nichts mehr symbolisieren; avancierte Künstler haben die Kritik des Symbolcharakters selbst vollzogen. Die Chiffren und Charaktere der Moderne sind durchweg absolut gewordene, ihrer selbst vergessene Zeichen" (ÄT: 147). In diesen Sätzen erweist Adorno sich als genuiner Benjamin-Adept. Bereits Benjamin hat den Symbolverlust der Kunstwerke dargestellt: "In den Anagrammen, den onomatopoetischen Wendungen und vielen Sprachkunststükken anderer Art stolziert das Wort, die Silbe und der Laut, emanzipiert von jeder hergebrachten Sinnverbindung, als Ding, das allegorisch ausgedeutet werden darf. Die Sprache des Barock ist allezeit erschüttert von Rebellionen ihrer Elemente" (Benjamin 1982: 183). Rebelliert wird gegen die symbolische, magische, mythische (vgl. Menninghaus 1986: 64) Seite der Sprache, gegen das unmittelbare Zusammenfallen von Bild und Bedeutung[30]. Diese Einheit wird im barocken Trauerspiel zerstört. Man ist versucht, Adorno zu paraphrasieren: Die Male der Zerrüttung sind das Echtheitssiegel des Barock[31]. "Die zertrümmerte Sprache hat in ihren Stücken aufgehört, bloßer Mitteilung zu dienen" (Benjamin 1982: 184). Diese Trümmer und Bruchstücke sind es, die Benjamin unter dem Begriff der "Allegorie" zusammenfaßt. Wenn es auch ein "klassizistisches Vorurteil" wäre, die Allegorie "als eine bloße Weise der Bezeichnung" zu denunzieren (Benjamin 1982: 141), so darf dennoch daraus nicht umgekehrt gefolgert werden, sie drücke nichts aus: "Allegorie (...) ist nicht spieleri-

---

30 Sowohl die Alltagssprache als auch die Symbolwelt ist mythisch. In beiden gehen Ding- und Bedeutungsmoment ineinander auf: in der Alltagssprache als Konkreszenz von Namen und Sache, in der Symbolik als Einheit von Bild und religiöser Bedeutung.

31 Bei Adorno heißt es: "Die Male der Zerrüttung sind das Echtheitssiegel von Moderne" (ÄT: 41).

sche Bildertechnik, sondern Ausdruck, so wie Sprache Ausdruck ist, ja so wie Schrift" (Benjamin 1982: 141). Anders als im Symbol jedoch besteht in der Allegorie kein gesichertes Verhältnis zwischen Bild und Bedeutung. Das unterscheidet die Allegorie von der sakralen Schrift, die "vom Gedanken ihrer strengen Kodifikation untrennbar" ist: Die sakrale Schrift "fixiert sich in Komplexen, die zuletzt einen einzigen und unveränderlichen ausmachen oder doch zu bilden trachten" (Benjamin 1982: 153), nämlich den der Erlösung. Demgegenüber ist "das Bild im Feld der allegorischen Intuition (...) Bruchstück, Rune. (...) Der falsche Schein der Totalität geht aus" (Benjamin 1982: 154)[32].

Für Benjamin ist die Allegorie ein Bollwerk, vielleicht sogar das Bollwerk schlechthin, gegen den Mythos. Die Allegorie sprengt die mythische, quasina-

---

32 Steinhagen faßt Benjamins Kritik am Symbolbegriff so zusammen: Suspekt daran erscheint Benjamin
"1. der schludrige Gebrauch des Symbol-Begriffs in der Romantik und später in der Literaturwissenschaft [vgl. Benjamin 1982: 138 ff.; H.K.];
2. aber auch die genuine Konzeption des Begriffs bei Goethe, vorab dessen prätendierte Unkritisierbarkeit, die in seinem Wahrheitsanspruch gründet [vgl. Benjamin 1974a: 110-119; H.K.];
3. die symbolische Totalität: das spezifische Verhältnis des Besonderen zum Allgemeinen im klassischen Symbol-Begriff, in welchem die Erscheinung oder die anschauliche Repräsentation einer Idee als deren Symbol gedacht wird [was Benjamin als Mißbrauch des Symbols bezeichnet (vgl. Benjamin 1982: 138); H.K.], wogegen für Benjamin umgekehrt die Idee im Dienste der Phänomene steht, diese repräsentiert und ihre 'Rettung' gewährleistet [vgl. Benjamin 1982: 15 ff.; H.K.];
4. das auratische Moment aller symbolischen Kunst: die symbolische 'Apotheose des Daseins' [Benjamin 1982: 139; H.K.] als einer Erscheinung der wahren Natur, d.h. die idealistische Verklärung dessen, was ist, durch die angebliche Immanenz der Wahrheit in der Schönheit ['Als symbolisches Gebilde soll das Schöne bruchlos ins Göttliche übergehen' (Benjamin 1982: 139); H.K.], welche die Wahrheit als real existierende ausgibt, welche also etwas Nichtseiendes - die Versöhnung des Einzelnen und des Ganzen, des Besonderen und des Allgemeinen - darstellt, als wäre es bereits, und ihm dadurch den Schein des Seins verleiht" (Steinhagen 1979: 673 f.).
Benjamin hält also "fest am Nichtsein dessen, was im Symbol als seiend vorgestellt wird, und das führt ihn zur Form der Allegorie: Sie stellt genau das Nichtsein - d.h. die ausstehende Realisierung - dessen dar, worauf sie verweist; ihre Dignität hat sie als 'Torso eines Symbols' und als 'Fragment der wahren Welt' [Benjamin 1974a: 181; H.K.].
Seine Abwendung vom traditionellen Symbol-Begriff steht also, wie man vermuten darf, unausgesprochen unter einem geschichtsphilosophisch begründeten Vorbehalt. Diese Vermutung bestätigt sich darin, daß es bei Benjamin durchaus einen positiv gewerteten Symbol-Begriff gibt, den er freilich nur selten gebraucht [vgl. Benjamin 1982: 18, 138; H.K.]" (Steinhagen 1979: 674).

türliche Einheit[33] von Bild und Sache. Sie erkämpft den einzelnen Dingen die Freiheit vom Terror symbolischer, oktroyierter Bedeutung - mit Adorno gesprochen: vom Zwang der Identität, etwas anderes bedeuten zu müssen, als sie es von sich aus sind. Damit kommt die Allegorie Benjamins eigener Intention entgegen, die er im Passagen-Werk höchst programmatisch - nicht nur für sein eigenes Werk, sondern für die Kritische Theorie insgesamt - ausgeführt hat: "*Gebiete urbar zu machen, auf denen bisher nur der Wahnsinn wuchert. Vordringen mit der geschliffenen Axt der Vernunft und ohne rechts noch links zu sehen, um nicht dem Grauen anheimzufallen, das aus der Tiefe des Urwalds lockt. Aller Boden mußte einmal von der Vernunft urbar gemacht, vom Gestrüpp des Wahns und des Mythos gereinigt werden*" (Benjamin 1983: 570 f., meine Hervorhebung).

Bisher wurde noch nicht deutlich, in welchem Verhältnis die Allegorie zu Natur und Geschichte steht. Für das Symbol hingegen wurde bereits gesagt, daß es seiner Starrheit wegen der Seite der Natur zuzurechnen sei. Das Symbol bleibt ein "in sich beschlossenes, gedrungenes, stetig in sich beharrendes Zeichen der Ideen" (Görres, zit. nach Benjamin 1982: 144). "Das Zeitmaß der Symbolerfahrung ist das mystische Nu, in welchem das Symbol den Sinn in sein verborgenes und, wenn man so sagen darf, waldiges Innere aufnimmt" (Benjamin 1982: 144). Die Allegorie hingegen stellt "ein successiv fortschreitendes, mit der Zeit selbst in Fluß gekommenes, dramatisch bewegliches, strömendes Abbild" der Ideen dar. Symbol und Allegorie "sind zu einander wie stumme, große, gewaltige Berg- und Pflanzennatur, und lebendig fortschreitende Menschengeschichte" (Görres, zit. nach Benjamin 1982: 144). Wenngleich Benjamin Görres weitgehend in dessen Diskriminierung von Symbol und Allegorie zustimmt, warnt er dennoch vor einer falschen Verabsolutierung. Die Allegorie geht nicht lapidar in der geschichtlichen Dimension auf, sie behält einen dialektischen Bezug zur Seite der Natur: "Jene weltliche, die geschichtliche Breite, die Görres und Creuzer der allegorischen Intention zuschreiben, ist als Naturgeschichte, als Urgeschichte des Bedeutens oder der Intention dialek-

33 Benjamin denkt den Natur-Begriff annähernd mit dem des Mythos zusammen (vgl. Menninghaus 1986: 67). Auch hierin erweist Adorno - zumindest der frühe Adorno - sich als Benjamins Schüler.

tischer Art" (Benjamin 1982: 144). Die Kategorie der Zeit bindet alles Gewordene und Geschaffene zurück an den Ursprung: an Natur. Wohl ist die Schaffung der Allegorie geschichtlich, aber die Zeit, der Geschichte unterliegt, in der allein Geschichte sich entfaltet, stellt selbst keine geschichtliche, sondern eine natürliche Komponente dar. "Unter der entscheidenden Kategorie der Zeit (...) läßt das Verhältnis von Symbol und Allegorie eindringlich und formelhaft sich festlegen. Während im Symbol mit der Verklärung des Unterganges das transfigurierte Antlitz der Natur im Lichte der Erlösung flüchtig sich offenbart, liegt in der Allegorie die facies hippocratica der Geschichte als erstarrte Urlandschaft dem Betrachter vor Augen. Die Geschichte in allem, was sie Unzeitiges, Leidvolles, Verfehltes von Beginn an hat, prägt sich in einem Antlitz - nein in einem Totenkopfe aus" (Benjamin 1982: 144 f.). Die Beschreibung des Symbols ist natürlich - daran sei erinnert - einem theologischen Symbolbegriff geschuldet, der für Benjamin eine paradoxe "Einheit von sinnlichem und übersinnlichem Gegenstand" verkörpert. Der sinnlich wahrnehmbare Untergang wird im religiösen Symbol verklärt, weil die übersinnliche Erlösung folgt.

Demgegenüber ist die allegorische Betrachtung die "weltliche Exposition der Geschichte", die, weil sie dem übersinnlichen Licht der Erlösung entsagt, nichts als eine "Leidensgeschichte der Welt" übrigbehält, in der die Welt nur noch "in den Stationen ihres Verfalls" bedeutend ist (Benjamin 1982: 145). Sofern "die Natur von jeher todverfallen [ist], so ist sie auch allegorisch von jeher" (Benjamin 1982: 145). Deshalb tritt der allegorische Ausdruck "mit einer sonderbaren Verschränkung von Natur und Geschichte" in die Welt (Benjamin 1982: 146).

Kritisch anzumerken ist, daß Benjamin mit seiner Begründung für die Verschränkung von Natur und Geschichte in metaphysischen Höhen schwebt, von denen aus materialistischer Boden zunächst nicht in Sicht sein dürfte. Zudem stellt die Todverfallenheit der Natur eine unaufhebbare Konstante dar, die, wenn sie zum Maßstab des Natur-Geschichte-Verhältnisses erklärt wird, dieses schlicht als ein gegebenes einfriert, an dem nicht zu rütteln ist. Der Natur-Geschichte-Dualismus wird nicht durch eine dialektische Naturgeschichte überwunden - wie es Benjamins eigener Anspruch ist (vgl. Benjamin 1982: 144) -, sondern in einem monistischen Natur-Geschichte-Monolithen einbetoniert, dessen äußere Erscheinung viel mit Natur und wenig mit Geschichte zu tun hat[34]. Adorno, dessen "Idee der Naturgeschichte" nachhaltig und wesentlich durch Motive und Begründungszusammenhänge aus dem Trauerspielbuch geprägt ist, hat auch Benjamins Reduktionismus von Geschichte auf Natur adoptiert. Die Probleme sind hier wie dort die gleichen[35].

b) Ungeklärt geblieben ist bisher, aufgrund welcher Erfahrung im Barock der Paradigmenwechsel vom Symbol zur Allegorie erfolgt ist und welche produktions- und rezeptionsästhetischen Konsequenzen diese veränderte Erfahrungswelt impliziert.

Benjamin beschreibt die Weltauffassung des Barock als die "im Weltlauf angelegte Katastrophe" (Benjamin 1982: 170); die Natur ist stets "die gefallene" (Benjamin 1982: 158), Geschichte ist keine Heilsgeschichte, sondern ein "Vorgang unaufhaltsamen Verfalls" (Benjamin 1982: 155), eine "Leidensgeschichte" (Benjamin 1982: 145) - unzeitig, leidvoll, verfehlt (vgl. Benjamin 1982: 145), in der die Kreaturen der Gebrechlichkeit unterworfen sind (vgl. Benjamin 1982: 123). Diese Aufzählung läßt sich mit Begriffen wie "Trauer", "Pessimismus" und "sinnentleerte Welt" noch fortsetzen und auf den gemeinsamen Nenner der "Melancholie" bringen.

Benjamin sieht die Melancholie als Folge von Reformation und Gegenreformation, Verweltlichung des Glaubens zu einer "rigorosen Sittlichkeit der bürgerlichen Lebensführung" und "Abkehr von den 'guten Werken'" (Benjamin 1982: 119). "Jeder Wert war den menschlichen Handlungen genommen. Etwas Neues entstand: eine leere Welt. (...) Welchen Sinn hatte das Menschenleben, wenn nicht einmal, wie im Calvinismus, der Glaube bewährt werden mußte?" (Benjamin 1982: 119 f.) Das Leben wird von einem Grauen erfaßt "bei dem

34 Ähnlich lautet die Kritik von Bürger: "Weniger wird vom Menschen gemachte Geschichte in Natur-geschichte verwandelt, als daß sie zum Naturbild erstarrt" (Bürger 1974: 96).

35 Zur Verteidigung Benjamins ist hinzuzufügen, daß er sich später von der Kategorie der Vergänglichkeit von Natur als Grundstein der Allegorie entfernt und einer materialistischen Fundierung sich zuwendet, die mit den Kategorien Entfremdung und Verdinglichung unter den ökonomischen Bedingungen der kapitalistischen Warenproduktion arbeitet (vgl. Steinhagen 1979: 675): "Die Entwertung der Dingwelt in der Allegorie wird innerhalb der Dingwelt selbst durch die Ware überboten" (Benjamin 1974a: 660). Da diese spätere marxistische Fundierung des Allegoriebegriffs für die "Idee der Naturgeschichte" bedeutungslos ist, wird sie von mir vernachlässigt.

Gedanken, so könne sich das ganze Dasein abspielen. Tief entsetzt es sich vor dem Gedanken an Tod" (Benjamin 1982: 120)[36]. Das "Memento mori!" überschattet den kurz zuvor von der Renaissance entdeckten Glanz der Welt.

Unter den Erschütterungen im 16. und 17. Jahrhundert bricht das religiöse, heilsgeschichtlich geprägte Weltbild zusammen und läßt einen verunsicherten, melancholischen Menschen zurück. Mit dem Verlöschen der Sonne der Heilsgeschichte erstrahlen die - ehedem - religiösen Symbole nicht länger im Glanz der Erlösung: Sie verlieren ihre bedeutungsvolle Substanz, bleiben als sinnlose, tote Requisiten eines Gottes zurück, der die Welt verlassen hat. Die Symbole erscheinen jedoch nur für den entleert, der sich, aufgrund der eigenen weltlichen Erfahrung, ihnen mit melancholischem Blick - also ohne Vertrauen auf eine heilsgeschichtliche Erlösung - nähert. Die veränderten Erfahrungen führen zu einer bestimmten rezeptionsästhetischen Haltung, die wiederum für die Interpretation der Allegorie, ja selbst für deren bloße Existenz konstitutiv ist, denn ein Gegenstand wird erst "unterm Blick der Melancholie allegorisch" (Benjamin 1982: 161). Der melancholische Blick impliziert eine Verschlingung von rezeptions- und produktionsästhetischer Haltung. Wird nun "der Gegenstand unterm Blick der Melancholie allegorisch, läßt sie das Leben von ihm abfließen, bleibt er als toter, doch in Ewigkeit gesicherter zurück, so liegt er vor dem Allegoriker, auf Gnade und Ungnade ihm überliefert. Das heißt: eine Bedeutung, einen Sinn auszustrahlen, ist er von nun an ganz unfähig; an Bedeutung kommt ihm das zu, was der Allegoriker ihm verleiht. (...) In seiner Hand wird das Ding zu etwas anderem, er redet dadurch von etwas anderem und es wird ihm ein Schlüssel zum Bereiche verborgenen Wissens, als dessen Emblem er es verehrt" (Benjamin 1982: 161). Deshalb ist die Allegorie "Ausdruck, so wie Sprache Ausdruck ist, ja so wie Schrift" (Benjamin 1982: 141).

Was aber bringt nun die Allegorie zum Ausdruck? Wenn der Allegoriker erst dem Ding Bedeutung verleiht, besteht dann nicht die Gefahr der Beliebig-

36 Als weitere Erschütterungen des religiösen und gesellschaftlichen Lebens des 17. Jahrhunderts sind der Dreißigjährige Krieg und der aufkommende Rationalismus zu nennen (Hugo Grotius: "Das Naturrecht ist so unveränderlich, daß es selbst von Gott nicht verändert werden kann.").

keit oder gar der "wilden Spekulation"? Wenn der melancholische Blick das Leben vom Gegenstand abfließen läßt, d.h. wenn dieser seine geschichtlich gewordene, bisherige Bedeutung verliert, so wird er in Natur zurückverwandelt, Allegorischem liegt also die "Wendung von Geschichte in Natur (...) zugrunde" (Benjamin 1982: 160). Indem der Melancholiker Gott vergißt - eine Todsünde nach christlicher Auffassung - versenkt er sich in die Welt hinein, so wie sie ist (vgl. Steinhagen 1979: 671). Sein Tiefsinn ist das Ergebnis seiner Traurigkeit über eine gottverlassene Welt[37]. "Als Objekt der allegorischen Betrachtungsweise bewährt sich ihm [sc. dem Allegoriker; H.K.] allein das Diesseitige und Vergängliche, die Natur, und zwar nicht die beseelte, göttliche, sondern die gefallene und verfallende [vgl. Benjamin 1982: 157, 200; H.K.], wie sie im Nominalismus am Beginn der Neuzeit verstärkt in den Blick tritt, die entseelte Natur, die als vergängliche geschichtlich ist, so wie die Geschichte als vergängliche zur Naturgeschichte wird [vgl. Benjamin 1982: 55, 155; H.K.]. Der Allegoriker (...) hält den Dingen - in der Trauer über ihre Vergänglichkeit - die Treue [vgl. Benjamin 1982: 199 ff.; H.K.], rebelliert damit insgeheim gegen ihre Hinfälligkeit und Nichtigkeit" (Steinhagen 1979: 671 f.).

Es wird deutlich, daß die melancholische Betrachtungsweise weder zur Beliebigkeit der Interpretation führt, noch zu "wilden Spekulationen" veranlaßt. Benjamins Melancholiebegriff, der den Paradigmenwechsel von der symbolischen zur allegorischen Betrachtung anzeigt, ist aufklärerisch, da der Allegoriker die Gegenstände seiner Kontemplation den Klauen der religiösen Bedeutung, unter dessen Zwang die Dinge bisher gestanden haben, entreißt und sie einer weltlichen Erfahrungsweise zuführt. Im Symbol hingegen gehen Sache und Bedeutung bruchlos ineinander über: Der Wahrheitsanspruch des Symbols ist daher unkritisierbar. Hervorragendes Merkmal der Allegorie - in der Sache und Bedeutung auseinandertreten - ist es, kritisierbar zu sein. Der Allegoriker erst kann die Dinge so betrachten, wie sie sind, befreit von jeglichem symbolischen Zauber. Nicht länger wird das Einzelne versklavt, eine heilige, heile Totalität zu repräsentieren, es darf sein, was es ist: ein Bruchstück, etwas Zersplittertes, Abgespaltenes, Zufälliges und trotz vieler möglicher Unterschie-

37 "Tiefsinn eignet vor allem dem Traurigen" (Benjamin 1982: 120).

de mit allen anderen Dingen und Kreaturen einig in der Vergänglichkeit - so sind die Bruchstücke "Fragmente der wahren Welt" (Benjamin 1974a: 181).

Hier zeichnet sich unübersehbar ab, daß ein zentraler Grundzug von Adornos Philosophie - die Hinwendung zum Einzelnen, Vergänglichen und Ephemeren sowie das Verdikt über das identitätslogische Denken - von Benjamin inspiriert ist. Die nunmehr wieder aufzunehmende Auseinandersetzung mit Adornos "Idee der Naturgeschichte" wird noch stärker zum Ausdruck bringen - ein Zusammenhang zum Trauerspielbuch dürfte schon jetzt erkennbar sein[38]

38 Unübersehbar sind auch die Parallelen zwischen Benjamins Trauerspielbuch und Adornos Kierkegaardbuch (erschienen 1933): Adornos "Zuordnung von Natur und Geist, Natur und Geschichte [ist] im Kierkegaardbuch offen an Benjaminschen Gedanken orientiert" (Rath 1982: 69).
An mehreren Stellen bezieht Adorno sich explizit auf Benjamin (vgl. GS 2: 40, 80, 91 f., 170), "dessen schlagende Definition der Allegorie auch für Kierkegaards allegorische Intention als Figur historischer Dialektik und mythischer Natur gilt" (GS 2: 80). Die von Adorno behauptete Verwandtschaft zwischen Benjamin und Kierkegaard überrascht nicht, zumal Kierkegaard sich selbst "gelegentlich 'der barocke Denker'" nennt (GS 2: 91).
Auch die Kierkegaard zugeschriebene "Dialektik der Schwermut" (GS 2: 92) findet in Benjamins Melancholiebegriff ihre Entsprechung (andererseits verwendet Kierkegaard selbst den Begriff der Melancholie; vgl. GS 2: 92).
Einige Zitate mögen die geistige Verwandtschaft Adornos zu Benjamin verdeutlichen, die auch dann noch erkennbar ist, wenn Adorno Texte von Kierkegaard interpretiert: "Kein treueres Bild der Hoffnung ließe sich denken als das der echten, in Spuren lesbaren, in Geschichte blassenden Chiffren, die dem überfluteten Auge entschwinden, in dessen Weinen sie sich doch bewähren; dem Weinen der Verzweiflung, darin dialektisch, als Rührung, Trost und Hoffnung leibhaft in Lichtfiguren erscheinen" (GS 2: 179).
Das Kierkegaardsche Bilderreich "ist nicht ewig, sondern historisch-dialektisch; es liegt nicht in klarer Transzendenz über der Natur, sondern geht dunkel auf in ihr; es ist nicht scheinlose Wahrheit, sondern verspricht widersinnig die unerreichbare in der Opposition ihres Scheins; es eröffnet sich nicht dem Eros, sondern erstrahlt im Zerfall. Im historischen Zerfall der mythischen Einheit unmittelbaren Daseins; in der mythischen Dissoziation des historisch Existierenden. Die Gestalten, die hier sich versammeln, tragen die Erstickungsmale der objektlosen Innerlichkeit; wie sehr ihr Licht das mythische ist von Verwesung, daran hat Kierkegaard selber keinen Zweifel gelassen, und oft bleiben sie zurück als Denkmäler abgestorbener und entfremdeter Natur" (GS 2: 181).
"Ist die Geschichte der schuldhaften Natur die des Zerfalls ihrer Einheit, so bewegt sie zerfallend der Versöhnung sich zu, und ihre Fragmente tragen die Risse des Zerfalls als verheißende Chiffren" (GS 2: 198).
Das letzte Zitat weist eine interessante Parallele zur "Dialektik der Aufklärung" auf: "Der Rückfall in Mythologie, in die Magie der Askese, wird gerade durch die rücksichtlose Spiritualisierung vorbereitet. Je grausamer Kierkegaard die Natur mit der Forke auszutreiben sich anschickt, um so vollständiger verfällt er ihr" (GS 2: 221). In der "Dialektik der Aufklärung" heißt es: "Jeder Versuch, den Naturzwang zu brechen, indem Natur gebrochen

-, daß wohl der Titel von Adorno, die Idee jedoch von Benjamin stammt.

II.1 Natur und Geschichte (Fortsetzung)

Der Exkurs zu Benjamins Begriff der "Allegorie" hat die Rekonstruktion der "Idee der Naturgeschichte" an der Stelle unterbrochen, wo das Problem der Erkennbarkeit der Welt zur Diskussion stand. Ich nehme nunmehr diesen liegengelassenen Faden wieder auf.

Adorno will unter Rekurs auf Benjamins "Ursprung des deutschen Trauerspiels" erläutern, wie die von Lukács beschriebene zweite Natur - die "Schädelstätte vermoderter Innerlichkeiten" (Lukács, zit. nach GS 1: 357) - zu interpretieren ist.

Lukács' Metapher der "Schädelstätte" zeigt deutliche Anklänge an Benjamins Bild, daß sich die Geschichte "in einem Totenkopfe" ausprägt (Benjamin, zit. nach GS 1: 358). Sowohl in der Schädelstätte als auch im Totenkopf sieht Adorno historische Chiffren für die Vergänglichkeit der Natur: "Natur selber stellt als vergängliche Natur, als Geschichte sich dar" (GS 1: 358). Radikalisiert man dieses naturgeschichtliche Denken, so "verwandelt sich alles Seiende in Trümmer und Bruchstücke, in eine solche Schädelstätte, in der die Bedeutung aufgefunden wird, in der sich Natur und Geschichte verschränken, und Geschichtsphilosophie gewinnt die Aufgabe ihrer intentionalen Auslegung" (GS 1: 360)[39].

Das Programm der Geschichtsphilosophie besteht also in der Rekonstruktion der Geschichte als 'Naturgeschichte'. Darin kommt das Ganze als Unwahres (vgl. MM: 57) dadurch in den Blick, daß es als geschichtlich gewordenes Sein zugleich in Trümmern und Bruchstücken, d.h. als Schädelstätte vorliegt, in

wird, gerät nur um so tiefer in den Naturzwang hinein" (DA: 15).

39 Bonß schreibt dazu: Die Erkenntnis "muß sich der Zersplitterung anpassen und die Gestalt einer *negativen Spurensicherung* annehmen, die von Einzelelementen ausgeht und sie als Ausdruck einer widersprüchlichen Einheit von möglicher Vernunft und faktischer Unvernunft zu begreifen sucht. Eine solche Strategie, der auf der Ebene der Darstellung das ungeregelte, splitterartige Fragment entspricht, zielt darauf ab, durch den Verblendungszusammenhang der falsch gewordenen positiven Totalität hindurch auf die Spuren des Ganzen zu stoßen" (Bonß 1983: 204).

deren Chiffren die "Leidensgeschichte der Welt (...) in den Stationen ihres Verfalls" (Benjamin, zit. nach GS 1: 359)[40] gegenwärtig bleibt: "Nur das Tote ist das Gleichnis des nicht entstellten Lebendigen" (MM: 96). Und "Wahrheit selber" hängt von "der Geduld und Ausdauer des Verweilens beim Einzelnen" (MM: 94) - den Trümmern und Bruchstücken - ab[41].

Um die Angemessenheit des Perspektivenwechsels zur naturgeschichtlichen Betrachtungsweise auch für frühe Zeugnisse des Natur-Mensch-Verhältnisses zu belegen, führt Adorno eine Auseinandersetzung mit archaischen Mythen in seinen Begründungszusammenhang ein[42]. In den Mythen sieht er "das Moment der geschichtlichen Dynamik bereits angelegt (...), und zwar in dialektischer Form, so, daß die mythischen Grundgegebenheiten in sich selbst widerspruchsvoll sind und sich widerspruchsvoll bewegen" (GS 1: 363)[43]. So vernichtet im Kronosmythos der Gott die von ihm selbst geschaffenen Kinder (vgl. GS 1: 363). "Oder es ist so", schließt Adorno an, "daß die Mythologie, die der Tragödie zugrunde liegt, allemal in sich dialektisch ist, weil sie auf der einen Seite das Verfallensein des schuldigen Menschen an den Naturzusammenhang in sich hat und zugleich dies Schicksal aus sich selbst heraus versöhnt; daß der Mensch aus dem Schicksal als Mensch sich erhebt" (GS 1: 363). Durch diese Dialektik von Naturverfallenheit[44] und Versöhnung (als

---

40 Diese Gedanken Benjamins scheinen auch Horkheimer beeinflußt zu haben: "Die instrumentelle subjektive Vernunft preist entweder die Natur als pure Vitalität oder schätzt sie gering als brutale Gewalt, anstatt sie als einen Text zu behandeln, der von der Philosophie zu interpretieren ist und der, richtig gelesen, eine Geschichte unendlichen Leidens entfalten wird" (KiV: 122).

41 Das kann als Selbstcharakteristik der Philosophie Adornos verstanden werden: Adorno ist kein Systematiker (vgl. A. Schmidt 1981: 27).

42 Ich erinnere daran, daß der Naturbegriff, den Adorno in Naturgeschichte auflösen möchte, mit dem Begriff des "Mythischen" übersetzt wurde (vgl. GS 1: 345).
Als der Natur zugehörig ist das Mythische dem starren, ungeschichtlichen Sein zuzuordnen. Diese Starrheit will Adorno auflösen. Demnach ist die Beweislast, die ihm in seinem Begründungszusammenhang zufällt, die Erarbeitung der geschichtlichen Dynamik der Mythen. Andererseits darf Adorno den Mythos nicht in Geschichte auflösen, sonst wäre die Konstruktion der Naturgeschichte ebenfalls um ihre Evidenz gebracht.

43 Zu einem ähnlichen Ergebnis kommt Eickelpasch: Als Bestandteil des kulturellen Wissensvorrats unterliegt der Mythos (wie auch Sprache, Glaubensvorstellungen, Weltbilder) "durch die Integration von Erfahrungen" aus der sozialen Praxis "einem Prozeß der permanenten Um- und Ausgestaltung" (Eickelpasch 1973: 125).

44 In der "Dialektik der Aufklärung" besteht die "Naturverfallenheit (...) in der Naturbeherr-

Möglichkeit, über den Naturzusammenhang hinauszugehen) sieht Adorno den Perspektivenwechsel zur Naturgeschichte angezeigt. Die Menschen sind weder ausschließlich Subjekt der Geschichte, noch dürfen sie lediglich als Objekt der Natur gesehen werden, sie befinden sich "wie die ganze Welt (...) rebus sic stantibus immer noch in der Vorgeschichte, im Exil" (Bloch 1985: 361).

Die Konstruktion der Geschichte als 'Naturgeschichte' zeitigt bedeutsame Konsequenzen für die erkenntnistheoretischen Grundlagen der Kritik. Wie die Menschen noch nicht Subjekte der Geschichte sind, ist auch der kritische Gedanke "noch gar nicht er selber" (GS 5: 318). Er bleibt konkreter Ausdruck seiner Zeit und gehört somit der Vorgeschichte an. Kritik, die "im Allgemeinen sich hält", bleibt ohnmächtig, da sie dort zum "bloßen Repräsentanten" (GS 5: 318) verkommt. Daher muß der kritische Gedanke den antagonistischen Charakter des Ganzen durch das Einzelne hindurch verfolgen und kann so einer Kritik zugeführt werden, die nicht zur Tautologie oder gar Affirmation des Bestehenden gerät. Wenn andererseits geistige Arbeit "in der generellen Sphäre sich einrichtet, ohne mit dem Spezifischen sich zu beschmutzen", wird sie steril (GS 5: 318).

Damit ist für Adorno die Frage, "wie es möglich ist, diese entfremdete, dinghafte, gestorbene Welt zu erkennen, zu deuten" (GS 1: 356), beantwortet. Zusammengefaßt lautet diese Antwort: Die Trümmer und Bruchstücke der Naturgeschichte sind als Chiffren zu lesen, die weder in einer erstarrten Natur noch in einer von Natur gereinigten Geschichte aufgehen. Natur, als vergängliche, ist auch Geschichte; Geschichte, als erstarrte, ist auch Natur. Pointierter - und an eine bekannte Formulierung in der "Dialektik der Aufklärung" angelehnt - wäre so zu formulieren: *Schon die Natur ist Geschichte, und: Geschichte schlägt in Natur zurück*[45].

Adornos Behauptung, daß die von Lukács beschriebene zweite Natur "in Wahrheit (...) die erste" sei (GS 1: 365), stellt diese signifikante Parallele zur "Dialektik der Aufklärung" her: Die zweite Natur bleibt als entfremdete sinn-

---

schung" (DA: 39). Die Natur wird in der "Permanenz des gesellschaftlichen Zwangs" wiederholt (DA: 22). *Die Kritik der Naturverfallenheit wird in eine Kritik der Herrschaft transformiert.*

45 In der "Dialektik der Aufklärung" heißt es: "Schon der Mythos ist Aufklärung, und: Aufklärung schlägt in Mythologie zurück" (DA: 5).

entleert und überpersönlich (vgl. GS 1: 355). "Indem sie sich als sinnvoll gibt" ist sie "eine des Scheines, und der Schein an ihr ist geschichtlich produziert. (...) In diesem geschichtlichen Phänomen des Scheines" kehrt "der Charakter des Mythischen selber" wieder (GS 1: 364). So wie alle Mythen das Moment des Scheines enthalten, ist der Schein (dem hier Lukács' zweite Natur entspricht) selbst mythischer Art[46]. Weder hebt der Schein den Mythos auf, noch ist er dessen Epiphänomen. Deshalb kann es keine zweite Natur geben: "Es ist in Wahrheit die zweite Natur die erste" (GS 1: 365)[47], Geschichte also Urgeschichte geblieben (vgl. Lüdke 1981: 77), dies allerdings nicht dergestalt, daß die geschichtliche Dialektik "umgedeutete urgeschichtliche Stoffe" bloß wiederaufnimmt, "sondern die geschichtlichen Stoffe selber verwandeln sich in Mythisches und Naturgeschichtliches" (GS 1: 365).

Die Bestimmung der zweiten Natur als die erste bedeutet keine Abkehr von der Lukácsschen Definition des Begriffs, sondern dessen emphatische Auslegung. Adorno sieht die zweite Natur als so gewaltig und ungebrochen, daß alles, womit wir unmittelbar konfrontiert sind, bereits von ihr präformiert ist. Selbst wenn etwas außerhalb der zweiten Natur existierte, könnte es doch nur durch sie hindurch und damit verfälscht und entfremdet gesehen werden: Die zweite Natur ist diejenige, mit der wir es immer schon zu tun haben, ihre Quasi-Natürlichkeit - Link spricht von ihrer "unerbittlichen Gesetzmäßigkeit"

---

46 Hierzu führt Adorno einige Beispiele an: Wo die "Scheinwelt der Konvention uns gegenübertritt", befällt uns "eine archaische Angst" (GS 1: 364). Der Charakter des Scheines, "alles wie in einen Trichter in sich hineinzuziehen", ist für Adorno ebenfalls "ein solch mythisches Moment des Scheines" (GS 1: 364).
Nicht minder mythisch ist, daß der Schein sich nicht auf Bildlichkeit reduzieren läßt, sondern das "Moment der Wirklichkeit" in sich trägt, "daß er nicht bloß zu beseitigendes Scheinhaftes ist, sondern etwas ausdrückt, was in ihm erscheint, was aber unabhängig von ihm nicht zu beschreiben ist" (GS 1: 365). Schein und Mythos sind also zugleich materielle Gewalt und als solche gesellschaftlich institutionalisiert. Wir leben also immer auch *im* Schein bzw. Mythos, ein extramundaner Standort existiert nicht.
Schließlich verbindet auch das "entscheidende, transzendierende Motiv" der Versöhnung Schein mit Mythos, denn "das Versprechen der Versöhnung" ist am vollkommensten gegeben, "wo zugleich die Welt von allem 'Sinn' am dichtesten vermauert ist" (GS 1: 365).

47 Von dieser These weicht Adorno später wieder ab: "Die bereits bei Hegel kritisch tingierte Theorie der zweiten Natur ist einer negativen Dialektik unverloren" (ND: 48). Adorno dehnt den Begriff der zweiten Natur sogar noch aus über "allgemeine Sphären wie Kultur, Gesellschaft, Geschichte" (Rath 1982: 66).

(Link 1986: 46) - *ist* für uns unmittelbar natürlich und deshalb wird sie bei Adorno zur ersten Natur.

Allerdings besteht hier die Gefahr, daß die Reduktion der zweiten Natur - die menschheitsgeschichtlich gewordene - auf die erste, der "Idee der Naturgeschichte" ihren geschichtlichen Anteil strittig macht[48]: "Die Geschichte zur Natur erklären heißt, sie zur Vorgeschichte erklären und sie damit als blinden Mechanismus begreifen" (Grenz: 1975: 163)[49].

Eine wichtige Konsequenz von Adornos naturgeschichtlichem Ansatz, die auch für die "Dialektik der Aufklärung" noch uneingeschränkt zutrifft, besteht darin, daß der Begriff der "Ideologie" auf eine derart vorgestellte Gesellschaft nicht angewendet werden kann[50]. Es gibt keine über der Gesellschaft freischwebende Ideologie, die der Unwahrheit gegenüber den objektiven Realitäten bezichtigt werden könnte. Das, was ehedem Ideologie geheißen, ist bei Adorno mit der Wirklichkeit vollständig verfilzt[51]: "Wie in der bewußtlosen

48 Diese Reduktion von Geschichte auf Natur hat sich bereits in Benjamins Trauerspielbuch als problematisch erwiesen.

49 "Was einmal bei Marx, mit schwermütiger Hoffnung, Vorgeschichte heißt, ist nicht weniger als der Inbegriff aller bisher bekannten Geschichte, das Reich der Unfreiheit" (GS 8: 234). Marx war "der Naturwüchsigkeit der Gesellschaft sich bewußt. Die vergesellschafteten Subjekte sind ihrer selbst und der Gesellschaft noch nicht mächtig. Insofern verharrt, trotz aller Rationalisierung, der soziale Prozeß im irrationalen Zyklus" (GS 8: 234). "Blind" wird das "Immergleiche" wiederholt (GS 8: 234).

50 Hubig hingegen versucht gegen Horkheimer und Adorno dem Begriff der Ideologie Dignität zu verleihen. Für ihn schlägt Aufklärung nicht in "Mythologie zurück" (DA: 5), sondern es entsteht Ideologie. Zur Stützung seiner These führt er an, daß der Mythos nicht selbstreflexions*fähig* sei, während die Ideologen des gegenwärtigen Orientierungssystems nicht reflexions*willig* seien (vgl. Hubig 1979: 219). Diese Kritik freilich zielt an Adorno vorbei: Für ihn überlagert Ideologie "nicht das gesellschaftliche Sein als ablösbare Schicht, sondern wohnt ihm inne" (ND: 348) - mit Reflexionsunwilligkeit ist dieses Phänomen unzutreffend beschrieben. Sicherlich ist Hubigs Bemühen, die handlungstheoretischen Defizite der "Dialektik der Aufklärung" - das Werk, auf das er sich hauptsächlich bezieht - zu überwinden, akzeptabel, allerdings ist sein Anlauf zur Kritik der "Dialektik der Aufklärung" offensichtlich zu lang gewesen: Mit einem gewaltigen Satz landet Hubig auf der Seite der Theorien, denen systemtheoretische Defizite vorzurechnen sind, denn es können kaum alle Krisen und Pathologien der Moderne, zumal der kapitalistischen, wo vieles über den Markt geregelt wird, zu Lasten der Konten reflexionsunwilliger Ideologen gehen - das dürfte selbst deren Dispositionskredit um ein Vielfaches überschreiten. Hubig wäre mit Werner Hofmann daran zu erinnern, daß "das bekannte Hauptwerk von Karl Marx nicht den Titel trägt 'Der Unternehmer', sondern vielmehr 'Das Kapital'" (Hofmann 1969: 61), womit die Bedeutung des Kapitalverhältnisses als ein überpersönliches Verhältnis ausgedrückt wird.

51 "In der totalen Gesellschaft ist alles gleich nah zum Mittelpunkt" (ND: 265).

Gesellschaft die mythische Gewalt des Natürlichen sich erweitert reproduziert, so sind auch die Bewußtseinskategorien, welche sie produziert, bis zu den aufgeklärtesten, im Bann und werden zur Verblendung. Gesellschaft und Individuum harmonieren darin wie nirgends sonst. Mit der Gesellschaft ist die Ideologie derart fortgeschritten, daß sie nicht mehr zum gesellschaftlich notwendigen Schein und damit zur wie immer brüchigen Selbständigkeit sich ausbildet, sondern nur noch als Kitt: falsche Identität von Subjekt und Objekt" (ND: 341 f.); und: "Ideologie überlagert nicht das gesellschaftliche Sein als ablösbare Schicht, sondern wohnt ihm inne" (ND: 348)[52].

Insofern die Geschichte "nichts übrigläßt als das bloß Seiende, schlägt sie in den Mythos zurück. Denn er ist nichts anderes als der geschlossene Immanenzzusammenhang dessen, was ist" (ND: 394), prägnanter: "Das totum ist das Totem" (ND: 370). Die Naturgesetzlichkeit der Gesellschaft ist einzig dort noch Ideologie, "soweit sie als unveränderliche Naturgegebenheit hypostasiert wird" (ND: 349). Da andererseits jedoch ihre Bewegungsgesetze real sind und die Gesellschaft bewußtlos ist (vgl. ND: 349), wäre zu fragen, wie solche Naturgegebenheit verändert werden könnte. Die verblendeten Subjekte können nicht Träger einer solchen Veränderung sein, dazu müßten sie erst ein Bewußtsein von der Falschheit der Gesellschaft erlangen, i.e. den Schein reflexiv durchdringen[53]. Das aber ist nicht unmittelbar möglich, weil Schein und Wirklichkeit undurchdringbar verschlungen sind - was die Frage aufwirft, wie

"Die Ideologie ist keine Hülle mehr, sondern nur noch das drohende Antlitz der Welt. Nicht nur kraft ihrer Verflechtung mit Propaganda, sondern der eigenen Gestalt nach geht sie in Terror über" (Adorno 1979c: 477). Ideologie und Realität bewegen sich aufeinander zu; die Realität wird "mangels jeder anderen überzeugenden Ideologie zu der ihrer selbst" (Adorno 1979c: 477).

"Die Ideologie, der gesellschaftlich notwendige Schein, ist heute die reale Gesellschaft selber" (GS 10: 26).

52 Ähnlich schreibt Marcuse: "Keine Ideologie kann mehr die Tatsache verschleiern, daß diese herrschende Klasse die einmal in diesen Institutionen [sc. des freien Unternehmertums; H.K.] enthaltenen Produktivkräfte nicht mehr fortentwickelt, sondern fesselt und mißbraucht. Die Ideologie zieht sich aus dem Überbau zurück (wo sie durch ein System dreister Lügen und durch Unsinn ersetzt wird) und verkörpert sich in den Gütern und Dienstleistungen der Konsumgesellschaft, die das falsche Bild vom guten Leben aufrechterhalten" (Marcuse 1973: 102).

53 Grenz sieht daher zu Recht in der "Idee der Naturgeschichte" die Wurzel der "berühmten Praxislosigkeit der Philosophie Adornos" (Grenz 1973: 350).

Adorno zu solcher Erkenntnis gelangen kann, oder ob solche Erkenntnis nicht schlicht Potemkinsche Dörfer errichtet.

Wenn jedoch die Subjekte die Naturgesetzlichkeit der kapitalistischen Gesellschaft nicht durchschauen, also auch nicht ändern können, so muß diese Naturgesetzlichkeit sich selbst überwinden[54]: Beelzebub soll den Teufel austreiben. An dieser Problematik wird deutlich: Wer den Individuen völlige Ohnmacht attestiert, erteilt der Geschichte den Dauerauftrag, so fortzufahren wie bisher, bis - um es mit Weber zu sagen - "der letzte Zentner fossilen Brennstoffs verglüht ist" (Weber 1920: 203). Daher kommt Adornos Verdikt über Hegel, daß dieser nämlich "sich inmitten der Geschichte auf die Seite ihres Unwandelbaren, der Immergleichheit, Identität des Prozesses [schlägt], deren Totalität heil sei", weshalb er ihn "der Geschichtsmythologie" zeiht (ND: 350), einem Steinewerfen im Glashaus gleich. Wohl stellt Adorno den Prozeß nicht als heil dar, was jedoch dessen Immergleichheit anbelangt, so steht das System des Wunsch-Antisystematikers Adorno dem Hegelschen an Starrheit in nichts nach: Auch bei Adorno läuft Geschichte in der vom Naturgesetz vorgegebenen Bahn[55]. In dem Kapitel "Naturgeschichte" in der "Negativen Dialektik" zitiert Adorno Marx, um die historisch-gesellschaftliche Institutionalisierung dieses Naturgesetzes zu beschreiben (vgl. ND: 347 f.): Es ist das "mystifizierte Gesetz der kapitalistischen Akkumulation" samt ihrer ausbeuterischen Produkti-

---

54 Eine solche Überwindung wäre allerdings keine Überwindung mehr: "Eine sich naturwüchsig durchsetzende Emanzipation wäre das Gegenteil von Emanzipation" (Bürger 1974: 38).

55 Es wäre verfehlt, Adorno zu unterstellen, er sei ein Anhänger naturalistischer Theorien. Zumindest in seinem Spätwerk wird die Distanz zu solchen Theorien deutlich: "Das geschichtlich Allgemeine, die Logik der Dinge, die in der Notwendigkeit der Gesamttendenz sich zusammenballt, gründet in Zufälligem, ihr Äußerlichem; sie hätte nicht zu sein brauchen" (ND: 315). "Die Naturgesetzlichkeit der Gesellschaft ist Ideologie, soweit sie als unveränderliche Naturgegebenheit hypostasiert wird" (ND: 349).
Die gewollte Distanz zur scheinbaren "Logik der Dinge" darf jedoch nicht darüber hinwegtäuschen, daß der Schein, weil die Individuen ihn als solchen nicht durchschauen, dem Bewußtsein als reales, unumstößliches Gesetz eingeschrieben ist. Dazu schreibt Adorno: "Real (...) ist die Naturgesetzlichkeit als Bewegungsgesetz der bewußtlosen Gesellschaft" (ND: 349). Die Bewußtlosigkeit der Gesellschaft bestätigt das Bewegungsgesetz; die reale Bewegung unter dem Gesetz wiederum führt zu einem verdinglichten Bewußtsein und somit zur Ohnmacht - und so weiter ad infinitum. Wo dialektisches Garn so fest verstrickt wird, entsteht ein gordischer Knoten. In diesem Fall besteht er darin, daß das kritisierte Naturgesetz in seiner diamantenen Härte nolens volens als gültig bestätigt wird.

onsweise, "worin der Arbeiter für die Verwertungsbedürfnisse vorhandener Werte, statt umgekehrt der gegenständliche Reichtum für die Entwicklungsbedürfnisse des Arbeiters da ist" (MEW 23: 649)[56].

Mit seinem Bezug auf Marx holt Adorno nach, worüber er 1932 noch sprechen wollte (vgl. GS 1: 365): "über das Verhältnis dieser Dinge [nämlich der "Idee der Naturgeschichte"; H.K.] zum historischen Materialismus" (GS 1: 365). "Die Idee der Naturgeschichte" sei demnach keine Ergänzung, sondern immanente Auslegung "von gewissen Grundelementen der materialistischen Dialektik", deren "richterlichen Instanz" Adorno sich stellt (GS 1: 365). Um bei seinem Bild zu bleiben: Den Prozeß vor dieser Instanz müßte Adorno verlieren, denn die naturgeschichtliche Rekonstruktion beschränkt sich keinesfalls auf die bloße immanente Auslegung der materialistischen Dialektik (vgl. Lüdke 1981: 75). Bereits in der Eskamotierung der Differenz zwischen zweiter und erster Natur wird der Bruch vollzogen - mit signifikanten Konsequenzen für die Interpretation der Triade Natur - Gesellschaft - Individuum im naturgeschichtlichen Prozeß.

Auch die als rückläufig bestimmte Anthropogenese (vgl. Grenz 1975: 169) kann nicht mit Marx' Theorie der historischen Abfolge von Klassengesellschaften - als jeweils neue Stufe hin zu einer klassenlosen Gesellschaft - in Einklang gebracht werden. Adornos Philosophie setzt weder auf die erlösende Funktion eines Weltgeistes (dies gegen Hegel), noch auf die Revolution des Proletariats (dies gegen Marx). Der "Weltgeist" in der Naturgeschichte besteht gleichsam im "Fortschritt zur Hölle" (MM: 314), er verkörpert "die Höllenma-

56 Allerdings besteht hier eine Differenz zwischen Adorno und Marx, die nicht übergangen werden darf: Das "mystifizierte Gesetz" bleibt bei Marx Ausdruck der zweiten Natur. Für Adorno, der nicht (mehr) zwischen erster und zweiter Natur diskriminiert, bleibt dieses Gesetz konstitutiv mit den Zwangsgesetzen der Natur verbunden. Adorno konzeptualisiert Gesellschaft als Natur; damit hebt er die Naturgesetzlichkeit als bedeutsam hervor. Bei Marx hingegen ist der Vergleich entscheidend: Mit den Gesetzen der Gesellschaft verhält es sich wie mit den Gesetzen der Natur (vgl. Lüdke 1981: 76). Marx, dessen Maxime die Veränderung der Welt durch Praxis ist, fokussiert auf den Scheincharakter der Naturgesetzlichkeit. Allerdings: Hierbei handelt es sich zunächst nur um Nuancen. Bedeutsam wird dieser Perspektivenwechsel erst bei der Interpretation der (natur-) geschichtlichen Phänomene. Dabei ist Adorno genötigt, Geschichte und Gesellschaft auf Natur zurückzuführen, resp. zu reduzieren. Die daraus entstehenden handlungstheoretischen Defizite werden in den nächsten Kapiteln noch zu analysieren sein.

schine, die Geschichte ist" (MM: 315). Hegels Weltgeist hingegen "ist die Ideologie der Naturgeschichte", die den geschichtlichen Prozeß in seiner Totalität als "heil" beschreibt (ND: 350). Demgegenüber kommt Adornos Denken einem *negativen Hegelianismus* sehr nahe (vgl. Birzele 1977: 151), wenn er die Totalität als "Katastrophenzusammenhang" (Lypp 1972: 236), als "Logik des Zerfalls" (ND: 148) konzeptualisiert (vgl. Lüdke 1981: 85 ff.; Schmucker 1977: 14).

So bleibt Adorno als Denunziant der falschen Gesellschaft über viele Differenzen hinweg mit Marx verbunden: Näher als der Phänomenologie des Weltgeistes steht Adorno der "Phänomenologie des Widergeistes" (ND: 349). Letztere nimmt in der "Dialektik der Aufklärung" angesichts von Faschismus und Stalinismus die Form einer Kritik der - dem Prinzip der Selbsterhaltung entsprungenen - total gewordenen Herrschaft an. Indem Horkheimer und Adorno der "bewußtlosen Gesellschaft" (ND: 349) ihr zur Naturwüchsigkeit erstarrtes Bewegungsgesetz vorrechnen, gerät "die Überreife der Gesellschaft" in den Blick. Die Auseinandersetzung mit dieser Kritik ist Gegenstand des folgenden Kapitels.

III. Dialektik der Aufklärung

In der "Idee der Naturgeschichte" hatte Adorno Natur und Geschichte als Schicksalszusammenhang konzeptualisiert und dies mit der Verwandtschaft von gesellschaftlichem Schein und archaischen Mythen begründet, resp. den Schein auf Mythos und damit Gesellschaft auf Natur reduziert. Bescheinigt man diesem Konzept eine immanente Konsistenz, so bleibt andererseits dessen Korrespondenz zur empirischen Wirklichkeit zunächst ungeklärt, da Adorno eine entscheidende Frage unbeantwortet läßt. Diese lautet: Was ist die Ursache dieser naturgeschichtlichen Entwicklung? Es wird zu zeigen sein, daß die Beantwortung dieser Frage ins Zentrum der "Dialektik der Aufklärung" führt, ja, daß deren Essays und Fragmente um diese Kernfrage herum konstelliert sind.

Meine Rekonstruktion der "Dialektik der Aufklärung" wird die Antwort, die Horkheimer und Adorno auf diese Frage geben, entwickeln. Dabei werde ich diachronisch vorgehen, beginnend mit den zeitlich frühesten Beispielen aus der Geschichte der Menschheit, die von den Autoren angeführt werden. Von besonderem Interesse sind dabei die *Nahtstellen* zwischen Natur und Geschichte, da diese - auf den Begriff gebracht - die Explikation der Ursache des Natur-Geschichte-Verhältnisses beinhalten.

III.1 Angst und Selbsterhaltung

Mit der trivialen Vorstellung des gleichsam am Busen der Natur sich labenden Wilden wird in der "Dialektik der Aufklärung" gründlich aufgeräumt. Die ursprünglichste Erfahrung der sich entwickelnden Hominiden sehen Horkheimer und Adorno in der Ohnmacht der Wilden gegenüber "der realen Übermacht der Natur" (DA: 17)[1]. Der "panische Schrecken", den die Natur denjenigen einflößt, die über sie "nichts vermögen" (DA: 29), wird zum Ausgangspunkt der intellektuellen Bearbeitung des Verhältnisses zwischen Mensch und Natur[2].

---

1 Zu dieser Einschätzung der "Dialektik der Aufklärung" kommt auch Arnason (vgl. Arnason 1971: 125).

2 Für dieses Konzept hat wohl Nietzsches "Geburt der Tragödie" Pate gestanden. Nietzsche beschreibt, daß den Griechen die "Schrecken und Entsetzlichkeiten des Daseins" (Nietzsche 1980: 35) sehr vertraut gewesen sind, und daß die Griechen ihren Götterhimmel "aus tiefster Nötigung", als Konsequenz dieser Erfahrung, entworfen haben, "um leben zu können" (Nietzsche 1980: 35). Auch die Bewertung dieser Konsequenz entspricht - wie noch zu

Mit "unsäglicher Anstrengung" versucht der Mensch dem zu entgehen, was ihm "unsägliches Grauen" bereitet (DA: 31). Denken selber, als Instrument der Auseinandersetzung mit dieser Erfahrung, entspringt dem "Schauder der Urzeit" (DA: 45; vgl. Söllner 1983: 342). Solche Erfahrung bleibt jedoch keinesfalls auf den Ursprung begrenzt: Die "Dialektik der Aufklärung" beschreibt Angst als eine bis auf den heutigen Tag fortwirkende, bedeutsame Erfahrungsgröße (vgl. DA: 33, 81, 84, 162, 163, 165, 176, 194, 196, 197, 201, 210).

In der Urzeit ist der Mensch eingebunden in eine übermächtige Natur, der er sich nicht entziehen kann und deren Gesetzen er somit ausgeliefert ist. Das selbstidentische Ich - this hero of civilization (Benhabib 1986: 208) - hat sich noch nicht konstituiert; eine Subjekt-Objekt-Differenz existiert noch ebensowenig wie ein Kultur-Natur-Antagonismus. Die Welt ist noch "dicht und dunkel", so wie Unger es für die Welt des Kleinkindes beschreibt (Unger 1986: 105). Aus diesem Urzustand "erwacht der Mensch mit namenlosem Entsetzen" (Unger 1986: 105). Mit dem Erwachen des Selbst entsteht ein Spannungsverhältnis zwischen entstehendem Individuum und übermächtiger, undurchschaubarer Natur (vgl. Benhabib 1986: 165; vgl. Kimmerle 1986: 32). "Das Undurchschaubare verursacht aber Angst" (van Reijen 1982: 16). Die Bedrohung durch das dunkle Andere ruft die Selbsterhaltung auf den Plan, das Selbst konstituiert sich im Rahmen der Angsterfahrung[3].

Hier zeichnet sich bereits ab, was später in der Kreisfigur des Rückschlags von Aufklärung in Mythologie von Horkheimer und Adorno dargestellt wird. Das Selbst, das sich mit und in der Angsterfahrung konstituiert, bleibt über den Kreislauf zwischen Selbsterhaltung und daraus folgendem

---

zeigen ist - den Schlußfolgerungen Horkheimers und Adornos (zum Thema Mythos bei Nietzsche vgl. Vogt 1986: 17-19; Salaquarda 1979: 174-198; Lange 1983: 111-137; Hübner 1985: 57-59, 223-226; Blumenberg 1986: 654-661, 663-674; van Reijen 1987: 19-24; Plumpe 1978: 56-66; zur Nietzsche-Rezeption Horkheimers und Adornos vgl. Rath 1987: 73-110).

3 "Die Angst wirkt als ein Motor der Rationalisierung, verstanden als Wille zur Macht, d.h. zur Übermächtigung und gesetzmäßigen Beherrschung einer bedrohlichen Mitmenschen- und Außenwelt" (Frank 1982: 47).
Ein Kind, das sich seiner Angst ausgesetzt sieht, reagiert ganz ähnlich: "In ihrer Angst versuchen sie selbst [sc. die kleinen Kinder; H.K.] die totale Kontrolle der Situation zu übernehmen" (Richter 1986: 19). Das Buch "Der Gotteskomplex" von Horst-Eberhard Richter ist für das Verständnis des Zusammenhangs zwischen Ohnmachtsgefühlen und dem Willen zur Allmacht sehr instruktiv.

Zwang, über Natur zu herrschen (vgl. DA: 32), in Naturzusammenhänge verstrickt, die Emanzipation scheitert. Da dieses Scheitern von Anfang an vorgezeichnet ist, hat Habermas durchaus recht, wenn er die "Dialektik der Aufklärung" als das "schwärzeste Buch" von Horkheimer und Adorno bezeichnet (Habermas 1983: 405).

Auch wenn man geneigt ist, den Autoren der "Dialektik der Aufklärung" zuzustimmen, daß Angst vor einer übermächtigen Natur *eine* Urerfahrung des Menschen ist, wäre dennoch schwerlich zu vertreten, sie sei die einzige. Wird ausschließlich Angst als Grunderfahrung angenommen, die in einen Kampf um Selbsterhaltung mündet, entsteht ein handlungstheoretisches Modell, das wegen seiner stark eingeschränkten Prämissen kaum andere Handlungen kategorial erfassen kann als die, welche dem unmittelbaren Überleben dienen. Ein sozialdarwinistisch abgemagertes Handlungsmodell, in dem alle Tätigkeiten letztlich im Funktionszusammenhang des Überlebenskampfes kreisen, kann Zuneigung, Bildung u.v.a.m. nur durch gewaltsame Anpassung ans Modell erklären. Die handlungstheoretischen Defizite der "Dialektik der Aufklärung", die auch von anderen Autoren gesehen werden (vgl. Geyer 1982: 126-137; Düver 1979: 173, 176), sind bereits in dieser Grundannahme des Funktionszusammenhangs von Angst und Selbsterhaltung angelegt. Fast alle menschlichen Handlungen - mit Ausnahme künstlerischer Tätigkeiten - dienen letztlich der Selbsterhaltung, wobei die permanente Angsterfahrung die Menschen penetrant in diesem Handlungskreislauf gefangen hält.

Lévi-Strauss hingegen hat "hervorgehoben, daß das Denken schriftloser Völker in Wirklichkeit einerseits uneigennützig ist oder sein kann (...) und andererseits (...) vom Intellekt bestimmt ist oder sein kann" (Lévi-Strauss 1980: 28). Jene Völker stehen also nicht "ausschließlich unter dem Zwang des Überlebenstriebs" (Lévi-Strauss 1980: 28). Außerdem beuten sie die Natur nicht einfach aus, sondern "haben tiefe Achtung vor dem tierischen und pflanzlichen Leben" (Lévi-Strauss 1980: 249). Die Konstituierung des Handlungsmodells in der "Dialektik der Aufklärung" zwischen den Polen Angst und Selbsterhaltung vermag das von Lévi-Strauss beschriebene - zumindest auch mögliche - Verhältnis der Menschen untereinander und zur Natur kategorial nicht zu fassen. Liebe, Zuneigung und Achtung von vornherein durch handlungstheoretische Prämissen ausschließlich - denn anderes läßt das Modell nicht zu - im Hinblick auf Selbsterhaltung interpretieren zu müssen, restringiert menschliches Handeln auf einen extrem rigiden Funktionalismus[4].

Ich habe bisher Horkheimers und Adornos Ausführungen über die Konstituierung des Selbst im Funktionszusammenhang von Angst und Selbsterhaltung rekapituliert und kritisiert. Dabei ist die Darstellung des Begriffs "Selbsterhaltung" zunächst etwas vernachlässigt worden zugunsten der Transparenz der Grundfigur von Angst und Selbstbehauptung[5].

Mit dem von Horkheimer in "Vernunft und Selbsterhaltung" (Horkheimer 1970) im Winter 1941/42 in die Kritische Theorie eingeführten Begriff der Selbsterhaltung[6] sind eine Fülle von Konnotationen und daraus resultierenden erkenntnistheoretischen Ableitungen verbunden, die zu einer genaueren Bestimmung des mit diesem Begriff Gemeinten nötigen.

Zunächst einmal bedeutet Selbsterhaltung nicht mehr, als durch die Zusammensetzung des Wortes zum Ausdruck kommt: Erhaltung des Selbst. Das wiederum betrifft sowohl das physisch-körperliche als auch das psychisch-geistige Überleben (Wahrung der Ichidentität). Dadurch jedoch, daß Selbsterhaltung auf Angsterfahrung sich gründet, ja, in dem Versuch, der Angst zu entgehen, ihr genuines Fundament hat, haftet ihr etwas Disharmonisches, Egoistisches an. Egoismus ist der "instinct for self-preservation" (Benhabib 1986: 203). "The 'right of self-preservation' and the 'law of nature' are no longer in harmony. The goal of individual self-preservation does not lead to peace, but to the universal war of all against all" (Benhabib 1986: 191). Der Aufbruch der Menschheit in die Kultur bleibt über den funktionalen Zusammenhang von

4 Allerdings - und dies muß, die Kritik einschränkend, hinzugefügt werden - darf die Entstehungsgeschichte der "Dialektik der Aufklärung" nicht vergessen werden. Angesichts des zweiten Weltkriegs und des Faschismus in Deutschland sind Horkheimer und Adorno natürlich primär an einer Rekonstruktion der Anthropogenese interessiert, die geeignet ist, die Geschichte dieser Katastrophe nachzuzeichnen.

5 Die Begriffe Selbsterhaltung und Selbstbehauptung werden von mir synonym verwandt.

6 Freilich hat der Begriff "Selbsterhaltung" eine bis auf die Sophistik, Platon und Aristoteles zurückgehende Tradition: "In the Aristotelian as well as in the Stoic traditions, 'self-preservation' meant primarily the preservation of the species and the conservation of the individual through species-specific activities. Characteristic for this early usage of the concept was the assumption that the activity of self-preservation could be defined in the context of a theory of natural kinds: those activities which are species-specific are those which promote self-preservation" (Benhabib 1986: 190 f.).

Angst vor der Natur und Selbsterhaltung immer zugleich auf Natur bezogen. Selbstbehauptung erscheint so lediglich als eine Form der Anpassung an die Gesetze der Natur zum Zweck des Überlebens (vgl. DA: 15). In dem Satz "conatus sese conservandi primum et unicum virtutis est fundamentum" aus Spinozas Ethik (Spinoza, zit. nach DA: 29) sehen Horkheimer und Adorno daher "die wahre Maxime aller westlichen Zivilisation" enthalten (DA: 29), der "Zwangscharakter der Selbsterhaltung" (DA: 30) bleibt bis in die Gegenwart hinein bestimmend. Insofern hat es das mit sich selbst identische und zu freien Entscheidungen befähigte Individuum kaum je gegeben. Auch die Aufklärung hat keine grundlegende Änderung dieses Zustands bewirkt. Sie war "vor der Verwechslung der Freiheit mit dem Betrieb der Selbsterhaltung nie gefeit" (DA: 39 f.). Selbsterhaltung, der Versuch, Natur zu entkommen, mündet über das Mittel der Angleichung an Natur wieder in den Naturzusammenhang ein (vgl. DA: 63), Geschichte und Natur bleiben miteinander verschlungen.

Vermittels der Kategorie Selbsterhaltung in der "Dialektik der Aufklärung" bekommt Adornos "Idee der Naturgeschichte" (GS 1: 345-365) a posteriori doch noch ein materialistisches Fundament: Erschien die These von der Verschlingung von Natur und Geschichte in dem frühen Vortrag noch äußerst spekulativ und ohne hinreichende Evidenz, so gewinnt sie in der "Dialektik der Aufklärung" durch ihre Rückbindung an die Kategorie der Selbsterhaltung in Horkheimers Interpretation deutlich an Transparenz und Überzeugungskraft. Daß das Prinzip Selbsterhaltung zu erneuten Problemen führt, ändert nichts an seiner analytischen Kraft, zumal diese Probleme nicht dem Prinzip selbst, sondern erst seiner falschen Totalisierung entspringen.

III.2 Herrschaft durch Anpassung

Bisher wurde nicht erarbeitet, auf welche Art und Weise die auf Selbsterhaltung angewiesenen Menschen der Angsterfahrung begegnen. In der Bewußtwerdung der Angst gründet der Wille zu herrschen (vgl. DA: 5, 36, 38; KiV:

30, 94 f., 164 f.)[7]. "Was die Menschen von der Natur lernen wollen, ist, sie anzuwenden, um sie und die Menschen vollends zu beherrschen. Nichts anderes gilt. (...) Macht und Erkenntnis sind synonym" (DA: 8). "Das Prinzip der Herrschaft ist das Idol, dem alles geopfert wird" (KiV: 104)[8].

Die praktische Ausgestaltung dieses Willens zur Herrschaft bleibt rückgebunden an die jeweiligen historischen Möglichkeiten, d.h. die Mittel der Herrschaft variieren im geschichtlichen Prozeß. Die Dynamik dieses Prozesses gründet auf der anthropologischen Konstante des Strebens nach Herrschaft, die wiederum als Konsequenz aus der Angsterfahrung und dem daraus resultierenden Zwang zur Selbsterhaltung entstanden ist.

Der Begriff Herrschaft bezeichnet den Weg, auf dem der Mensch aus dem Naturzusammenhang heraustreten möchte. Doch die Dialektik des Herrschens, durch die der Herrschende an das Beherrschte rückgebunden bleibt (vgl. Hegel 1986: 151 f.), läßt die Fluchtbahn des Individuums aus der Natur zur Einflugschneise in dieselbe werden: "Jeder Versuch, den Naturzwang zu brechen, indem Natur gebrochen wird, gerät nur um so tiefer in den Naturzwang hinein" (DA: 15). Das Bemühen, Herrschaft in den Dienst der Befreiung zu stellen, wird zur Sisyphusarbeit.

Der Begriff Herrschaft zieht sich quasi als roter Faden durch die "Dialektik der Aufklärung": Er stellt das connecting link der Fusion von Natur und

---

7 Vgl. Kansy 1986: 72 ff.; Landmeier 1986: 113; Benhabib 1986: 192, 218 f.; Hesse 1984: 93; Hubig 1979: 221; TKH 1: 507 f.; Benhabib 1982: 139 ff.; Kimmerle 1986: 19 f.; Gamm 1985: 7 f.; Geyer-Ryan, Lethen 1987: 43 f.; Bolz 1987: 113; Brunkhorst 1987: 172 ff.; Habermas 1969: 177 f.; Habermas 1963: 160, 164; Wellmer 1985: 72 ff.; Schmidt, A. 1981: 47 ff.; Honneth 1985: 43-69; Lüdke 1981: 38 ff.; Schmucker 1977: 37 ff.; Arnason 1976: 16 ff.

8 In dem 1964 veröffentlichten Buch "The One-Dimensional Man" (deutsch: "Der eindimensionale Mensch"; Marcuse 1985) bestätigt Marcuse diese Analysen von Horkheimer und Adorno: Die Menschen werden fortschreitend "durch einen Produktionsapparat" versklavt, "der den Kampf ums Dasein verewigt und zu einem totalen, internationalen Kampf ausweitet, der das Leben jener zugrunde richtet, die diesen Apparat aufbauen und benutzen" (Marcuse 1985: 159). "Die Gesellschaft reproduzierte sich in einem wachsenden technischen Ensemble von Dingen und Beziehungen, das die technische Nutzbarmachung der Menschen einschloß - mit anderen Worten, der Kampf ums Dasein und die Ausbeutung von Mensch und Natur wurden immer wissenschaftlicher und rationaler" (Marcuse 1985: 161). "Der wissenschaftliche Begriff einer allseitig kontrollierbaren Natur entwarf Natur als endlose Materie in Funktion, als bloßen Stoff von Theorie und Praxis" (Marcuse 1985: 182).

Geschichte, Mythos und Aufklärung dar. Die "Dialektik der Aufklärung" zeichnet die Spuren - "Chiffren" - der Herrschaft nach, sie ist in nuce eine *Archäologie der Herrschaft.*

Allerdings bleibt diese Archäologie, da sie ausschließlich auf den Funktionszusammenhang von Angst und Selbstbehauptung rekurriert, auf allen Stufen der Rekonstruktion einer handlungstheoretischen Engführung verhaftet, die kein von Herrschaft freies Residuum menschlichen Handelns gestattet, resp. ein solches begrifflich angemessen beschreiben könnte. Hinzu kommt ein Problem, auf das im Zusammenhang mit der Entstehung von Arbeitsteilung noch einmal einzugehen ist: Bei Horkheimer und Adorno hat Herrschaft eine *Tiefen-* und eine *Breitendimension.* Unter Tiefendimension verstehe ich die Entwicklung des Herrschens vom Ursprung bis zur Gegenwart und der damit einhergehenden Wandlung der Mittel und Techniken im Dienst der Herrschaft. Das ist der Aspekt, unter dem die bisherigen Untersuchungen standen. Mit Breitendimension bezeichne ich jenen in der "Dialektik der Aufklärung" beschriebenen Vorgang der Ausdehnung der genuin in der Sphäre des Mensch-Natur-Verhältnisses entstandenen Herrschaft auf die Sphäre der Gesellschaft - als soziale Herrschaft - und auf die Sphäre des Individuums - als Selbstbeherrschung - (vgl. DA: 28, 29, 36; KiV: 94, 104)[9]: "Die Praktiken der Unterjochung [schlagen] von der Unterjochung der Natur auf die Gesellschaft" zurück (DA: 39), und "die Herrschaft des Menschen über sich selbst" begründet erst sein Selbst (DA: 51). "Die Herrschaft über die Natur reproduziert sich innerhalb der Menschheit" (DA: 99). Der Vernunft des Herrschens wird die Dynamik zugesprochen, sich zur Totalität zu entfalten, "der partikulare Ursprung des Denkens [ist von] seiner universalen Perspektive untrennbar" (DA: 37).

Nach dieser Interpretation steht die Dynamik der Geschichte wie auch das

9 Vgl. Honneth 1985: 61-69; Heider 1979: 39 ff.; Jay 1985: 311; Hesse 1984: 54, 93, 95 ff.; Lüdke 1981: 36 ff.; Honneth 1982: 89; Schmucker 1977: 37 ff.; Benhabib 1986: 179. Benhabib schreibt: "The efficiency and predictability of these new organizational techniques [sc. the factory, the army, the bureaucracy, the schools, the culture industry; H.K.] is made possible by the application of science and technology, not only to the domination of external nature, but to the control of interpersonal relations and the manipulation of internal nature as well" (Benhabib 1986: 162; vgl. Benhabib 1982: 139 [Übersetzung von Benhabib 1986: 162]).

gesellschaftliche Ganze unter dem Bann des "partikularen Ursprungs", dem durch Angsterfahrung bestimmten Verhältnis der Menschen zur Natur[10]. Eine solche Urknalltheorie der Herrschaft, die Geschichte gleichsam aus einem Sündenfall heraus konstruiert, begibt sich in die Gefahr, mit der Verabschiedung des Individuums, als bloßem Treibgut des Urknalls, zugleich jede utopische Perspektive zu verlieren und damit den Sinn kritischer Theorie zu eliminieren. Utopie wäre einzig dann noch möglich, wenn es gelänge, "[to] break the spell of the past upon the present" (Benhabib 1986: 188).

Wie aber sah nun der erste Versuch, Natur zu beherrschen, konkret aus? Die Auseinandersetzung mit einer Bemerkung von Benjamin kann an die Beantwortung dieser Frage in der "Dialektik der Aufklärung" heranführen. Benjamin faßt die Reaktion des Menschen auf ein starkes Angstgefühl so zusammen: "Ein Mensch kann im höchsten Schrecken dazu kommen, das nachzuahmen, vor dem er erschrickt" (Benjamin, zit. nach Schweppenhäuser 1972: 120). An dieser Äußerung ist zunächst einmal interessant, daß auch für Benjamin der Schrecken und die Angst eine bedeutsame Erfahrung des Menschen in der Auseinandersetzung mit der äußeren Natur (im weiten Sinn) darstellen (vgl. Menninghaus 1986: 73 f.). Andererseits ist der Reaktion - zumindest prima

---

10 Benhabib weist darauf hin, daß Horkheimer und Adorno keine Gründe für die Annahme der Ausdehnung des durch Herrschaft vermittelten Natur-Mensch-Verhältnisses auf die Bereiche Gesellschaft und Individuum anführen. Sie fragt daher: "Do they [sc. Horkheimer und Adorno; H.K.] mean that social relations are secondary to the primary relation of production, and that we have to show the emergence of the social out of the sphere of production; or do they mean that there is an analogy, or maybe even stronger, a necessary link between the domination of external nature and intersubjective domination and intrapersonal sublimation?" (Benhabib 1986: 218) Schmucker hingegen sieht eine solche Begründung: "Weil Herrschaft zugleich die Bedingung des Überlebens ist, kann sie nicht dulden, was auch immer außerhalb ihrer Verfügung liegt. Im Prinzip Herrschaft selbst liegt somit schon die Tendenz zu ihrer eigenen Totalisierung" (Schmucker 1977: 41).
Wäre Herrschaft tatsächlich "Bedingung des Überlebens", ginge jeder utopische Fluchtpunkt verloren, die Kritische Theorie verkäme zur bloßen Affirmation, denn zur Dialektik der Herrschaft gehört es, daß sie das zerstört, zu dessen Bewahrung sie eingesetzt wird: das Subjekt (vgl. DA: 51). Adorno hingegen hat als "Fluchtpunkt des historischen Materialismus (...) die Befreiung des Geistes vom Primat der materiellen Bedürfnisse im Stand ihrer Erfüllung" (ND: 207) genannt. Damit aber wird das Ausmaß der heutigen Herrschaft nicht als notwendig beschrieben, sondern als "überflüssige Anstrengung" (ND: 343) denunziert. Solche "ehemals rationalen, doch überholten Verhaltensweisen werden von der Logik der Geschichte unverändert heraufbeschworen. Sie ist logisch nicht länger" (ND: 343).

facie - noch nicht anzumerken, inwieweit sie im Dienst der Herrschaft steht, zumal die Reaktion auf den Schrecken erstens als Reflex quasi erzwungen wird und zweitens in der Nachahmung als Anpassung an das angstauslösende Andere, nicht jedoch in dessen Unterwerfung besteht. Indes verflüchtigt sich die Überzeugungskraft dieser Einwände, wenn sie einer genaueren Betrachtung unterzogen werden.

Im Funktionszusammenhang von Angst und Selbsterhaltung bleibt letztlich jede Form von Herrschaft - als Versuch, die Ohnmacht zu überwinden - Reflex auf eben diese Erfahrung des Ausgeliefertseins. Insofern schließt Herrschaft nicht die Vorstellung der rationalen Auswahl von Mitteln zur Erreichung eines vernünftigen, frei gewählten Zwecks ein. Eher noch bleibt Herrschaft mit der darwinistischen Vorstellung des "survival of the fittest" konnotiert[11], wobei Anpassung durch Nachahmung (biologische Mimesis) eine Variante im "struggle for survival" darstellt. Bis in die Pflanzenwelt hinein dient die Fähigkeit, auf elementare Reize zu reagieren, dem Überleben: Tropismen, Nastien und Taxen sind in diesem Zusammenhang zu nennen.

Eine naturgeschichtliche Konzeption von Herrschaft muß an solchen Erkenntnissen anknüpfen. Es zeigt sich dann, daß es zunächst die übermächtige Natur ist, die dem Menschen ihre Gesetze und damit die Nachahmung aufzwingt. Das Benjamin-Zitat kann nur deshalb den Ursprung von Herrschaft belegen, weil der Mensch lernen kann, Nachahmung gezielt in den Dienst der Selbsterhaltung zu stellen und sich damit - scheinbar - immer weiter aus dem Naturzusammenhang zu entfernen. "Über das mimetische Vermögen" (in Benjamin 1977a: 210-213) schreibt Benjamin: "Die Natur erzeugt Ähnlichkeiten. Man braucht nur an die Mimikry zu denken. Die höchste Fähigkeit im Produzieren von Ähnlichkeiten aber hat der Mensch. Die Gabe, Ähnlichkeit zu sehen, die er besitzt, ist nichts als ein Rudiment des ehemals gewaltigen Zwanges, ähnlich zu werden und sich zu verhalten. Vielleicht besitzt er keine höhere Funktion, die nicht entscheidend durch mimetisches Vermögen mitbedingt ist" (Benjamin 1977: 210). Als eine dieser höheren Funktionen kann unzweifelhaft die Fähigkeit zur Erkenntnis gelten, die in der Anhäufung des

11 "Die ganz angepaßte Gesellschaft ist, woran ihr Begriff geistesgeschichtlich mahnt: bloße darwinistische Naturgeschichte. Sie prämiiert das survival of the fittest" (GS 8: 96).

Wissens ihren adäquaten Ausdruck findet.

Hier nun setzen Horkheimer und Adorno an: "Macht und Erkenntnis sind synonym" (DA: 8) schreiben sie und stimmen damit Bacons Diktum "ipsa scientia potestas est" zu. In dem "ehemals gewaltigen Zwang, ähnlich zu werden und sich zu verhalten" (Benjamin 1977: 210) hat alle angewandte Macht ihren genuinen Ursprung. Der urzeitlich reflexionslose Reflex enthält bereits den Keim zu jener Frucht, die im Faschismus "im läppischen Zeitvertreib des Totschlags" (DA: 153) zur Überreife gelangt. Die "Gestalt des Geistes [bleibt] urgeschichtlich-geschichtlich" verstrickt (DA: 153).

Die frühesten Formen der Selbsterhaltung durch Anpassung gehorchen "biologisch fundamentalen Reizen" (DA: 161). Horkheimer und Adorno bezeichnen sie als "organische Anschmiegung ans andere" und sehen darin das "eigentlich mimetische Verhalten" (DA: 162), die "rein natürliche Existenz, animalisch und vegetativ" (DA: 31)[12]. Sofern diese Selbsterhaltung durch Anpassung - als Reflex - tatsächlich als biologisch unvermeidbar behauptet werden kann, greift der Vorwurf, die "Dialektik der Aufklärung" enthalte handlungstheoretische Defizite, nicht. Allerdings verlängern Horkheimer und Adorno das Motiv erzwungener Anpassung bis in die Gegenwart hinein: "Technik vollzieht die Anpassung ans Tote im Dienst der Selbsterhaltung (...) durch Automatisierung der geistigen Prozesse, durch ihre Umwandlung in blinde Abläufe. Mit ihrem Triumph werden die menschlichen Äußerungen sowohl beherrschbar als zwangsmäßig. (...) Die Schutz- und Schreckfarbe heute ist die blinde Naturbeherrschung" (DA: 162 f.). Mit dieser Darstellung der Gegenwart als Fortsetzung der biologischen Urgeschichte mit lediglich anderen Mit-

12 Vgl. hierzu auch Benhabib 1986: 209; Früchtl 1986: 30 ff.
Lüdke hingegen versucht, eine Differenzierung der Mimesis von Mimikry vorzunehmen. Für ihn ist Mimikry die "von der Übermacht der Natur erzwungene Anpassung, das Sichgleichmachen" (Lüdke 1981: 58). Mimikry wird erst dann zu Mimesis, wenn die Nachahmung bewußt als Technik der Naturbeherrschung angewendet wird (vgl. Lüdke 1981: 58). Diese Behauptung erweist sich jedoch als unhaltbar: In der "Dialektik der Aufklärung" wird Mimesis als die ursprüngliche Reaktion dargestellt (vgl. DA: 161 f., 31). Daraus jedoch ist keinesfalls abzuleiten, daß Lüdkes Behauptung in ihrer Umkehrung richtig wäre. Horkheimer und Adorno verwenden die Begriffe synonym (vgl. Früchtl 1986: 38 f.). In diesem Zusammenhang kritisiert Früchtl die Differenzierung, die Lüdke vornimmt. Auch Grenz argumentiert gegen eine solche Differenzierung: "Solange die Vorgeschichte andauert, ist Mimesis identisch mit Mimikry" (Grenz 1975: 164).

teln kehrt zugleich das erwähnte Problem der handlungstheoretischen Engführung wieder. Unverständlich bleibt vor allem, wie es Horkheimer und Adorno gelingen konnte, der Umwandlung der geistigen Prozesse in blinde Abläufe, der Zwangsmäßigkeit menschlicher Äußerungen zu entgehen. Da es den Autoren offensichtlich gelungen ist, zumindest ein gewisses Maß an selbständigem Denken gegenüber dem "gesellschaftlichen Verblendungszusammenhang" (DA: 40) zu bewahren, muß die "Dialektik der Aufklärung" eine Öffnungsklausel für emanzipatorische Vernunft enthalten. Diese existiert tatsächlich: "Ohne sich der Verstrickung, in der es [sc. das Denken; H.K.] in der Vorgeschichte befangen bleibt, entwinden zu können, reicht es jedoch hin, die Logik des Entweder-Oder, Konsequenz und Antinomie, mit der es von Natur radikal sich emanzipierte, als diese Natur, unversöhnt und sich selbst entfremdet, wiederzuerkennen. Denken, in dessen Zwangsmechanismus Natur sich reflektiert und fortsetzt, reflektiert eben vermöge seiner unaufhaltsamen Konsequenz auch sich selber als ihrer selbst vergessene Natur, als Zwangsmechanismus" (DA: 38). Die Selbstreflexivität des Denkens wird in der "Dialektik der Aufklärung" nicht lediglich als mögliche, sondern als unaufhaltsame Konsequenz der herrschenden Vernunft des Herrschens dargestellt. Die Anstrengung des Denkens, alles zu unterwerfen, wird dem Denken selbst zur Falle, sobald es die Herrschaft auf sich selbst ausdehnt. Daher bedeutet der "Fortschritt der Herrschaft zugleich deren Bloßstellung" (DA: 39)[13].

Ob allerdings diese Ausführungen ein tragfähiges Fundament für eine umfassende Vernunftkritik darstellen, kann bezweifelt werden. Daß die zur Totalität neigende Herrschaft in letzter Konsequenz sich selbst bloßstellt oder gar ihr eigenes Gegenteil, Versöhnung, hervorbringt, scheint vor dem Hintergrund dessen, was der Faschismus angerichtet hat, eine besonders zynische Variante der "List der Vernunft" (Hegel) zu sein. Im Atomzeitalter wird diese List zur tödlichen.

Wenn Horkheimer und Adorno die These vertreten, daß der "Fortschritt

13 Einen ähnlichen Gedanken hatte bereits Marx für das nach Universalität strebende Kapital ausgeführt: "Die Universalität, nach der es [sc. das Kapital; H.K.] unaufhaltsam hintreibt, findet Schranken an seiner eignen Natur, die auf einer gewissen Stufe seiner Entwicklung es selbst als die größte Schranke dieser Tendenz werden erkennen lassen und daher zu seiner Aufhebung durch es selbst hintreiben" (MEW 42: 323 f.; vgl. Gamm 1986: 171 ff.).

der Herrschaft zugleich deren Bloßstellung" bedeute (DA: 39), so ist das selbst eine Bloßstellung, die offenkundig einen sehr weiten "Fortschritt der Herrschaft" voraussetzt - wenn man keinen anderen Maßstab angibt, der eine Perspektive beinhaltet, die zu solcher Erkenntnis befähigen würde. Auf den "Fortschritt der Herrschaft" hoffen zu müssen, um wieder eine kritische Perspektive zu gewinnen, ist fatal. Ginge Denken tatsächlich in einem "Zwangsmechanismus" (DA: 38) auf, wären die Menschen einer allmächtigen Logik der Dinge unterworfen, der auch die Kritik nicht entgehen würde[14]. Auf derartige Aporien der Vernunftkritik Horkheimers und Adornos (vgl. Habermas 1983: 418; Benhabib 1986: 169, 171; Benhabib 1982: 142 f.) wird zu einem späteren Zeitpunkt noch einzugehen sein.

III.3 Organisierte Handhabung der Mimesis

Im letzten Kapitel wurde Mimesis als die biologische Fähigkeit des Menschen beschrieben, auf den Naturzwang durch Anpassung zu reagieren. Dieses "eigentlich mimetische Verhalten" geht über in die "organisierte Handhabung der

14 Wenn alle Handlungen gesellschaftlich vermittelt sind und die bestehende Vernunft in ihrer Gesamtheit für schlecht befunden wird, so muß auch der Gesellschaftskritiker seine eigene Kritik - von dem Problem ihrer Selbstbezüglichkeit einmal abgesehen - für ebenso schlecht halten. Da sie zudem selbstbezüglich ist, erscheint nicht einmal die Bedingung ihrer Möglichkeit gegeben.
Freilich werden innerhalb der dialektischen Logik, die das Fundament der Theoriekonstruktion Horkheimers und Adornos ausmacht, diese Erscheinungen nicht als logische Inkonsistenzen gedeutet (wie dies ein an der aristotelischen Logik geschulter Theoretiker tun würde). Das dialektische Denken reflektiert die gesellschaftlichen Antagonismen und hält sie in ihrer Widersprüchlichkeit denkend aus. Die vermeintlichen Widersprüche im dialektischen Denken lassen sich demnach nicht auf eine unzureichende Logik zurückführen, sondern resultieren aus dem Bemühen, die selbst widersprüchliche Wirklichkeit in einer gedanklich adäquaten Form zu erfassen. Dennoch ist die Frage berechtigt, ob eine Gesellschaftstheorie die dialektischen Untiefen einer "Dialektik der Aufklärung" unbeschadet übersteht, oder ob die Konstruktion nicht doch die materiale Begründungsfähigkeit der Theorie zu sehr belastet. Unabhängig von der Beantwortung dieser Frage muß festgehalten werden, daß der Aporievorwurf verschiedener Autoren auf der Grundlage der aristotelischen Logik formuliert wird. Wo ich mich diesem Aporievorwurf anschließe, möchte ich das nicht als eine Kritik der Dialektik im allgemeinen verstanden wissen, sondern als Kritik daran, daß Horkheimer und Adorno mit problematischen Grundannahmen dialektisch arbeiten - mit entsprechend problematischen und ungenauen Ergebnissen.

Mimesis", in "reflektorische Mimesis" (DA: 162). Zur Unterscheidung von der ersten Form bezeichne ich diese Variante der Mimesis als *Mimesis 2*.

Mimesis 2 ist der Versuch, mittels bewußter Handhabung der Anpassung die Verfügungsgewalt über die Natur zu erhalten und auszubauen. Dabei bleibt es zunächst ohne Bedeutung, ob diese Verfügungsgewalt real oder imaginär wächst[15]. In unserem Zusammenhang ist wichtig, daß mimetische Verhaltensweisen bewußt und gezielt als Mittel eingesetzt werden, um über Natur zu verfügen.

Der gezielte Einsatz mimetischer Verhaltensweisen zum Zwecke der Naturbeherrschung gehört wohl zu den frühesten Äußerungsformen der sich entwickelnden ratio. Die "Geburtsstunde" des Verstandes besteht also nicht in der schöpferischen Transzendierung der Natur, sondern Horkheimer und Adorno legen den "Nachdruck auf repressive Mimesis" (Arnason 1976: 17). In dieser kommt bereits die auf Zweck-Mittel-Rationalität eingeengte Vernunft zum Ausdruck, die Horkheimer in "Vernunft und Selbsterhaltung" (Horkheimer 1970) und in der "Kritik der instrumentellen Vernunft" (KiV) als einzig zur Herrschaft taugliches Mittel denunziert hat.

Die Genese von Mimesis 2 setzt zunächst einmal voraus, daß der Mensch die Fähigkeit entwickelt hat, die sich in ihm widerspiegelnde Natur erinnernd festzuhalten, denn nur darin kann die Möglichkeit gründen, das Abbild gegen das Abgebildete als Herrschaftsmittel einzusetzen. Dann erst stellt die Natur das Original dar, dessen Widerspiegelung - als Bild - über Natur herrschen soll: "Der Schamane bannt das Gefährliche durch dessen Bild. Gleichheit ist sein Mittel" (DA: 18; vgl. DA: 9). Mimesis 2 äußert sich also in der Magie[16],

15 "Alle Mythologie", hatte Marx in den Grundrissen erklärt, "überwindet und beherrscht und gestaltet die Naturkräfte in der Einbildung und durch die Einbildung; verschwindet also mit der wirklichen Herrschaft über dieselben" (MEW 42: 44). Per Dekret versucht Marx hier, die Anteile gelingender Naturbeherrschung außerhalb der Mythologie anzusiedeln. Das allerdings impliziert, daß die mißlingende Naturbeherrschung zur Reproduktion der sakralen Sphäre führt, während gelungene Naturbeherrschung automatisch den profanen Bereich erweitert. Ein derart rigider Funktionalismus scheint kaum geeignet, das Problem des Übergangs einer Gesellschaftsform in eine andere angemessen zu beschreiben. Soweit die Marxsche Theorie einem solchen Funktionalismus verfallen ist (sie ist dies keinesfalls immer), trifft auch sie der Vorwurf, handlungstheoretische Defizite aufzuweisen.

16 Für Cochetti konstituiert Magie "sogar den Prototyp jeder mimetischen Praxis" (Cochetti 1985: 15). Entgegen dieser Annahme habe ich gezeigt, daß die biologische Mimesis als

in den konkreten Zeremonien und Opferriten, sowie in der Entstehung der Sprache, denn der Begriff ist "das ideelle Werkzeug, das in die Stelle an allen Dingen paßt, wo man sie packen kann" (DA: 38)[17].

Die mythisch-magische Entwicklungsstufe des Natur-Mensch-Verhältnisses ist gekennzeichnet durch die *Herrschaft der Bilder* (vgl. Geyer 1982: 69). Allerdings - und darin besteht ein circulus vitiosus - schaffen die Bilder den Schrecken nicht aus der Welt, sondern sie verdoppeln ihn, sind die Tautologie des Schreckens. "Erst indem Subjektivität in der Erkenntnis der Nichtigkeit der Bilder ihrer selbst mächtig wird, gewinnt sie Anteil an der Hoffnung, welche die Bilder vergeblich bloß versprechen" (DA: 69). Solche Erkenntnis bliebe der Aufklärung vorbehalten, einer Aufklärung allerdings, die nicht einfach die Herrschaft der Bilder blind durch die Herrschaft der Begriffe ersetzt und dadurch lediglich eine Stufe weiter auf der Treppe sublimer Herrschaftsformen steht. Die Bilder hingegen reflektieren nicht, sie sind bloßer Ausdruck der Übermacht der Natur, Nachahmung im höchsten Schrecken, wie Benjamin schreibt. Wohl auch deshalb bleibt für Horkheimer und Adorno "die Freiheit in der Gesellschaft vom aufklärenden Denken unabtrennbar" (DA: 3).

Der Kern der magischen Praxis bleibt zweckrational: Sie dient der Herrschaft (vgl. DA: 12, 13), und darin ist sie der Aufklärung verwandt (vgl. DA: 27, 38 f.). Der mit Magie verbundene Herrschaftsanspruch wiederum setzt nur die Macht der Natur fort: "Mythen wie magische Riten meinen die sich wiederholende Natur" (DA: 19). Magie ist die "körperliche Nachahmung der äußeren Natur" (DA: 162). "Auf Naturverhältnisse lassen sich auch die Vorstellungen der Mythen ohne Rest zurückführen" (DA: 18)[18].

Spätestens jetzt stoßen Horkheimer und Adorno an die Grenze der Explikationsfähigkeit ihrer auf die Rekonstruktion von Herrschaft zugeschnittenen Prämissen und Argumentationszusammenhänge: Selbst wenn man bereit

---

Ursprung aller Formen von Mimesis, also auch der Magie, anzusehen ist.

17 Mimesis 2 gehört also zunächst zur mythisch-magischen Phase. Daran knüpft Homers Epos an, das "in seiner ältesten Schicht (...) an den Mythos" gebunden ist (DA: 42). Odysseus' List steht allerdings bereits jenseits der Magie, weil sie den Unterschied von Wort und Gegenstand ausnutzt, der dem mythischen Vorstellungskreis noch fremd ist (vgl. DA: 56). Die List des Odysseus wäre demnach einer Mimesis 3 zuzuordnen.

18 Ich hatte bereits in Kapitel III.1 darauf hingewiesen, daß Lévi-Strauss einen derart rigiden Funktionalismus kritisiert hat.

wäre, der Annahme zu folgen, daß *alle* magischen Praktiken durch den Willen zu herrschen motiviert sind, kann kein Nachweis erbracht werden, daß auch die mythischen Erzählungen, worin die magischen Handlungen eingebunden sind, sowie die Alltagspraxis in archaischen Gesellschaften allein dem Prinzip Herrschaft unterstellt sind[19]. Hier besteht - aus der Perspektive des Primats instrumenteller Verfügbarkeit - ein Rationalitätsüberschuß, dem die Mittel herrschaftsarchäologischer Begrifflichkeit keinerlei Erklärung angedeihen lassen.

Das mythische Weltbild stellt für Horkheimer und Adorno eine Stufe der Ausbreitung des Prinzips Herrschaft dar. Allerdings ist in ihm die Herrschaft noch nicht zur Totalität gelangt: Im Vergleich zur funktionalen Wissenschaft, wo "alles in der einen Materie untergeht, [erscheint] das Ritual von ehedem (...) als schmiegsam" (DA: 13). Der Zauberer hat "sich noch nicht wie der Zivilisierte, dem dann die bescheidenen Jagdgründe zum einheitlichen Kosmos, zum Inbegriff aller Beutemöglichkeit zusammenschrumpfen, fürs Ebenbild der unsichtbaren Macht erklärt" (DA: 12). Da die Zauberei ihre Zwecke durch Mimesis verfolgt und nicht, wie die moderne Wissenschaft, durch fortschreitende Distanz zum Objekt, bleiben Gedanken und Realität, Traum und Wirklichkeit miteinander eng verbunden (vgl. DA: 13 f.). Solche Nähe verhindert, daß Natur disqualifiziert und "zum chaotischen Stoff bloßer Einteilung" (DA: 13) durch ein allgewaltiges Selbst wird. "Die 'unerschütterliche Zuversicht auf die Möglichkeit der Weltbeherrschung', die Freud anachronistisch der Zauberei zuschreibt, entspricht erst der realitätsgerechten Weltbeherrschung mittels der gewiegteren Wissenschaft. Zur Ablösung der ortsgebundenen Praktiken des Medizinmanns durch die allumspannende industrielle Technik bedurfte es erst der Verselbständigung der Gedanken gegenüber den Objekten, wie sie im realitätsgerechten Ich vollzogen wird" (DA: 14)[20].

19 Siehe vorhergehende Anmerkung.
Antje Linkenbach bringt einige Beispiele für Verhaltensformen in Jäger- und Sammlergesellschaften, die mit dem auf das Erkennen von Herrschaftszusammenhängen abgestimmten Kategorienapparat der "Dialektik der Aufklärung" nicht zu fassen sind:
"Ein Verhalten gegenüber der Natur, das auf Anerkennung beruht und dadurch die Stellung des Menschen ihr gegenüber relativiert." Linkenbach bezeichnet dieses Verhältnis als "quasi-kommunikativ". Weiterhin erwähnt sie das "ständige Bemühen um Gemeinschaftlichkeit" und die "Möglichkeiten des Menschen zu kreativer und selbstbestimmter Arbeit" (Linkenbach 1986: 228 f.).

20 Auch Döbert kritisiert die Formulierung Freuds: "Die Assoziationen, die sich bei der For-

Solche Vorzüge des mythischen Denkens, wie sie sich den Darstellungen Horkheimers und Adornos zumindest auch entnehmen lassen, sind Realität und Schein zugleich. Die Gefahren der "allumspannenden industriellen Technik" könnten zu einer Sehnsucht verleiten, die Megabombe gegen die Steinschleuder oder gegen das Blasrohr eintauschen zu wollen. Ein solcher Tausch würde jedoch nicht aus dem Problemhorizont herausführen, denn schon "die Zauberei ist wie die Wissenschaft auf Zwecke aus" (DA: 13) - damit ist das mythische Denken schon mit jenem Stigma versehen, das im zwanzigsten Jahrhundert im Faschismus kulminiert: Herrschaft[21]. Daher hält Horkheimer eine Rückkehr zu älteren Gesellschaftsformen nicht für wünschenswert (vgl. KiV: 140). Er bezweifelt schon die Möglichkeit einer solchen Rückkehr: "Der Dualismus von Natur und Geist läßt sich so wenig zugunsten ihrer angeblich ursprünglichen Einheit leugnen, wie die realen geschichtlichen Tendenzen sich rückgängig machen lassen, die in diesem Dualismus sich spiegeln. Auf der Einheit von Natur und Geist bestehen, heißt mit einem ohnmächtigen coup de force aus der gegenwärtigen Situation ausbrechen, anstatt geistig über sie hinauszugehen in Übereinstimmung mit den Möglichkeiten und Tendenzen, die ihr innewohnen" (KiV: 158; vgl. KiV: 140)[22]. Die "realen geschichtlichen Tendenzen" gehen mit einem Zuwachs an technischem Wissen (und nicht nur diesem) einher. Unabhängig davon, welcher Beurteilung dieses Wissen im einzelnen unterzogen wird, welche Elemente mit dem Prädikat "destruktiv" oder "konstruktiv" versehen werden, bleibt die Gegenwärtigkeit dieses Wissens eine unumstößliche Tatsache. Das momentan Gewußte kann man vergessen, endgültig oder nur bis zur nächsten Aktualisierung - es gezielt loswerden zu wol-

mel [sc. der Freuds; H.K.] 'Allmacht der Gedanken' einstellen, sind jedoch irreführend. Denn von einem Handeln autonomer Subjekte kann im Falle der Magie nicht gesprochen werden, und zwar weder auf seiten der Objekte (Geister) noch der Subjekte (Menschen). Die 'Gedanken' der Beteiligten sind für die Wirksamkeit von Magie gänzlich irrelevant" (Döbert 1973: 106).

21 Darin übereinstimmend schreibt Burghart Schmidt: "Der Kausalitätsgesichtspunkt neuzeitlicher Rationalität ist im Mythos ebenso vorhanden wie das, was man gewöhnlich sonst als Hauptgesichtspunkt neuzeitlicher Wissenschaftlichkeit hervorkehrt: die Möglichkeit der Naturbeherrschung" (B. Schmidt 1986: 109).

22 Hierin stimmt Horkheimer sowohl mit Marx überein (vgl. A. Schmidt 1986: 206 f.) als auch mit Marcuse: "Jede Bedeutung, jede Erklärung in Begriffen von 'Zurück zur Natur' würde ich kompromißlos ablehnen" (Marcuse 1981: 24 f.).

len, bleibt eine ohnmächtige Anstrengung: Raketen kann der Mensch verschrotten, Wissen nicht. Daß Wissen Macht sei, stimmt, allerdings nicht lediglich in der Form, daß der Wissende zugleich mächtig ist, sondern auch, daß das Wissen Macht über ihn hat. Letztere Variante hat Bacon uns verschwiegen, diese aber ist die schwererwiegende: Die Freiheit, den Rückweg zu wählen, besitzt der Mensch nicht. Das ist zu vergegenwärtigen, wann immer das mythische Denken gegenüber dem wissenschaftlichen als das humanere erscheint.

Exkurs: Evolutionstheorie

Aus der bisherigen Rekonstruktion geht hervor, daß der "Dialektik der Aufklärung" ein evolutionstheoretisches Modell zugrunde liegt (vgl. Cochetti 1985: 212; A. Schmidt 1986: 202). Daß Aufklärung in Mythologie zurückschlage (vgl. DA: 5), kann nur vor einem evolutionstheoretischen Hintergrund sinnvoll behauptet werden: Der Begriff des Rückschlags impliziert die vorherige evolutionäre Entwicklung. Ein solcher humanwissenschaftlicher Evolutionismus konnte sich jedoch nicht unumstritten durchsetzen. Insbesondere durch das Werk von Lévi-Strauss sind berechtigte Zweifel an der Evidenz evolutionistischer Theorien geäußert worden. Horkheimer und Adorno vertrauten "auf archäologischem, klassisch-philologischem, religionswissenschaftlichem und ethnologischem Gebiet sich in Spezialfragen Interpretationen an (...), die größtenteils schon vor dem ersten Weltkrieg entstanden sind, also einen inzwischen überholten (oder doch stark problematisierten) Stand der Mythenforschung reflektieren" (A. Schmidt 1986: 202)[23]. Allerdings ist in die "Dialektik

23 Kimmerle weist zudem auf das Problem hin, daß der Mythos kein wissenschaftliches Zeugnis der Urzeit darstellt: "Im Mythos mag Vorzeit gespiegelt sein. Spiegelung aber ist Erinnerung. Der Mythos gehört der (noch nicht chronologisch fixierten) Geschichte zu. (...) Er ist Ursprungssage, nicht Ursprungsprotokoll. In den mythischen Sinnbildern überwundenen Schreckens erscheint Natur immer schon benannt und bedeutet. Erfahrung ist Überschreitung. Daher reflektiert die mythische Spiegelung von Natur den Übergang aus dem vormythischen Chaos in die Ordnung der mythisch gebundenen Zeit so, wie er sich der Erinnerung darbietet. Die Arbeit des Mythos gilt der Rationalisierung der Zeit" (Kimmerle 1985: 45). Die Aussage, daß der Mythos kein Protokoll des Ursprungs sei, ist unmittelbar evi-

der Aufklärung" lediglich ein *evolutionstheoretischer Hintergrund* eingelassen, gleichsam als Folie, vor der die Argumentation entfaltet wird. Tatsächlich können nur die Aussagen über den Zuwachs an Herrschaftsmitteln - der Weg "von der Steinschleuder zur Megabombe" (ND: 314) - als evolutionistisch bewertet werden. Zugleich jedoch sehen Horkheimer und Adorno im Prinzip Herrschaft eine Wesensverwandtschaft zwischen mythischem und aufklärerischem Denken (vgl. DA: 9 f., 11), was den Evolutionismusvorwurf noch einmal relativiert.

Cochetti will den legitimen Geltungsbereich der Evolutionstheorie auf eine biologisch-naturalistische Sphäre begrenzt sehen (vgl. Cochetti 1985: XVI). Es ist jedoch nicht einzusehen, warum der Explikation des Zivilisationsprozesses evolutionstheoretische Enthaltsamkeit dekretiert wird, denn eine dialektische Evolutionstheorie - die Evolution als einen Prozeß versteht, dessen Dynamik durch das wechselseitige Verhältnis von Mensch und Natur, Mensch und Mensch und das Verhältnis der Menschen zu sich selbst bestimmt wird - ist sehr wohl in der Lage, die Anthropogenese als einen widersprüchlichen und keinesfalls immer geradlinigen Prozeß konzeptuell zu erfassen. Eine solche Evolutionstheorie sieht sich nicht genötigt, einer post-hoc-ergo-propter-hoc-Argumentation dergestalt zu verfallen, daß sie ohnmächtig und blind Elemente des Zivilisationsprozesses als kausale Dependenz einer vorhergehenden biologischen Entwicklung behauptet. Ferner schließt Cochettis Diktum, die Evolutionstheorie auf eine biologisch-naturalistische Sphäre zu begrenzen, von vornherein aus, daß die - zugestandene - biologische Evolution soziale Implikationen haben kann. Es ist nicht einzusehen, warum solche Implikationen axiomatisch ausgeschlossen werden sollen. Aus der Tatsache, daß es besonders

---

dent. Mythen sind aber als gesellschaftlich-historische Zeugnisse selbstverständlich ein legitimes Objekt der Interpretation, und es ist keinesfalls von vornherein ausgemacht, daß durch Interpretation von Mythen keine Aussagen über die Ursprünge der Menschheit gewonnen werden können, wie Kimmerle offensichtlich annimmt (vgl. Kimmerle 1985: 45 f.).

Die Behauptung Kimmerles, "Adornos Theorie des Mythos ist abgezogen von den patriarchalischen Mythen der Griechen" (Kimmerle 1985: 46), trifft nicht zu. Die Hinweise in der "Dialektik der Aufklärung" auf Durkheim, Hubert und Mauss - um nur einige zu nennen -, zeugen deutlich von einer weitergehenden Mythoskonzeption, als Kimmerle es darstellt. Ferner kann nicht davon die Rede sein, daß, wenn Horkheimer und Adorno von den "Wilden" sprechen, sie damit die Menschen im alten Griechenland meinen.

krude Ansätze in der Evolutionstheorie gegeben hat, die versucht waren, den Prozeß der Zivilisation als starr und geradlinig darzustellen, ist ebensowenig die Diskreditierung des evolutionstheoretischen Ansatzes abzuleiten, wie aus der Tatsache, daß vor fünfhundert Jahren sehr viele Menschen bei chirurgischen Eingriffen gestorben sind, abzuleiten wäre, die Chirurgie sei Blödsinn. Die evolutionstheoretischen Ausführungen in der "Dialektik der Aufklärung" bewegen sich keinesfalls auf einem Niveau, auf das Evans-Pritchards bissige Bemerkung zuträfe, es sei von der "Qualität eines Ammenmärchens nach dem Muster 'Wie der Leopard zu seinen Flecken kam'" (Evans-Pritchard 1981: 59).

Wenn Cochetti schreibt, daß sich neuerdings im deutschen Sprachraum "künstliche Versuche" abzeichnen, "den religiösen Evolutionismus wiederzubeleben" (Cochetti 1985: 233), kommt seine Verachtung gegenüber den Evolutionstheorien zum Ausdruck. Dabei übersieht er, daß es doch überhaupt nicht um die Frage geht: Evolutionstheorie - ja oder nein. Vielmehr geht es um die kritische Untersuchung von Behauptungen und Argumentationszusammenhängen, die sich natürlich - soweit es sich beurteilen läßt - als richtig oder falsch erweisen können. Damit ist aber nichts über den Theorieansatz ausgesagt, in den die Argumentation eingelassen ist, es sei denn, der Nachweis könnte erbracht werden, daß der theoretische Ansatz dermaßen unfruchtbar ist, daß innerhalb dieses Ansatzes keine kognitiv angemessenen Aussagen über einen Gegenstand getroffen werden können. Einen solchen Nachweis erbringt Cochetti nicht. Stattdessen weist er darauf hin, daß eine Parallelität zwischen biologischen und sozialen Entwicklungen nicht stattgefunden hat (Cochetti 1985: 234 f.). Es scheint, daß Cochetti nur über einen sehr eingeschränkten Begriff der Evolutionstheorie verfügt, bzw daß er sich an diesen eingeschränkten Begriff klammert, weil das hinter diesem Begriff stehende evolutionstheoretische Modell ohne Probleme zu widerlegen ist. Keinesfalls entspricht es dem Modell (wenn man in diesem Zusammenhang überhaupt von Modell sprechen kann) in der "Dialektik der Aufklärung", und insofern greift Cochettis Kritik nicht.

Die geschichtlichen Rückschläge, die Cochetti anführt (Fähigkeit der Menschheit, sich zu vernichten, neue Formen der Abhängigkeit, Hunger; vgl. Cochetti 1985: XVI), können bestenfalls als Einwände gegen besonders krude Evolutionstheorien angeführt werden, nämlich solche, die den Prozeß der

Zivilisation an die Theorie anpassen, statt die Theorie nach den Tatsachen auszurichten. Keinesfalls können Cochettis Argumente gegen jeden - vorsichtigen - evolutionstheoretischen Ansatz geltend gemacht werden. Man wird Habermas' "Theorie des kommunikativen Handelns" nicht mit dem läppischen Hinweis widerlegen wollen, es handle sich um einen künstlichen Versuch, den religiösen Evolutionismus wiederzubeleben (tatsächlich enthält das Buch unter anderem auch evolutionstheoretische Argumentationszusammenhänge). Die Unangemessenheit der Einwände Cochettis gegen die "Dialektik der Aufklärung" wird auch darin deutlich, daß Horkheimer und Adorno in mancherlei Hinsicht (unter dem Aspekt der Ausdehnung des Prinzips Herrschaft) eine negative Evolutionstheorie konstruieren, eine Katastrophengeschichte, deren - bisherige - Bilanz durchaus mit dem übereinstimmt, was Cochetti als Gegenargument der "Dialektik der Aufklärung" vorhält[24].

III.3.1 Mana

Mana ist der Name für die Allmacht der Natur (vgl. DA: 39)[25]. "Primär, undifferenziert ist es alles Unbekannte, Fremde; das was den Erfahrungskreis transzendiert, was an den Dingen mehr ist als ihr vorweg bekanntes Dasein" (DA: 17). "Mana, der bewegende Geist, ist keine Projektion, sondern das Echo der realen Übermacht der Natur in den schwachen Seelen der Wilden" (DA: 17)[26]. Hier setzen Horkheimer und Adorno einerseits ihre Angstkonzep-

24 Letztlich bleibt dem Leser von Cochettis Buch als Einwand gegen evolutionstheoretische Ansätze lediglich das Bekenntnis des Autors, daß er "nicht an dieses evolutive Schema *glaube*" (Cochetti 1985: XVII; Hervorh. H.K.).

25 Dem Mana der Melanesier entspricht das Orenda der Irokesen (vgl. Hubert, Mauss 1902: 60; Marett 1909: 99).

26 Hubert und Mauss definieren Mana als "puissance spirituelle" (Hubert, Mauss 1902: 25), und Marett beschreibt es als "the unseen force at work behind the seen" (Marett 1909: 138). "Like energy, *mana* may be dormant or potential. *Mana*, let us remember, is an adjective as well as a noun, expressing a possession which is likewise a permanent quality. The stone that looks like a banana is and has *mana*, whether you set it working by planting it at the foot of your tree or not. Hence it seems enough to say that *mana* exhibits the supernatural in its positive capacity - ready, but not necessarily in act, to strike" (Marett 1909: 128 f.).

tion fort, andererseits ordnen sie Mana - das keine Projektion, kein Anthropomorphismus ist - einer präanimistischen Entwicklungsstufe zu[27]. Mana ist nicht Ausdruck einer Beseelung der Natur, wie sie erst dem animistischen Denken zukommt, sondern umgekehrt die Widerspiegelung des Unbekannten, des Anderen im Menschen[28]. Ursprünglich beseelt nicht der Mensch die Natur, sondern die Natur dominiert den Menschen, indem sie ihm ihre Gesetze ins entstehende Bewußtsein eingraviert: "Der Ruf des Schreckens, mit dem das Ungewohnte erfahren wird, wird zu seinem Namen. Er fixiert die Transzendenz des Unbekannten gegenüber dem Bekannten und damit den Schauder als Heiligkeit. *Die Verdoppelung der Natur in Schein und Wesen, Wirkung und Kraft, die den Mythos sowohl wie die Wissenschaft erst möglich macht, stammt aus der Angst des Menschen, deren Ausdruck zur Erklärung wird*" (DA: 17, meine Hervorhebung). Hier wird ein Paradox deutlich, das von Anfang an die Genese der Bewußtseinsstrukturen begleitet oder gar konstitutiv für diese ist: Bereits der Keim des Bewußtseins - des späteren Soll-Garanten für Freiheit und Emanzipation von der Natur - trägt das Signum der Unfreiheit. Freiheit wird durch Abhängigkeit stigmatisiert, die Genese der Allmacht der Gedanken perpetuiert die urgeschichtliche Ohnmachtserfahrung, Natur und Geschichte konvergieren in einem gordischen Knoten.

Eine Theoriekonstruktion, welche "die vom Mana durchherrschte Welt" als

27 Auch Cassirer ordnet den Ursprung des Mana unter Berufung auf Codringtons "The Melanesians" einer präanimistischen Entwicklungsstufe zu (vgl. Cassirer 1969: 97).

28 Schon Marett hat sich mit dem Problem des Verhältnisses von Animismus und Mana auseinandergesetzt: "How does 'animism' fit into the scheme [sc. der Manakonzeption; H.K.]? Is the supernatural identical with the spiritual, and is *mana* nothing more or less than spiritual power? Or, on the contrary, are *mana* and 'soul' or 'spirit' categories that belong to relatively distinct systems of ideas - do the two refuse to combine?" (Marett 1909: 132) Marett beantwortet die Fragen dahingehend, "that *mana* and 'animism' can occur in combination" (Marett 1909: 135). Allerdings beschreibt er Mana als eine Kategorie, die unabhängig vom animistischen (beseelenden) Denken auftreten kann: "To have soul is (...) not necessarily to have *mana* here or hereafter" (Marett 1909: 135). "*Mana* is coextensive with the supernatural; animism is far too wide. *Mana* is always *mana*, supernatural power, differing in intensity - in voltage, so to speak - but never in essence; animism splits up into more or less irreducible kinds, notably 'soul,' 'spirit,' and 'ghost'" (Marett 1909: 137 f.).
Mana ist also keineswegs allein einer präanimistischen Entwicklungsstufe zuzurechnen. Darin stimmen Horkheimer und Adorno mit Marett überein, wenn sie noch den Göttern zusprechen, daß "sie etwas vom Mana an sich" haben und daher immer noch "Natur als allgemeine Macht (...) verkörpern" (DA: 19).

"ausweglos und ewig gleich" (DA: 18) darstellt, sieht sich der Schwierigkeit ausgesetzt, wie geschichtlicher Wandel theorieimmanent zu konzeptualisieren ist. Es zeigt sich hier abermals die Schwäche einer geschichtsphilosophischen Konstruktion, die nicht mit der Möglichkeit von jenseits des Naturzwangs handelnden Menschen rechnet. Es ist kaum zu bestreiten, daß die Existenz der Menschen eine Auseinandersetzung mit der Natur impliziert, und daß die Natur einem solchen Prozeß der Aneignung (im umfassenden Sinn) sowohl Möglichkeiten als auch Einschränkungen vorgibt. Daß sie jedoch ein *bestimmtes Verhältnis* der Menschen zur Natur *erzwingt*, scheint eher das Produkt einer post-hoc-ergo-propter-hoc-Argumentation zu sein, als daß es sich um eine kognitiv angemessene Darstellung des Prozesses der Wechselwirkung zwischen Mensch und Natur handelt. Es ist zudem die Frage an Horkheimer und Adorno zu richten, wie sich in der ausweglosen und ewig gleichen Welt die vergangenen Hoffnungen entwickeln konnten, um deren Einlösung "es zu tun" ist (DA: 4). Sollen Hoffnungen nicht zum Ausdruck bloßer Ideologie verkümmern, soll in ihnen auch der Vorschein einer besseren Welt, eines besseren Lebens zum Ausdruck kommen, muß eine Rekonstruktion der Geschichte zugleich die Möglichkeiten zu einer anderen als der bestehenden Realität ausweisen. Den Autoren der "Dialektik der Aufklärung" ist nicht vorzuwerfen, daß sie angesichts der historischen Situation an der praktischen Verwirklichung der vergangenen Hoffnungen zweifelten; vorzuwerfen ist ihnen allerdings, daß sie bereits mit der Wahl des handlungstheoretischen Bezugsrahmens die Perspektive der praktischen Einlösung jener Hoffnung kategorial verbauen[29].

Eine weitere bedeutsame Schwäche liegt in Horkheimers und Adornos Definition des Mana selbst: Wäre Mana lediglich "das Echo der realen Übermacht der Natur in den schwachen Seelen der Wilden" (DA: 17) - ganz im Sinn einer kruden Widerspiegelungstheorie - müßte die Frage gestellt werden, warum dieses Echo erst zu einem späteren Zeitpunkt kognitiv verarbeitet wird, wie es für die Versuche magischer Einflußnahme notwendige Bedingung

29 "Für Adorno (...) ist die Möglichkeit von Praxis heute - und wahrscheinlich für immer - stillgestellt" (Gmünder 1985: 49). Diesen Satz halte ich, mit Ausnahme der Parenthese, die eine leere Behauptung enthält, für richtig.

ist. Mit ihrer Hinwendung zu einer einseitigen Abbildtheorie verabschieden Horkheimer und Adorno die ihnen sonst selbst vertraute Erkenntnis, daß das Verhältnis zwischen Mensch und Natur immer nur als ein dialektisch vermitteltes angemessen zu begreifen ist. Die Preisgabe dieser Erkenntnis bei der Definition von Mana in der "Dialektik der Aufklärung" ist daher recht unverständlich[30], zumal die krude Abbildtheorie Geschichte - als zumindest von Menschen mitgestaltete - völlig verabschiedet. Die von Horkheimer und Adorno unter den komplementären Begriffen Selbsterhaltung und Herrschaft konzeptualisierte Naturgeschichte neigt sich offensichtlich zum Pol Natur hin, während Geschichte lediglich als deren Epiphänomen zurückbleibt. Eine solche theoretische Prämisse des starken Übergewichts der Natur in der "Dialektik

30 Horkheimers und Adornos Definition des Mana muß auch deshalb verwundern, weil ihnen eine umfassende und differenzierte Abhandlung dieses Problems der französischen Soziologen Hubert und Mauss bekannt war, wie einer Anmerkung in der "Dialektik der Aufklärung" zu entnehmen ist (vgl. DA: 17, Anm.). Fast nichts von dem, was Hubert und Mauss über Mana schreiben, ist in die "Dialektik der Aufklärung" eingegangen. Zur Dokumentation seien hier einige längere Passagen zitiert:
"Le *mana* n'est pas simplement une force, un être, c'est encore une action, une qualité et un état. En d'autres termes, le mot est à la fois un substantif, un adjectif, un verbe. On dit d'un objet qu'il est *mana*, pour dire qu'il a cette qualité; et dans ce cas, le mot est une sorte d'adjectif (on ne peut pas le dire d'un homme)" (Hubert u. Mauss 1902: 108).
"La position sociale des individus est en raison directe de l'importance de leur *mana*, tout particulièrement la position dans la société secrète; l'importance et l'inviolabilité des tabous de propriété dépend du *mana* de l'individu qui les impose. La richesse est censée être l'effet du *mana*; dans certaines îles, le mot de *mana* désigne même l'argent" (Hubert u. Mauss 1902: 109).
"Le *mana* est la force du magicien. (...) Le *mana* est la force du rite" (Hubert u. Mauss 1902: 111).
"Le *mana* est écarté de la vie vulgaire. Il est l'objet d'une révérence qui peut aller jusqu'au tabou. On peut dire que toute chose tabou a du *mana* et que beaucoup de chose *mana* sont tabou" (Hubert u. Mauss 1902: 112).
"Le *mana* nous est donc donné comme quelque chose non seulement de mystérieux, mais encore de séparé. En résumé, le *mana* est d'abord une action d'un certain genre, c'est-á-dire l'action spirituelle à distance qui se produit entre des être sympathiques. C'est également une sorte d'éther, impondérable, communicable, et qui se répand de lui-même. Le *mana* est en outre un milieu ou, plus exactement, fonctionne dans un milieu qui est *mana*" (Hubert u. Mauss 1902: 112).
"De même la voix de l'enchanteur est de *l'orenda*" (Hubert u. Mauss 1902: 114).
"*L'orenda* est surtout le pouvoir du chamane" (Hubert u. Mauss 1902: 114).
"Toute la magie, en somme, sort de *l'orenda*" (Hubert u. Mauss 1902: 114).
Die beschriebenen vielfältigen Verflechtungen des Mana im sozialen Kontext sind der "Dialektik der Aufklärung" nicht zu entnehmen.

der Aufklärung" bedürfte einer umfassenden Grundlegung in der Theoriekonstruktion selbst - eine derartige Grundlegung ist in das Konzept jedoch nicht eingelassen.

Ein Vergleich mit neueren religionssoziologischen Untersuchungen zeigt, daß die Konzeption des Mana in der "Dialektik der Aufklärung" nicht lediglich veraltet, sondern in mancher Hinsicht falsch ist. Die Behauptung, das Mana sei zunächst "unidentisch, zerfließend" (DA: 22) gewesen, also in einer präanimistischen Entwicklungsstufe entstanden, die erst mit der Übertragung des Mana auf Dämonen und Gottheiten in den Animismus übergegangen sei (vgl. DA: 17), sieht sich durch die neuere Forschung nicht bestätigt (vgl. Eliade 1961: 181-188; Evans-Pritchard 1981: 158; Cochetti 1985: 224 f.). Die Definition des Mana "als eine vage, unpersönliche Macht (...), als eine Art Äther oder Elektrizität, die auf Personen und Dinge verteilt ist", bezeichnet Evans-Pritchard als "Spekulationen von Marett und Durkheim" (Evans-Pritchard 1981: 158). Dieser Vorwurf dürfte wohl auch Hubert und Mauss (insbesondere Hubert, Mauss 1902) treffen, zumal die "Forschung und Schriften" von Durkheim und Mauss "so eng miteinander verknüpft [sind], daß es unmöglich ist, sie streng zu scheiden" (Evans-Pritchard 1981: 111).

Weil das Mana personifiziert auftritt (vgl. Evans-Pritchard 1981: 111), kann es keiner präanimistischen Entwicklungsstufe zugeordnet werden. Damit ist zugleich der Versuch gescheitert, im Mana das undifferenzierte, diffuse und ursprüngliche Prinzip der Religion zu sehen, das erst sukzessive differenziert und konkretisiert wird[31]. Eine solche Behauptung erscheint zudem schon des-

---

31 "Es ist hier nicht unsere Aufgabe, den Ursprung der Religion zu erörtern oder zu entscheiden, welches der älteste religiöse Glaube der Menschheit gewesen sei. Aber was die Theorien anbelangt, die auf dem ursprünglichen und allgemeinen Charakter des *mana* aufgebaut sind, müssen wir, ohne zu zögern, eindeutig feststellen, daß sie durch die späteren Forschungen entkräftet wurden. Übrigens mag die Bemerkung nicht unwichtig sein, daß man sogar zu Ende des vorigen Jahrhunderts - als Codrington die gelehrte Welt mit der Idee des *mana* bekanntmachte - hätte einsehen können, daß diese geheimnisvolle Kraft keine unpersönliche Kraft sei. Genauer gesagt, man hätte sich darüber Rechenschaft geben können, daß für die Melanesier wie für alle anderen archaischen Völker sich mit Begriffen wie 'persönlich' und 'unpersönlich' keinerlei Sinn verbindet" (Eliade 1961: 183 f.).
"Ob ein Gegenstand als von einem Geistwesen bewohnt oder bloß als eine unpersönliche magische Kraft besitzend anzusehen sei, dies ist eine gänzlich überflüssige Frage, auf welche der Indianer selbst höchstwahrscheinlich keine bestimmte Antwort geben könnte. Es ist offensichtlich, daß es für ihn eine klare Unterscheidung zwischen Persönlichem und Un-

wegen als problematisch, weil das Mana keineswegs als eine universelle Kategorie anzusehen ist, sich daher also nicht zur Stützung einer allgemeinen Theorie des Ursprungs von Religionen eignet[32].

Um Mißverständnisse zu vermeiden, ist darauf hinzuweisen, daß keineswegs alles, was Horkheimer und Adorno über Mana schreiben, als falsch angesehen werden darf. Unzutreffend ist ihre Behauptung, das Mana sei in einer präanimistischen Entwicklungsstufe entstanden - und ein Großteil der im Zusammenhang mit ihrer Mana-Konzeption entstehenden Probleme lassen sich auf diese grundsätzliche Fehlannahme zurückführen, so etwa ihre Behauptung, daß das Mana lediglich "das Echo der realen Übermacht der Natur in den schwachen Seelen der Wilden" sei (DA: 17). Wenn sie andererseits im Mana den "bewegenden Geist" erkennen (DA: 17), der die Welt durchherrscht (vgl. DA: 18), ist das zwar als ungenau, nicht jedoch als falsch zu bewerten.

III.3.2 Animismus

Für Tylor besteht der Animismus in dem Glauben "an das Belebtsein der ganzen Natur, der in seiner höchsten Form zur Personification gelangt" (Tylor 1873, 1: 281)[33]. Mit dieser Definition stimmen Horkheimer und Adorno über-

persönlichem nicht gibt" (Karsten 1926, zit. nach Eliade 1961: 185).

32 "Der Begriff des *mana* ist keineswegs überall anzutreffen; es handelt sich somit gar nicht um einen in der Religionsgeschichte allgemein bekannten Begriff. Das *mana* ist nicht einmal eine pan-melanesische Vorstellung: Auf zahlreichen Inseln Melanesiens ist es unbekannt" (Eliade 1961: 186).

33 Um eine genauere Vorstellung davon zu vermitteln, was Tylor unter Animismus versteht, seien hier einige Stellen zitiert: "Der Animismus begreift mehrere Lehren in sich, welche mit solcher Gewalt zur Personificirung führen, dass Wilde und Barbaren anscheinend ohne alle Mühe Erscheinungen ein bestimmtes individuelles Leben geben können, welche wir bei äusserster Anstrengung unserer Phantasie nur mit bewusster Metapher personificiren können. Eine über die Schranken moderner Vorstellungen weit hinausgehende Idee von einem die Natur durchdringenden Leben und Willen, ein Glaube an persönliche Seelen, die selbst das, was wir leblose Körper nennen, bewohnen, eine Anschauung von der Wanderung der Seelen sowohl im Leben wie nach dem Tode, eine Empfindung von Schaaren geistiger Wesen, die bald durch die Luft ziehen, bald Bäume, Felsen und Wasserfälle bewohnen, und dadurch solchen materiellen Gegenständen ihre eigene Persönlichkeit verleihen (Tylor 1873, 1: 283 f.).

"Auch den Pflanzen, die so gut wie die Thiere die Erscheinungen des Lebens und Todes, ein: "Der Animismus hatte die Sache beseelt" (DA: 29). Erst "der subjektive Geist [löst] die Beseelung der Natur" auf (DA: 52); der Animismus wird durch die "Entzauberung der Welt" (DA: 8), d.h. durch die Aufklärung (vgl. DA: 7), ausgerottet.

Die Entzauberung der Welt, die Vernichtung des Animismus, zeitigt einen bedeutsamen Nebeneffekt: "Die Menschen [leisten] auf Sinn Verzicht" (DA: 9; vgl. DA: 85)[34]. In die mythischen Erzählungen sind Antworten auf elementare Sinnfragen, die Leben und Tod betreffen, eingelassen (vgl. DA: 9). Darüber hinaus garantiert die Beseelung aller Dinge der Natur eine eigene Qualität: Der Natur ist ebenso mit Achtung zu begegnen, wie den Geistern der Ahnen. Sie ist noch nicht "disqualifiziert" und "zum chaotischen Stoff bloßer Einteilung" (DA: 13) heruntergekommen.

Die Sinnhaftigkeit, welche Horkheimer und Adorno dem mythischen Denken zubilligen, übersteigt die Explikationsfähigkeit der herrschaftstheoretischen Deutungskategorien in der "Dialektik der Aufklärung", denn der Herrschaftsbegriff kann den Sinnbegriff nicht völlig absorbieren. Mit anderen Worten: Sinn ist eine Kategorie, die zwar auch der Legitimation von Herrschaft dienen kann, die allerdings nicht auf diese Funktion beschränkt gesehen werden darf. Nun behaupten die Autoren der "Dialektik der Aufklärung" eine solche Absorption nicht, obwohl sie dies aufgrund ihrer auf Herrschaft zugeschnittenen Prämissen *behaupten müßten*, da andernfalls wiederum ein Rationalitätsüberschuß entsteht, dem sich das Deutungsmodell nicht gewachsen sieht. Wenn Horkheimer und Adorno schreiben, daß sich "die Vorstellungen der Mythen ohne Rest (...) auf Naturverhältnisse" zurückführen lassen (DA: 18), muß das für den in den Erzählungen enthaltenen Sinn bezweifelt werden, zumal das Naturverhältnis im "Prinzip der schicksalhaften Notwendigkeit" (DA: 14), im "Naturzwang" (DA: 15) aufgeht. Wenn Sinn unabdingbar für Herrschaft wäre,

---

der Gesundheit und Krankheit zeigen, hat man naturgemäss eine Art von Seele zugeschrieben" (Tylor 1873, 1: 468).
"Die Lehren der Naturvölker rechtfertigen es vollkommen, wenn wir ihre geistigen Wesen im Allgemeinen als ihrer Natur nach den menschlichen Seelen ähnlich betrachten" (Tylor 1873, 2: 110).

34 Auch hierin stimmen die Autoren mit Weber überein (vgl. Brunkhorst 1987: 160; TKH 1: 462 f.).

wie könnten Horkheimer und Adorno dann noch Weber zustimmen, daß die Menschen "auf dem Weg zur neuzeitlichen Wissenschaft" Verzicht auf Sinn leisten? (DA: 9) Zumindest müßte die temporäre Unabdingbarkeit von Sinn für bestimmte Stufen der Genese von Herrschaft begründet werden, um so einen Anschluß an das herrschaftstheoretische Konzept zu gewinnen und damit die Konsistenz des Begründungszusammenhangs zu wahren.

Über seine Bestimmung als Beseelung der Sachen hinaus wird der Animismus in ein evolutionäres Modell eingeordnet: Dieses reicht vom Präanimismus über den Animismus zum Polytheismus und von da zum Monotheismus (vgl. DA. 9 ff.); "aufgeklärte Mythologien" wurden "an die Stelle der älteren" gesetzt (DA: 84). Ursprünglich fielen Immanenz der Welt und Transzendenz des Heiligen zusammen, geraten dann aber in einen Prozeß der Trennung: Die Welt wird immer immanenter, das Heilige (die Götter, der Gott) wird immer transzendenter[35]. Die Dämonen werden zu Göttern und wandern den Olymp hinauf oder den Hades hinab, um von dort aus die Welt gen Himmel oder Hölle zu verlassen.

Diese These allerdings kann keine universelle Gültigkeit beanspruchen (wenngleich sie sich für den europäischen Kulturkreis behaupten läßt), denn "es waren Gesellschaften aufzufinden, in denen Gottesvorstellungen, vielleicht sogar monotheistische Gottesvorstellungen, ausgebildet waren, die entwicklungsgeschichtlich nicht fortgeschrittener waren als solche ohne ausgearbeitete Gottesvorstellungen. Das reichte zur Widerlegung einer entwicklungstheoretischen Betrachtung der Religion und ihrer Anfänge überhaupt. (...) Eine systematische Untersuchung der Abfolge ist nie erfolgt; sie ist auch kaum möglich. Denn von den frühen Gesellschaften der Geschichte wissen wir nichts in dieser Hinsicht" (Dux 1982: 185)[36].

---

35 Zur Logik dieses Prozesses vgl. Döbert 1973a.

36 Auch Mühlmann gelangt zu der Auffassung, daß im Glauben an Geister nicht die Quelle aller Religion zu finden ist (vgl. Mühlmann 1984: 205).

III.3.3 Magie

Mit dem Aufkommen des Animismus geht die "herrschaftslose, zuchtlose Vorzeit" (DA: 95) zu Ende. "Der Ruf des Schreckens, mit dem das Ungewohnte erfahren wird, wird zu seinem Namen" (DA: 17). Die Benennung hebt den Schrecken ins Bewußtsein und macht ihn damit potentiell handhabbar: Der Zauberer grenzt "den Ort, in dem die heiligen Kräfte spielen sollen, gegen alle Umwelt" ein (DA: 20). Das magische Ritual soll durch Abbilder der Dämonen die Natur beeinflussen (vgl. DA: 9). Die Macht, durch bewußte Nachahmung (Mimesis 2 nach meiner Einteilung) Einfluß zu gewinnen (oder der Glaube daran, sie dadurch zu gewinnen), beruht einerseits auf der Erkenntnis des Magiers, daß er mit Natur nicht identisch ist, also auch als ein von ihr Verschiedenes existiert, und andererseits auf der spezifischen Vertretbarkeit in der Magie: "Was dem Speer des Feindes, seinem Haar, seinem Namen geschieht, werde zugleich der Person angetan, anstelle des Gottes wird das Opfertier massakriert" (DA: 13)[37].

Die Begriffe Mana, Animismus und Magie bezeichnen nicht drei verschiedene, deutlich voneinander abgegrenzte Bereiche des mythischen Denkens. Vielmehr sind sie aufeinander bezogen und durchdringen einander: Ein wesentliches Merkmal des Mythos ist das animistische (beseelende) und anthropomorphisierende Denken (vgl. DA: 10)[38]. Nicht alles jedoch, was beseelt ist, hat zugleich Mana, die "puissance spirituelle" (Hubert u. Mauss 1902: 25). Problematischer ist die Eingrenzung des Bereichs, auf den der Begriff Magie

37 Lévi-Strauss spricht in diesem Zusammenhang vom "Grundprinzip (...) der Stellvertretung: in Ermangelung des vorgeschriebenen Dings kann jedes beliebige an seine Stelle treten, vorausgesetzt, daß die Absicht, die allein wichtig ist, weiterhin besteht" (Lévi-Strauss 1973: 258 f.).
Allerdings unterliegt diese Stellvertretung einer Einschränkung: "Als Opfer ist eine Gurke einem Ochsen gleich, ein Ei einem Küken, ein Küken einer Henne, eine Henne einer Ziege, eine Ziege einem Ochsen; andererseits geht diese Abstufung nur in eine Richtung: mangels eines Ochsen opfert man eine Gurke, doch das Umgekehrte wäre eine Absurdität" (Lévi-Strauss 1973: 259).

38 Die Begriffe Anthropomorphismus und Animismus sind nicht synonym: Anthropomorphismus bedeutet ausschließlich 'Vermenschlichung'. Wenn ein Ochse in einem Opferritus durch eine Gurke substituiert wird, entspricht das einem animistischen Denken, allerdings noch nicht einem anthropomorphisierenden.

zutrifft. Horkheimer und Adorno sehen in der Magie eine zum Zwecke der Beherrschung des Mana (der Naturmacht, des Heiligen, der Dämonen) angewandte mimetische Praxis (vgl. DA: 9, 12, 13, 18, 20, 22, 29, 56, 159, 165 f.)[39], wobei sich "das heilige Wesen (...) auf die Zauberer [überträgt], die mit ihm umgehen" (DA: 22) - insofern meinen "magische Riten die sich wiederholende Natur" (DA: 19).

Ähnlich wie Marx (vgl. MEW 42: 44) sehen Horkheimer und Adorno in der Magie lediglich den Versuch, Natur zu beherrschen[40]. Diese Behauptung ist ebenso zu erörtern (a) wie die, daß Magie "blutige Unwahrheit" sei (b) (DA: 12).

a) Die radikale Assimilation aller magischen Riten an Herrschaft stellt eine unhaltbare Reduktion des Phänomens Magie dar. So weist Tambiah darauf hin, daß mit Hilfe des Magie einschließenden Rituals (vgl. Tambiah 1970: 283) der Mensch die Welt mit Sinn erfüllt (vgl. Tambiah 1970: 293). Hätten Horkheimer und Adorno ihre herrschaftstheoretischen Prämissen nicht verabsolutiert, hätte sich bei der Auseinandersetzung mit der magischen Praxis die Möglichkeit eröffnet, den von ihnen selbst erkannten Sinngehalt des mythischen Denkens in ihr Konzept zu übernehmen und ihm damit weniger Inkon-

39 Diese Vorstellung kommt der von Swanson sehr nahe (vgl. Swanson 1960: 29), und auch Hubert und Mauss vertreten eine ähnliche Auffassung: "De même la voix de l'enchanteur est de l'*orenda*" (Hubert u. Mauss 1902: 114), wobei daran zu erinnern ist, daß dem Mana der Melanesier das Orenda der Irokesen entspricht. "L'*orenda* est surtout le pouvoir du chamane. (...) Toute la magie, en somme, sort de l'*orenda*" (Hubert u. Mauss 1902: 114). Lévi-Strauss hingegen definiert Magie als "Anthropomorphismus der Natur" (Lévi-Strauss 1973: 256). Er argumentiert, daß "der Begriff der Übernatur (...) nur für eine Menschheit [existiert], die sich selbst übernatürliche Kräfte zuschreibt und die dafür der Natur die Kräfte ihrer Übermenschlichkeit verleiht" (Lévi-Strauss 1973: 256). Bei Horkheimer und Adorno ist es genau umgekehrt: Nicht der Mensch projiziert etwas in die Natur, sondern "das heilige Wesen überträgt sich auf die Zauberer" (DA: 22). Diese Differenz beruht auf einem Paradigmenwechsel, der darin besteht, daß in der "Dialektik der Aufklärung" von der äußeren Natur her argumentiert wird (Naturzwang - Zwang zur Selbsterhaltung), während für Lévi-Strauss das "wilde Denken" - als von äußeren Zwängen frei und nur eigenen Gesetzen gehorchend (vgl. Lévi-Strauss 1973: 285, Anm.) - selbst schon natürlich ist. Zumindest eine Konsequenz teilen beide Ansätze: Sie sind eigenartig subjektlos. Entweder die Menschen sind den Gesetzen der Natur unterworfen, oder ihr Denken gehorcht den Gesetzen der "Tätigkeit der Zellen der Hirnrinde" (Lévi-Strauss 1973: 285).

40 Durch Abbilder der Dämonen suchen "die Menschen im magischen Ritual die Natur zu beeinflussen" (DA: 9).

sistenz aufzubürden. So aber weisen sie dem Mythos die Auslegung von Leben und Tod zu (vgl. DA: 9) und trennen davon die dem Zweck der Herrschaft dienende Magie ab. Eine solche Trennung ist auch dann noch unzulässig, wenn man Mythos und Magie nicht als ausschließlich funktionale, sich wechselseitig erhaltende und stabilisierende Einheit faßt. Selbst wenn eine magische Handlung allein dem Zweck der Herrschaft dient - und solche sind bekannt (vgl. Malinowski 1984: 103) - kann sie sich nicht selbst legitimieren, d.h. sie kann ohne Metaerzählung nicht existieren[41]. Sich die Magie ohne den Mythos (oder doch zumindest von ihm weitgehend getrennt) vorzustellen, macht in etwa so viel Sinn, wie den Vollzug der Wandlung während der Messe losgelöst von den Schriften des Neuen Testaments zu betrachten.

Sinn ist sowohl für Mythos als auch für Magie konstitutiv. Allerdings kommt dem Sinn in der Magie nicht ausschließlich die Aufgabe zu, einen Herrschaftsanspruch zu legitimieren. So wird auf den Trobriand-Inseln "alles, was die Eingeborenen vital betrifft, von Magie begleitet" (Malinowski 1984: 103). Das gilt auch für die "Liebe, das Gedeihen der Säuglinge, Talente und Geschicklichkeit, Schönheit und Behendigkeit" (Malinowski 1984: 103). Ferner stellt das magische Erbe - als "Verbindungsstück zwischen Gegenwart und mythischer Vergangenheit" (Malinowski 1984: 341) - zugleich einen geschichtlichen Sinnhorizont dar, der nicht einfach als Derivat magischer Herrschaftsversuche aufgefaßt werden kann.

Weil die Magie sich nicht auf eine Herrschaftsfunktion reduzieren läßt, zielt die Marxsche Frage "Wo bleibt Vulkan gegen Roberts et Co., Jupiter gegen den Blitzableiter und Hermes gegen den Crédit mobilier?" (MEW 42: 44) am Problem vorbei, und die Antwort, die er aus seiner Suggestivfrage deduziert, daß nämlich die in der Mythologie nur eingebildete Herrschaft über die Naturkräfte "mit der wirklichen Herrschaft über dieselben" verschwindet (MEW 42: 44), entspricht nicht der Realität des menschlichen Sinnverlangens[42]. Wenn Horkheimer und Adorno schreiben, daß die "ortsgebundenen

41 Matthes schreibt, daß es überhaupt keinen Ritus ohne Mythos geben kann, "denn ein Ritus setzt notwendig voraus, daß seine Objekte als sakral vorgestellt werden, und diese Vorstellung kann nur mythischen Charakter haben" (Matthes 1967: 136, Anm.).

42 Darauf deuten schon die Titel von neueren Büchern und Aufsätzen hin: "Die Gegenwärtigkeit des Mythos" (Kolakowski 1984), die Aufsatzsammlung "Mythos und Moderne" (Bohrer

Praktiken des Medizinmanns durch die allumspannende industrielle Technik" abgelöst werden (DA: 14), teilen sie mit Marx zumindest dessen verengte Perspektive, nicht jedoch die von Marx daraus abgeleitete Schlußfolgerung einer bruchlosen, sukzessiven - mit Webers Vokabular gesagt - "Entzauberung der Welt". Eine solche Schlußfolgerung wird schon durch ihre These des Rückschlags von Aufklärung in Mythologie (vgl. DA: 5) konterkariert.

Geradezu als Antwort auf Marx, Horkheimer und Adorno läßt sich Tambiah verstehen, wenn er schreibt: "Ein wirksames Insektizid mag nach einiger Zeit einen 'magischen Ritus' gegen Plagen überflüssig und unnötig machen. Aber eine Opferhandlung, die den Kosmos schafft, überdauert, weil sie die Welt in einem Sinn 'schafft', der von dem in einem Laboratorium bekannten unterschieden ist. (...) Und in den neuen urbanen Gemeinschaften der Entwicklungsgesellschaften mögen 'Arzneimittel' zwar die traditionellen 'Medizinen' ablösen, aber Astrologie oder Orakel- und Wahrsagerbefragungen, die das Handeln der Menschen leiten und einen Sinn in verwirrenden Situationen liefern sollen, werden nicht durch wissenschaftlichen 'Skeptizismus' und wissenschaftliche 'Voraussagen' abgelöst werden" (Tambiah 1970: 294). Allerdings räumt Tambiah auch ein: "Ohne Frage gibt es in Europa so etwas wie Stufen

---

1983), "Der kommende Gott. Vorlesungen über die neue Mythologie" (Frank 1982), "Wiederkehr des Mythos" (Widerspruch, H. 12), die Aufsatzsammlung "Das Heilige. Seine Spur in der Moderne" (Kamper u. Wulf 1987), "Vernunft und Mythos" (Heinrich 1985), "Rückkehr zum Mythos" (Panikkar 1985), "Rationalitätskritik und 'neue Mythologien'" (Geyer 1986), die Aufsatzsammlung "Terror und Spiel. Probleme der Mythenrezeption" (Fuhrmann 1971), die Aufsatzsammlung "Philosophie und Mythos" (Poser 1979), "Die Odyssee des Prometheus - die Vernunft an ihrem Ende und die Rückkehr der Mythen" (Liessmann 1981) und die Antwort darauf: "'Arbeit am Mythos' heißt Kritik am Mythos" (Steingress 1982).

Dies ist freilich nur ein kleiner Ausschnitt aus einer annähernd unüberschaubaren Fülle von Material zu diesem Thema, aber er reicht aus, die Marxsche Behauptung, daß die Wissenschaften sich zunehmend als Exorzisten der Mythen betätigen werden, als vorschnell zu bezeichnen. Auch die Postmoderne-Moderne-Debatte wäre letztlich undenkbar, wenn Marx recht behalten hätte, oder es sich zumindest abzeichnen würde, daß seine Behauptung - in the long run - ihrer Verifizierung entgegengeht. Wenn sich die derzeit über Rationalität Debattierenden nicht in einer Donquichotterie befinden und gegen Windmühlen anreiten, dann ist die Rationalitätsdebatte nicht lediglich Beweis für die Gegenwärtigkeit des Mythos, sondern die Gegenwärtigkeit des Mythos erst läßt eine solche Auseinandersetzung sinnvoll erscheinen. Allerdings ist diese Gegenwärtigkeit aus 'zweiter Hand': Sie entspringt nicht der Lebenskraft des Mythos, sondern erst der Sinnverlust in der Moderne bewirkt diese Mythenrenaissance.

der Entwicklung, in deren Verlauf aus 'primitiveren' Vorstellungen und 'magischen' Praktiken 'wissenschaftlichere' Vorstellungen und Experimente hervorgegangen sind. (...) Es ist sehr wohl möglich, daß die westliche Erfahrung ein *privilegierter* Fall des Übergangs von der 'Magie' zur 'Wissenschaft' ist" (Tambiah 1970: 294 f.).

Dieses Zugeständnis nimmt der Darstellung in der "Dialektik der Aufklärung" allerdings nichts von deren Problematik: Es trägt nicht zur Rettung der problematischen Behauptung bei, daß Magie ausschließlich ein Instrument der Herrschaft sei (wodurch die Bedeutung des Sinns in der Magie verkannt wird). Zudem geben Horkheimer und Adorno dem *privilegierten Fall* der westlichen Erfahrung eine universalistische Perspektive. Eine solche jedoch ist keineswegs unmittelbar einzusehen und bedürfte einer umfassenden Begründung. So aber setzen die Autoren der "Dialektik der Aufklärung" sich dem Ethnozentrismusvorwurf aus, wenn sie die Erfahrung des Kulturkreises, dem sie angehören, ohne Begründung und selbstverständlich universalistisch extrapolieren.

b) Wie ist die These zu verstehen, daß Magie "blutige Unwahrheit" sei? (DA: 12) Wahrheit kann hier kaum im rein wissenschaftlichen Sinn verstanden werden: Aus naturwissenschaftlicher Perspektive zu behaupten, der Regentanz stehe mit dem anschließenden Regen (falls dieser nicht überhaupt ausbleibt) nicht in kausaler Beziehung, ist eine Banalität. Den Autoren geht es vielmehr, wie Kager richtig feststellt (vgl. Kager 1988: 32), um eine wahre, richtige und das heißt vernünftige Praxis. Warum aber ist Magie eine Form unwahrer Praxis? Für Horkheimer und Adorno ist Magie zum einen deshalb unwahr, weil sie in ihr den Versuch sehen, Herrschaft über Natur zu gewinnen (s.o.) und über die Institution des Zauberers zugleich Herrschaft über den Menschen[43]. Magie ist zum anderen deshalb falsche Praxis, weil "der Schamane (...) das Gefährliche durch dessen Bild" bannt (DA: 18; vgl. Kapitel III.3). Die Macht des Schamanen ist demnach "die Macht der Wiederholung" (DA: 14), eine "magische Illusion" (DA: 14), der eine ohnmächtige Dialektik

---

43 Die Zauberer "entfalten mit der Geisterwelt und deren Eigenheiten ihr zünftiges Wissen und ihre Gewalt". Dadurch ist die Macht "auf der einen, der Gehorsam auf der anderen Seite" (DA: 22).

innewohnt, weil sie "die Verdoppelung, die Tautologie des Schreckens selbst ist" (DA: 18). Die Magie hält durch die (eingebildete) Macht in der Wiederholung den Schrecken der übermächtigen Natur fest, dem sie durch Wiederholung zu entkommen trachtete. Weil magische Riten lediglich die sich wiederholende Natur meinen (vgl. DA: 19), können Horkheimer und Adorno in ihnen keine vernünftige, wahre menschliche Praxis entdecken: Magie äfft nach.

Wenn Magie, wie Horkheimer und Adorno behaupten, den Schrecken lediglich verdoppelt, warum wird sie dann überhaupt ausgeübt? Auf diese Frage sind nur zwei Antworten möglich: Entweder den "Wilden" mangelt es an Rationalität, oder sie handeln wider besseres Wissen. Im ersten Fall wären sie nach westlichen Maßstäben dumm, im zweiten renitent. Diese Implikationen der lapidaren These von der blutigen Unwahrheit der Magie hätten einen nicht-lapidaren Argumentationszusammenhang erfordert, der die ausgedrückte Geringschätzung der Magie und damit derjenigen, die sie anwenden, rechtfertigen könnte.

Magie ist keinesfalls ausschließlich ein unzulängliches oder gar fatales Mittel, Herrschaft über Natur zu erreichen, das möglicherweise das Gegenteil seiner Intention bewirkt: totale Naturverfallenheit. Die Sinnstiftung, die sie leistet (vgl. Tambiah 1970: 283), ist nicht das Werk dummer Menschen, denen aufgrund mangelnden Wissens nichts Besseres einfiel. Die magische Bemächtigung der Welt schafft eine Weltordnung, die Orientierung überhaupt erst ermöglicht: Ohne sie bliebe das Dasein "chaotisch, d.h. dunkel und undurchdringbar" (Neumann 1949: 142, zit. bei Cochetti 1985: 14)[44].

44 Jarvie und Agassi weisen zudem darauf hin, daß magische Handlungen durchaus als Poesie verstanden werden können: "Wenn man Magie intellektualistisch auffaßt, so führt das dazu, sie für untergeordnet zu halten. Wenn man sie dagegen als eine Art Kunst auffaßt, so wie eine katholische Prozession, eine Ballettaufführung oder Poesie, kann man sie zwar kaum mit Wissenschaft vergleichen, vermeidet aber mit Sicherheit, sie als untergeordnet zu betrachten" (Jarvie u. Agassi 1967: 139). Freilich ist auch diese Betrachtung einseitig. Ich möchte sie als eine weitere mögliche Betrachtungsweise verstanden wissen.

III.4 Mythos als Opium des Volkes

Naturbeherrschung wird nicht durch ein einheitlich agierendes Gattungssubjekt betrieben (vgl. Honneth 1985: 63). Deshalb ist es notwendig, noch einmal darauf einzugehen, was ich unter den Begriff Breitendimension der Herrschaft gefaßt habe (siehe Kapitel III.2). Um die spezifische Funktion des Mythos für die Ausdehnung der genuin in der Sphäre des Mensch-Natur-Verhältnisses entstandenen Herrschaft auf die Sphäre des Individuums - als Selbstbeherrschung - und auf die Sphäre der Gesellschaft - als soziale Herrschaft - zu verstehen, sind einige Vorüberlegungen erforderlich, die geeignet sind, zu klären, was der Mythos in diesem Zusammenhang *nicht* leisten kann.

Existierte der Mythos vor der Etablierung sozialer Herrschaft, oder war es umgekehrt? Diese Frage ist nicht identisch mit dem Problem, ob die gesellschaftliche Trennung von geistiger und körperlicher Arbeit der Herrschaft vorangeht. Letztere Frage hält Adorno - gegen Marx[45] - für unbeantwortbar, weil sie "etwas von der nach dem Primat von Huhn oder Ei" habe (GS 8: 349)[46].

Wenn der Mythos "den Ursprung sagen" wollte (DA: 11), so leistet er das a posteriori: Er protokolliert nicht den Anfang, sondern erzählt die Geschichte des Anfangs aus der Gegenwart heraus. Notwendigerweise wird damit das tatsächliche Geschehen verfälscht[47]: Der Mythos ist die Geschichte der Sieger, das Bild "der verfestigten Herrschaft von Privilegierten" (DA: 23). So sehr der Mythos mit Herrschaft und Unterdrückung verfilzt ist - *hervorgebracht* hat er sie nicht. Was aber den mythischen Erzählungen, der Sprache überhaupt, vorausgeht, "liegt im Dunklen" (DA: 22): "Schon wenn die Sprache in die Geschichte eintritt, sind ihre Meister Priester und Zauberer" (DA: 22).

Es bleibt also festzustellen, daß der Mythos erstens nicht der *Ursprung*

45 Marx und Engels haben in der "deutschen Ideologie" Herrschaft als Folge der Arbeitsteilung, insbesondere der "Teilung der materiellen und geistigen Arbeit" (MEW 3: 31), beschrieben (vgl. MEW 3: 32 f.).

46 In der "Dialektik der Aufklärung" hingegen wird die Arbeitsteilung der Herrschaft nachgeordnet (vgl. DA: 217).

47 Mythen sind "eine illusorische Darstellung des Menschen und der Welt, eine inexakte Erklärung der Ordnung der Dinge" (Godelier 1973: 305).

der Herrschaft ist, sondern umgekehrt *Ausdruck* von Herrschaft. Dadurch wird es zweitens problematisch, den Ursprung insbesondere von sozialer Herrschaft zu ergründen. Ließ sich Naturbeherrschung noch aus dem Funktionszusammenhang von Angst und Selbsterhaltung erklären, so läßt soziale Herrschaft sich nicht unmittelbar darauf zurückführen. Obwohl ihr Ursprung sich "im Trüben der Frühgeschichte" verliert (ND: 315) - weshalb Adorno geneigt ist, ihre Entstehung "archaischen Willkürakten von Machtergreifung" anzulasten (ND: 315) -, gibt es in der "Dialektik der Aufklärung" und in der "Kritik der instrumentellen Vernunft" einige Hinweise auf den Zusammenhang von Naturbeherrschung, sozialer Herrschaft und Selbstbeherrschung (Triebunterdrückung). Bevor etwas über die Wirkung und Bedeutung des Mythos innerhalb dieser drei Herrschaftssphären gesagt werden kann, muß zunächst deren Interdependenz geklärt werden.

"Die Praktiken der Unterjochung [schlagen] von der Unterjochung der Natur auf die Gesellschaft" zurück (DA: 39).

"Die Herrschaft über die Natur reproduziert sich innerhalb der Menschheit" (DA: 99; vgl. GS 8: 445).

"Die Geschichte der Anstrengung des Menschen, die Natur zu unterwerfen, ist auch die Geschichte der Unterjochung des Menschen durch den Menschen" (KiV: 104).

Naturbeherrschung schreitet fort "in die Herrschaft über Menschen und schließlich (...) über inwendige Natur" (ND: 314).

"Naturbeherrschung schließt Menschenbeherrschung ein. Jedes Subjekt hat nicht nur an der Unterjochung der äußeren Natur, der menschlichen und der nichtmenschlichen, teilzunehmen, sondern muß, um das zu leisten, die Natur in sich selbst unterjochen. Herrschaft wird um der Herrschaft willen 'verinnerlicht'" (KiV: 94; vgl. GS 8: 96, 235).

"Als das Prinzip des Selbst, das bestrebt ist, im Kampf gegen die Natur im allgemeinen zu siegen, gegen andere Menschen im besonderen und über seine eigenen Triebe, wird das Ich als etwas empfunden, das mit den Funktionen von Herrschaft, Kommando und Organisation verbunden ist" (KiV: 104).

"Zu keiner Zeit hat der Begriff des Ichs den Makel seines Ursprungs im System gesellschaftlicher Herrschaft abgestreift" (KiV: 105).

"Das Herrschaftsprinzip, das ursprünglich auf brutaler Gewalt beruhte, nahm im Laufe der Zeit einen geistigeren Charakter an. Die innere Stimme trat im Erteilen von Befehlen an die Stelle des Herrn" (KiV: 105).

Die Zitate weisen auf zwei unterschiedliche, wenngleich einander nicht widersprechende, Konzeptionen hin. Die erste - und einfachere - Konzeption ist: Naturbeherrschung führt zu Menschenbeherrschung und diese schließlich zu Triebunterdrückung. Die zweite - umfassendere - Konzeption lautet: Naturbeherrschung führt zu Menschenbeherrschung; *beide* sind verantwortlich für Triebunterdrückung. Im folgenden werde ich die zweite, umfassendere These erläutern. Die drei Bestandteile der These sind: 1. Naturbeherrschung führt zu Menschenbeherrschung. 2. Naturbeherrschung führt zu Triebunterdrückung. 3. Menschenbeherrschung führt zu Triebunterdrückung.

ad 1. Wie schon bemerkt leiten Horkheimer und Adorno soziale Herrschaft nicht aus der gesellschaftlichen Trennung von körperlicher und geistiger Arbeit ab. Vielmehr wird Herrschaft über Menschen als Konsequenz und Fortsetzung der durch die einseitige Naturunterdrückung total gewordenen instrumentellen Vernunft gedeutet (vgl. TKH 1: 507 f.; 521 f.). Vernunft, die an nichts anderem sich geschult hat, als die Dingwelt zu unterwerfen, kann auch in der Sphäre der Gesellschaft zu nichts anderem als Unterwerfung taugen.

ad 2. Triebunterdrückung ist der Preis, den die unter dem Vorzeichen der instrumentellen Vernunft stehende Kultur den Menschen abverlangt (vgl. DA: 28)[48]. So ist auch die Triebunterdrückung Folge der instrumentellen Vernunft. "Die Siege über die äußere Natur werden mit den Niederlagen der inneren erkauft" (TKH 1: 509). Beispielhaft dafür ist die Vorbeifahrt des Odysseus an den Sirenen: Ihrer verlockenden Natur vermag er nur dadurch zu trotzen, daß er als Gefesselter ihrem Lied zuhört. Nur so glückt ihm die Selbstbeherrschung und die Beherrschung der Natur[49].

ad 3. Schließlich schreiben Horkheimer und Adorno der bürgerlichen Arbeitsteilung eine Verstärkerfunktion für die Triebunterdrückung zu, weil die Individuen "sich an Leib und Seele nach der technischen Apparatur zu for-

---

48 "Die magische Macht wird mit einem Zwang über den Menschen bezahlt, z.B. mit einer Nahrungseinschränkung, einer sexuellen oder anderen Restriktion. Die Kehrseite einer Macht ist eine Pflicht" (Godelier 1973: 310).

49 Das werde ich ausführlicher in dem Exkurs "Die Irrfahrt der Selbstfindung" erläutern.

men haben" (DA: 30). Auch die bürgerliche Arbeitsteilung, "wie sie unter der Herrschaft sich gebildet hat" (DA: 217), bleibt letztlich Folge der gleichen instrumentellen Vernunft, die vordem im magischen Ritual die Natur zu beeinflussen suchte.

Soziale Herrschaft und Selbstbeherrschung werden von Horkheimer und Adorno auf die einzig durch Naturbeherrschung geformte - instrumentelle - Vernunft zurückgeführt. Das ist wohl der Gehalt des Satzes: "Seit je war der partikulare Ursprung des Denkens und seine universale Perspektive untrennbar" (DA: 37)[50]. Der universalen Perspektive der instrumentellen Vernunft entspricht die Generalisierung der Kategorie der Verdinglichung (vgl. TKH 1: 506 ff.)[51]. Horkheimer und Adorno leiten die verdinglichten Bewußtseinsstrukturen nicht wie Lukács in "Geschichte und Klassenbewußtsein" (vgl. Lukács 1976: 170 ff.) oder Sohn-Rethel in "Warenform und Denkform"[52] (vgl. Sohn-Rethel 1978: 103 ff.) aus der Warenform ab. Nicht erst durch die Tauschabstraktion wird das Bewußtsein verdinglicht, sondern das durch die - historisch ältere - instrumentelle Vernunft verdinglichte Bewußtsein gewinnt "über die Ausdifferenzierung des Tauschwertmediums seine universale Bedeutung" (TKH 1: 507; vgl. Schmucker 1977: 105 ff.)[53].

Festzuhalten bleibt, daß der Mythos für die "archaischen Willkürakte von Machtergreifung" (ND: 315), dieser - von Adorno spekulativ erwogenen - "irrationalen Katastrophe in den Anfängen" (ND: 317), *nicht* konstitutiv ist, sehr wohl jedoch - wie noch zu zeigen ist - für die *Absicherung und Rationalisierung der Herrschaft*, daß er also *ideologische Funktion* erfüllt. "Der

50 Zur Problematik dieser Konzeption siehe Kapitel III.2.

51 In der "Negativen Dialektik" nimmt Adorno die Generalisierung der Kategorie der Verdinglichung wieder zurück: "Worunter die Menschen leiden, darüber gleitet mittlerweile das Lamento über Verdinglichung eher hinweg, als es zu denunzieren. Das Unheil liegt in den Verhältnissen, welche die Menschen zur Ohnmacht und Apathie verdammen und doch von ihnen zu ändern wären; nicht primär in den Menschen und der Weise, wie die Verhältnisse ihnen erscheinen. Gegenüber der Möglichkeit der totalen Katastrophe ist Verdinglichung ein Epiphänomen; vollends die mit ihr verkoppelte Entfremdung, der subjektive Bewußtseinsstand, der ihr entspricht" (ND: 191).

52 Sohn-Rethels Dissertation aus dem Jahr 1928, zuerst veröffentlicht 1936 (vgl. Sohn-Rethel 1978: 248).

53 "Es ist 'instrumentelle Vernunft', die den Strukturen des verdinglichten Bewußtseins zugrunde liegt" (TKH 1: 507).

Schamane [bedarf] der Ideologie" (GS 8: 349), ohne sie wäre sein Privileg nicht gesichert. "Mythen sind demnach die ersten Erscheinungsformen von Ideologie und Kultur zugleich" (Grenz 1975: 165).

"Der Schauder, aus dem das Mana geboren wird, war überall, wo es in der Ethnologie begegnet, zumindest von den Stammesältesten, schon sanktioniert. Das unidentische, zerfließende Mana wird von Menschen konsistent gemacht und gewaltsam materialisiert. Bald bevölkern die Zauberer jeden Ort mit Emanationen und ordnen der Vielfalt der sakralen Bereiche die der sakralen Riten zu. Sie entfalten mit der Geisterwelt und deren Eigenheiten ihr zünftiges Wissen und ihre Gewalt. Das heilige Wesen überträgt sich auf die Zauberer, die mit ihm umgehen. (...) Wenn aber der nomadische Wilde bei aller Unterwerfung auch an dem Zauber, der sie begrenzte, noch teilnahm und sich selbst ins Wild verkleidete, um es zu beschleichen, so ist in späteren Perioden der Verkehr mit Geistern und die Unterwerfung auf verschiedene Klassen der Menschheit verteilt: die Macht ist auf der einen, der Gehorsam auf der anderen Seite. Die wiederkehrenden, ewig gleichen Naturprozesse werden den Unterworfenen, sei es von fremden Stämmen, sei es von den eigenen Cliquen, als Rhythmus der Arbeit nach dem Takt von Keule und Prügelstock eingebleut, der in jeder barbarischen Trommel, jedem monotonen Ritual widerhallt. Die Symbole nehmen den Ausdruck des Fetischs an. Die Wiederholung der Natur, die sie bedeuten, erweist im Fortgang stets sich als die von ihnen repräsentierte Permanenz des gesellschaftlichen Zwangs. Der zum Bild vergegenständlichte Schauder wird zum Zeichen der verfestigten Herrschaft von Privilegierten" (DA: 22 f.).

Der Zusammenhang von Privilegien und Mythos läßt das "ideologisch-gewaltsame Moment" (Schmucker 1977: 39, Anm.) des Mythos erkennen. Daß der Mythos in dieser Affinität zur Herrschaft nicht aufgeht, habe ich mehrfach gezeigt. Andererseits ist es nicht verwunderlich, daß das Interesse Horkheimers und Adornos an einer Archäologie der Herrschaft dazu führt, dem Mythos seine Verstrickung in gesellschaftliche Herrschaftsverhältnisse vorzurechnen. Ohne den Mythos existierte das "usurpatorische Privileg des Medizinmanns" (GS 8: 349) nicht[54]. Unter dem ideologischen Deckmäntelchen des My-

54 Für Adorno ist das Privileg per se ein "Schuldzusammenhang" (Adorno 1979a: 107).

thos nimmt die reale Verdinglichung ihren Lauf. Die Gesellschaftsstrukturen stehen also von Beginn an unter dem Bann der instrumentellen Vernunft. Im Mythos ist der Ursprung des "gesellschaftlichen Verblendungszusammenhangs" (DA: 40) festgehalten. Indem er der institutionellen Absicherung von Privilegien zuarbeitet, ist er hoffnungslos in die Ideologie des Herrschen-Müssens eingespannt. "Diese Ideologie ist die der naturbeherrschenden Rationalität selber. Gesellschaftliche Herrschaft wird durch jene Ideologie vermittels solcher naturbeherrschenden Rationalität legitimiert und durch sie hindurch in Anspruch genommen" (Schmucker 1977: 38).

Wenn der Mythos in naturbeherrschender Rationalität nicht aufgeht, so ist doch naturbeherrschende Rationalität ein wesentliches Merkmal von Mythos. Es ist nicht Horkheimers und Adornos Absicht, eine umfassende und den neuesten Erkenntnissen gemäße Theorie des Mythos zu formulieren. Vielmehr wollen sie der auf der Bahn der Aufklärung sich wähnenden, selbstgefälligen Moderne unter Rekurs auf den Mythos die Rechnung aufmachen, indem sie nachzuweisen versuchen, daß die "Verflechtung von Rationalität und gesellschaftlicher Wirklichkeit, ebenso wie die davon untrennbare von Natur und Naturbeherrschung" (DA: 5) eine geradlinige Entwicklung vom Mythos zur Moderne vollzogen hat, die bisher durch Reflexion nicht gebrochen wurde.

Die unhinterfragte conditio sine qua non jeglicher "Entwicklung" ist seit dem Mythos naturbeherrschende Rationalität - und damit für Horkheimer und Adorno das Prinzip der Herrschaft überhaupt[55], denn Naturbeherrschung schließt, wie gezeigt wurde, Menschenbeherrschung und Selbstbeherrschung ein. Da aber in dieser "Entwicklung" sich "das Wesen der Dinge immer als je dasselbe [enthüllt], als Substrat von Herrschaft" (DA: 12), kann von Entwicklung noch gar nicht gesprochen werden. Die "Dialektik der Aufklärung" unterstreicht noch einmal das Ergebnis der "Idee der Naturgeschichte": Geschichte, in der "qualitativ Neues erscheint", die "eine Bewegung ist, die sich nicht abspielt in purer Identität, purer Reproduktion von solchem, was schon immer da war, sondern in der Neues vorkommt und die ihren wahren Charakter durch das in ihr als Neues Erscheinende gewinnt" (GS 1: 346), hat noch nicht

55 "Das Erwachen des Subjekts wird erkauft durch die Anerkennung der Macht als des Prinzips aller Beziehungen" (DA: 12).

stattgefunden - tatsächlich bewegen wir uns noch in der Vorgeschichte. Insofern ist der Begriff der Moderne nicht Ausdruck eines realen Prozesses, sondern Ergebnis einer subtilen Sprachbereinigung, gesellschaftlich notwendiger Schein, unter dem das Echo der "archaischen Willkürakte von Machtergreifung" fortklingt.

Wo der Mythos Naturbeherrschung zur objektiven Notwendigkeit, zur unhinterfragbaren Norm erhebt, kann eine Verwandtschaft zu modernen Gesellschaften behauptet werden, die ebenfalls unter dem Primat dieser Norm stehen[56]. Ob der Mythos jedoch das *notwendige* Fundament für den Bau der Moderne ist, ob z.B. der Kapitalismus sich noch als Folge "einer irrationalen Katastrophe in den Anfängen" (ND: 317) begreifen läßt, wird schwerlich zu beweisen sein - strukturelle Gemeinsamkeiten allein sind für einen solchen Beweis untauglich. Auf eine solche Argumentation lassen sich die Autoren der "Dialektik der Aufklärung" allerdings nicht ein: "Das Verfahren und die Methode der 'Dialektik der Aufklärung' (...) ist durchgehend das der Analogie" (Baum 1988: 44), d.h. es wird auf die strukturelle Verwandtschaft zwischen Mythos und Moderne hingewiesen (vgl. Söllner 1979: 193). Noch in der "Negativen Dialektik" hat Adorno die kapitalistische Gesellschaft als naturwüchsig gebrandmarkt (vgl. ND: 348) und ihr "den Charakter [des] fortwesenden Tabus, des archaischen Bannes" (ND: 349) bescheinigt[57]. Die Moderne setzt also

---

56 So werden die Zahlen zur wirtschaftlichen Entwicklung eines Landes zum Maßstab von (gesellschaftlicher) Entwicklung überhaupt hypostasiert. Hier hat man sich einem "Wachstumsmythos" verschrieben, dessen Entzauberung erst begonnen hat.

57 Allerdings spricht Adorno in der "Negativen Dialektik" von der "Logik der Geschichte", die "ehemals rationale, doch überholte Verhaltensweisen" unverändert heraufbeschwört (ND: 343). Aber Söllners Behauptung, daß Adornos Spätwerk "die These vom weltgeschichtlichen Rückfall der Aufklärung in Mythos vom Standpunkt ihrer endgültigen Unvermeidlichkeit aus" ratifiziert (Söllner 1979: 197), stürzt von der Höhe ihrer Emphase in die Tiefe der Begründungslosigkeit. Nicht, daß sich nicht auch Gründe für Söllners Behauptung anführen ließen - im Steinbruch der Adornoschen Werke ist fast jeder Stein zumindest einmal vorhanden -, er bemüht sich schlicht nicht um solche. Adorno selbst polemisiert gegen die Behauptung, irgendetwas sei unvermeidbar (vgl. ND: 315), eine solche Behauptung brandmarkt er gar als Ideologie (vgl. ND: 349). Der Irrtum Söllners beruht auf der mangelnden Diskriminierung zwischen "realer" und "notwendiger" Bewegung. Die reale Bewegung der Gesellschaft unterliegt geradezu einem Naturgesetz (vgl. ND: 349). Dieses Gesetz bleibt jedoch (dialektisch) rückgebunden an die real existierende Gesellschaft: "Naturhaft ist jenes Gesetz wegen des Charakters seiner Unvermeidlichkeit unter den herrschenden Verhältnissen der Produktion" (ND: 348). Eine "endgültige Unvermeidlichkeit", eine überzeitliche

die bereits im Mythos sanktionierte Herrschaft fort und bringt sie vermöge der technischen Entwicklung zur Vollendung. Die "ortsgebundenen Praktiken des Medizinmanns [werden] durch die allumspannende industrielle Technik" abgelöst (DA: 14).

Die Darstellung der Moderne als Fortsetzung des Mythos mit anderen Mitteln zu je gegebenen Zwecken beinhaltet eine Kritik, die auf den Kern des Selbstverständnisses aller durch die Aufklärung maßgeblich geprägten - oder erst hervorgebrachten - Gesellschaftsformen zielt: Die Moderne im emphatischen, aufklärerischen Sinn existiert bisher allenfalls als ein Produkt der Geistesgeschichte - aus realgeschichtlicher Perspektive entpuppte sie sich noch immer als Fata Morgana.

Einer derartigen Geschichtsphilosophie ist mit Skepsis zu begegnen. Die These von der Analogie der Vorherrschaft instrumenteller Vernunft im Mythos und in der Moderne führt zu der Frage, welchen erkenntnistheoretischen Stellenwert das Mythoskonzept in der "Dialektik der Aufklärung" für eine kritische Theorie der Moderne besitzt. In dem auf den Exkurs über die "Irrfahrt der Selbstfindung" folgenden Kapitel werde ich versuchen, eine Antwort auf diese Frage zu geben.

Exkurs: Die Irrfahrt der Selbstfindung

Die Darstellung der Entstehung menschlichen Selbstbewußtseins gehört zu den zentralen Aussagen der "Dialektik der Aufklärung". Sie wird entfaltet in der Interpretation der Irrfahrt des Odysseus: "Die Irrfahrt von Troja nach Ithaka ist der Weg des leibhaft gegenüber der Naturgewalt unendlich schwachen und im Selbstbewußtsein erst sich bildenden Selbst durch die Mythen" (DA: 44).

Notwendigkeit läßt sich daher nicht behaupten. Ferner ist darauf hinzuweisen, daß Adorno den Begriff "Vorgeschichte" (DA: 38) verwendet - ein Begriff, der einen zeitlichen Index in sich trägt. Allenfalls könnte darüber gemutmaßt werden, ob die "bewußtlose Gesellschaft" (ND: 349) angesichts der bedrückenden Übermacht des Bestehenden jemals aus der "Vorgeschichte" in die Geschichte einzutreten vermag. Auch Kager stellt fest, daß Adorno "weder ein *klar definiertes, positiv ausgemaltes Ziel der Geschichte postuliert, noch die Behauptung (...) [aufstellt], die Historie hätte sich nur so und nicht anders entwickeln können*" (Kager 1988: 101; vgl. Allkemper 1981: 107).

Nicht lediglich aufgrund des Stellenwerts dieser Interpretation Horkheimers und Adornos in der "Dialektik der Aufklärung", sondern auch wegen der Probleme, die sie aufwirft, bedarf sie einer gesonderten Analyse.

Den Urzustand, dem Odysseus in seinem heroischen Kampf mit den Naturgewalten zu entfliehen sucht, beschreiben die Autoren so: "Schicksal, die Naturverfallenheit der Mythen, stammt aus totaler gesellschaftlicher Unmündigkeit, einem Zeitalter, darin Selbstbesinnung noch nicht die Augen aufschlug, Subjekt noch nicht war. (...) Ungeschiedenheit, ehe das Subjekt sich bildete, war der Schrecken des blinden Naturzusammenhangs, der Mythos" (GS 10: 743)[58]. Odysseus erweist sich, gerade weil er den mythischen Mächten entgegentritt, als Vertreter einer neuen Phase des historischen Prozesses. Die Formen, die seine Selbstbehauptung gegenüber den Naturgewalten annimmt, werden als repräsentatives Zeugnis bürgerlich-abendländischer Zivilisation gedeutet (vgl. DA: 5). Die Reise des Odysseus ist somit kein Einzelfall: Sie ist der erste Test einer bis in die Moderne reichenden Rationalitätsform sowie der ihr komplementären Ichidentität der Subjekte. Die Autoren der "Dialektik der Aufklärung" stellen Odysseus als "Urbild (...) des bürgerlichen Individuums" dar (DA: 42).

Der zwölfte Gesang der Odyssee erzählt, wie Odysseus an den Sirenen vorüberfährt (Homer 1984: 140-150). Um dem unwiderstehlichen, Verderben bringenden Gesang der Sirenen zu trotzen und gleichwohl ihrem Gesang zu lauschen, verstopft Odysseus den Ruderern die Ohren mit Wachs und läßt sich selbst (mit unverschlossenen Ohren) an den Mast des Schiffs binden. Bei der Vorüberfahrt an den Sirenen gerät er in den Bann des "süßen Gesangs" und fühlt ein "heißes Verlangen" (Homer 1984: 144) - dem er als Gefesselter freilich nicht nachgeben kann -, sich den Sirenen zu nähern, sich ihnen hinzugeben. Er gibt den Ruderern Zeichen, sie mögen seine Fesseln lösen, doch

58 Dieses Verhältnis von Natur, Mythos und Geschichte habe ich bereits in den ersten Kapiteln dieser Arbeit anhand Adornos "Idee der Naturgeschichte" expliziert. Der einseitige Mythosbegriff, wie er hier wiederum verwandt wird, wurde von mir ebenfalls an mehreren Stellen kritisiert.
Hinzu kommt, daß man die Odyssee kaum als Mythos bezeichnen kann. Gleichwohl sehen Horkheimer und Adorno das Epos in seiner ältesten Schicht an den Mythos gebunden (vgl. DA: 42).

diese rudern nur hurtiger an den Sirenen vorüber.

An dieser Episode der Odyssee interessiert Horkheimer und Adorno zweierlei: zum einen die Art der List (a), die Odysseus hier anwendet, und zum anderen deren triebdynamische Komponente (b).

a) Odysseus kann die Sirenen nicht in offener Auseinandersetzung besiegen: "Es ist unmöglich, die Sirenen zu hören und ihnen nicht zu verfallen" (DA: 55). Er sieht sich daher genötigt, die Macht der Sirenen anzuerkennen und "versucht auch nicht, etwa auf die Überlegenheit seines Wissens zu pochen und frei den Versucherinnen zuzuhören, wähnend, seine Freiheit genüge als Schutz" (DA: 55). "Aber er hat eine Lücke im Vertrag aufgespürt, durch die er bei der Erfüllung der Satzung dieser entschlüpft. Im urzeitlichen Vertrag ist nicht vorgesehen, ob der Vorbeifahrende gefesselt oder nicht gefesselt dem Lied lauscht" (DA: 55). Odysseus' List basiert immer noch auf einer Form der Mimesis (vgl. Kager 1988: 42), aber im Unterschied zur Mimesis der mythisch-magischen Stufe (Mimesis 2; siehe Kapitel III.3) bannt Odysseus die Sirenen nicht durch deren Bild. Sein Mittel ist nicht mehr die Gleichheit (vgl. DA: 18), er macht sich nicht ähnlich, um die Sirenen zu überlisten, sondern "er tut der Rechtssatzung Genüge derart, daß sie die Macht über ihn verliert, indem er ihr diese Macht einräumt" (DA: 55). Nur weil er die Satzung kennt und anerkennt, kann er mit seinen Gefährten dieses Abenteuer überstehen. Die Anerkennung der Satzung zeigt, daß auch die List des Odysseus (die ich als Mimesis 3 bezeichne) noch naturverfallen ist. Er ist nicht das stolze selbstbewußte Individuum: Sein Zappeln am Mast bleibt Ausdruck seiner Ohnmacht. Die List ist lediglich ein Instrument, sein noch schwaches Selbst in Auseinandersetzung mit den Naturgewalten härter zu schmieden[59].

59 Die List des Odysseus hat zudem eine soziale Dimension: Diese betrifft sein Verhältnis zu seinen Gefährten. Odysseus ist "der Grundherr, der die anderen für sich arbeiten läßt" (DA: 34). Seine Crew muß rudern, während er es sich gönnt, dem Konzert der Sirenen zu lauschen. Die geistige Arbeit, die Odysseus leistet, um die Sirenen zu betrügen, steht im Kontrast zur körperlichen der Ruderer. Die Ruderer sind es, die das Leben aller auf dem Schiff retten - und damit allerdings zugleich die hierarchische Rollenverteilung reproduzieren (vgl. DA: 34). Die Gefährten müssen "den Trieb, der zur Ablenkung drängt, (...) verbissen in zusätzliche Anstrengung sublimieren. So werden sie praktisch" (DA: 34). Keiner auf dem Schiff ist frei: weder der am Mast zappelnde Odysseus, der nicht dorthin kann, wohin es ihn mit Macht zieht, der sein Leben auf die Überlistung von Naturgewalten abgestellt hat, noch die im Takt der Arbeit eingespannten Ruderer, die ihr Leben

Der Vorwurf an Odysseus, daß er sich einer List bediene, die Ausdruck seiner Naturverfallenheit sei, ist nur unter der Bedingung sinnvoll, daß er einen anderen Kurs hätte einschlagen können, um eine offene Konfrontation mit den Sirenen zu vermeiden[60]. Angenommen, der Kurs war unvermeidbar, was kann man der List des Odysseus dann noch vorwerfen? Ist Odysseus unter diesen Umständen nicht ein "schlauer Fuchs", der es verstanden hat, sich und seine Kameraden aus höchster Not, in die sie unschuldig geraten waren, zu befreien? Wenngleich es mir nicht darum geht, diese Frage zu beantworten, so führt sie dennoch auf die entscheidende Spur zum besseren Verständnis der Interpretation Horkheimers und Adornos. Ist es tatsächlich die höchste Not, in der sich die Seeleute vor den Sirenen befinden? Sind die Sirenen eine tödliche Drohung, oder ist die Vernichtung, die sie bewirken, anderer Art? Horkheimer und Adorno entscheiden sich offensichtlich für die zweite Deutung.

b) Der Gesang der Sirenen stellt keine Gefahr für das physische Überleben der Menschen dar, sondern er bedroht die psychische Disposition sowie die patriarchale Ordnung, innerhalb derer diese sich entwickelt hat. "Ihre Lokkung ist die des sich Verlierens im Vergangenen" (DA: 32). Die Sirenen gefährden die soeben geschaffene und noch labile Identität der Person, die durch den Widerstand gegen die Naturgewalten geschmiedet wurde. Ein Nachgeben gegenüber dem Natürlichen käme einer Regression auf eine Stufe gleich, der zu entfliehen die Menschen sich gerade erst anschickten.

---

damit zubringen, es für einen verwegenen Abenteurer aufs Spiel zu setzen.
Vergleicht man die Situation der Seefahrer mit der modernen Großindustrie, so lassen sich signifikante Parallelen feststellen: Odysseus als Fabrikbesitzer oder Manager, die Ruderer als Fließbandarbeiter, die - wie die Schiffscrew - im gleichen Takt der Arbeit eingespannt sind (vgl. DA: 36) und das Unrecht reproduzieren, das ihnen angetan wird. In derartige Strukturen eingebunden garantieren die Arbeiter nicht lediglich den Fortschritt, sondern zugleich die Regression, wie sie in der Primitivität ihrer Arbeit zum Ausdruck kommt. Insofern sind die "Maßnahmen, wie sie auf dem Schiff des Odysseus im Angesicht der Sirenen durchgeführt werden, (...) die ahnungsvolle Allegorie der Dialektik der Aufklärung" (DA: 34).

60 Über einen anderen Kurs ließe sich jedoch bestenfalls spekulieren, wenngleich er wahrscheinlich möglich war: Kirke hatte Odysseus *erlaubt*, den Gesang der Sirenen zu hören (vgl. Homer 1984: 143), darauf verpflichtet hatte sie ihn nicht. Insofern müßte es leicht gewesen sein, in größerem Abstand an ihnen vorbeizufahren. Andererseits hat die Göttin Odysseus geweissagt, was passieren wird (vgl. Homer 1984: 143) - vielleicht war der Kurs also doch unvermeidbar.

Odysseus setzt sich den Gefahren der Natur gezielt aus, um seine Identität zu festigen. Dennoch läßt er sich an den Mast binden, weil die Gefahr besteht, daß die Sirenen "das Selbst aus der Bahn seiner Logik herausziehen" (DA: 45). Die überwältigenden Lockungen der Sirenen jedoch sind kein An sich: Sie sind vermittelt durch das gewaltige Echo, das sie in Odysseus auslösen. Die Sirenen erinnern ihn an seine eigene Natur, sie beschwören jüngst Vergangenes, die vorpatriarchale Zeit außerhalb des Koordinatensystems der starren Raum-Zeit-Ordnung: das Vielfältige, Ablenkende, Auflösende (vgl. DA: 33, 45; vgl. Dubiel 1978: 108)[61]. Das Selbst wird gewonnen durch rationale Bemächtigung all dessen, was mit dem Stigma des Natürlichen behaftet ist. Dabei ist die radikale Aneignung der inneren Natur der Komplementärvorgang zur rücksichtslosen Unterwerfung der äußeren[62]. Was außerhalb der Ordnung läuft, wird niedergemacht: die Anarchie in Mensch und Natur[63].

Horkheimer und Adorno stellen die Genese des selbstidentischen Ich als einen Prozeß strengen Triebverzichts dar. Das Ich entsteht "als ein verstocktes Zentrum der Gewalt und der Versagung" (Habermas 1963: 164). Um die äußere Natur zu bezwingen, unterdrückt das Ich "das Amorphe in sich, die innere Natur" (Habermas 1969: 168). Das Individuum bringt dieses Opfer, um der mächtigen Natur zu entkommen, während doch dieser Anspruch des Opfers die Superiorität der Natur stets wieder anerkennt (vgl. DA: 50). In diesem nach innen verlagerten Opferritual, in dem der Mensch "sich selber zelebriert" (DA: 51), sehen Horkheimer und Adorno "die Aufnahme des Mythos in die Zivilisation" (DA: 51)[64]. Die Geschichte des Bemühens um die Erhal-

61 "Im Gesang der Sirenen lockt eine amorphe Natur den Menschen zur unvermittelten Rückkehr, bietet ihm ein Entrinnen aus der Zivilisation an, die Erleichterung, sich seiner Identität zu entledigen" (Habermas 1963: 165).

62 Daß die Dialektik der Formen dieses Unterwerfungsprozesses letztlich Anpassung und Ohnmacht, also gerade nicht Macht und Beherrschung, involviert, wurde bereits an verschiedenen Stellen gezeigt und bedarf daher in diesem Zusammenhang keiner weiteren Ausführung.

63 "Wenn die lebendige Substanz des menschlichen Lebens in den anarchischen Impulsen des Leibes beschlossen ist, so bedeutet die Ausbildung eines einheitlichen Selbst - dies ist die triebdynamische Seite der Subjektwerdung - eine Opferung dieser lebendigen Substanz" (Wellmer 1985: 150).

64 Eine Konsequenz dieser Aussage ist, daß Mythos und ein emphatischer Begriff von Zivilisation einander ausschließen. Eine solche material nicht abgesicherte Annahme muß den Vorwurf des Eurozentrismus auf sich ziehen.

tung des Selbst ist zugleich die Geschichte seiner Unterdrückung. Die in modernen Gesellschaften praktizierte Selbstbeherrschung wird als das Ergebnis einer über viele Stufen fortgeschrittenen Rationalisierung der archaischen Opferpraxis verstanden. Insofern ist jene Verleugnung der Natur im Menschen "die Zelle der fortwuchernden mythischen Irrationalität: (...) In dem Augenblick, in dem der Mensch das Bewußtsein seiner selbst als Natur sich abschneidet, werden alle die Zwecke, für die er sich am Leben erhält, der gesellschaftliche Fortschritt, die Steigerung aller materiellen und geistigen Kräfte, ja Bewußtsein selber, nichtig" (DA: 51). Wenn unter Selbsterhaltung die Erhaltung der lebendigen Substanz des Menschen zu verstehen ist (vgl. DA: 51), verhält Odysseus sich tatsächlich zutiefst irrational: Er opfert diese Substanz um der Selbsterhaltung willen. Übrig bleibt ein abstraktes, funktionelles Selbst, dessen Selbsterhaltungsmechanismen kaum noch einen Bezug aufzuweisen haben zur vergangenen Lebendigkeit, um derentwillen der Versuch des Sich-Erhaltens überhaupt erst sinnvoll wird.

Horkheimer und Adorno sind nicht daran interessiert, an Odysseus' Art der Selbstbehauptung den tragischen Einzelfall zu dokumentieren. Vielmehr sehen sie darin prototypisch die Widervernunft ausgebildet, die später im Kapitalismus zum allgemeingültigen Rationalitätsstandard avanciert. Mit Odysseus fängt die Geschichte der Zivilisation als Geschichte der Introversion des Opfers, der Entsagung, an: "Jeder Entsagende gibt mehr von seinem Leben als ihm zurückgegeben wird, mehr als das Leben, das er verteidigt" (DA: 52). Unter den Zwangsgesetzen der kapitalistischen Produktionsweise wird Odysseus' individuelles Gesetz zum allgemeinen: Odysseus wollte Asket sein, wir müssen es sein - so könnte man in Paraphrasierung des bekannten Diktums von Weber sagen. Die Arbeit der Ruderer weist schon die Bedingungen auf, unter denen die Massen sich im industriellen Zeitalter verdingen müssen. "Was der Einzelne jeweils tun soll, braucht er [heute] sich nicht erst mehr in einer schmerzhaften inneren Dialektik von Gewissen, Selbsterhaltung und Trieben abzuringen. Für den Menschen als Erwerbstätigen wird durch die Hierarchie der Verbände bis hinauf zur nationalen Verwaltung entschieden, in der Privatsphäre durchs Schema der Massenkultur, das noch die letzten inwendigen Regungen ihrer Zwangskonsumenten in Beschlag nimmt" (DA: 182). Die den Menschen so aufgeprägte zweite Natur reproduziert in ihnen die Bereitschaft zum Opfer, zur Unterdrückung der Triebstruktur: Das Opfer wird nach innen verlagert[65]. Das "Räderwerk der Industrie" (DA: 184) hat sich die Menschen geschaffen, die es braucht.

Mit dem Vokabular der Psychoanalyse läßt sich Odysseus' Selbsterhaltungsstrategie als Einübung eines auf Leistung und Versagung beruhenden Realitätsprinzips adäquat charakterisieren. In der Rationalitätsform seiner Handlungen ist bereits das Grundmuster angelegt, das in der Moderne universelle Bedeutung erlangt: "Die Vernunft ist die Vernünftigkeit des Leistungsprinzips. (...) Was immer der Sphäre der Sinnlichkeit, der Lust, des Antriebs angehört, hat den Nebensinn einer Gegnerschaft zur Vernunft, ist etwas, das unterworfen, eingedämmt werden muß" (Marcuse 1987: 158)[66]. Analog stellen

---

65 Das ist eine Seite der Genese des Opfers. Eine andere besteht - nach Horkheimer und Adorno - in der Metamorphose des Opfers zum Warentausch: "Die Abdingung des Opfers durch selbsterhaltende Rationalität ist Tausch nicht weniger, als das Opfer es war" (DA: 50). Die planmäßig betriebenen Opferhandlungen "betrügen den Gott, dem sie gelten: sie unterstellen ihn dem Primat der menschlichen Zwecke, lösen seine Macht auf, und der Betrug an ihm geht bruchlos über in den, welchen die ungläubigen Priester an der gläubigen Gemeinde vollführen" (DA: 48). Auch beim Warentausch geht nicht alles mit rechten Dingen zu, weil der Käufer über den tatsächlichen Wert der Ware hinaus zugleich den Profit des Unternehmers mitbezahlt. Von daher kann behauptet werden, daß im Betrug eine Affinität von Opfer und Tausch liegt. Diese Analogie ist jedoch noch kein Beweis dafür, daß der Tausch entwicklungsgeschichtlich aus dem Opfer hervorgegangen ist. Die Untersuchungen von Malinowski zeigen, daß der Tauschhandel als ein elementarer Bestandteil des Lebens in Stammesgesellschaften auftritt, der zwar häufig rituellen Vorschriften unterliegt (vgl. Malinowski 1984: 23, 227 ff.; Malinowski 1983: 181 f.), aber dennoch nicht als Derivat von Opferhandlungen verstanden werden darf (zu Tausch und Wert in Stammesgesellschaften siehe auch die Aufsätze von Forde, Malinowski, Bohannan, Steiner und Firth in Kramer und Sigrist (Hrsg.) 1983: 52-131). Die These, daß "der Tausch die Säkularisierung des Opfers" sei (DA: 47), ist nicht haltbar.

66 Daß die Geschichte des Menschen zugleich die Geschichte seiner Triebunterdrückung sei, kann als eine Grundthese der Freudschen Theorie bezeichnet werden. "Kultur beginnt dort, wo auf das primäre Ziel - nämlich die vollständige Befriedigung von Bedürfnissen - mit Erfolg verzichtet wird" (Marcuse 1987: 17, vgl. 108).
Das aber impliziert eine sehr einseitige Vorstellung vom Triebleben der "Wilden". So schreibt Fromm über Freud: "Für ihn galt unter einem bestimmten Gesichtspunkt nur der Primitive als 'gesund'. Dieser befriedigt alle seine triebhaften Bedürfnisse, ohne etwas verdrängen, sich versagen und sublimieren zu müssen". Diese Vorstellung vom unbehinderten Leben der Primitiven "voll triebhafter Befriedigung" nennt Fromm eine "romantische Fiktion" (Fromm 1981: 60). Etwas von dieser Einseitigkeit klingt auch - via negationis - bei Horkheimer und Adorno mit, wenn sie schreiben: "Die Unterdrückung des Triebs, die sie [sc. die Menschen; H.K.] zum Selbst macht und vom Tier trennt, war die Introversion der Unterdrückung (...)" (DA: 65). Zurecht weist Habermas darauf hin, daß der "Topos eines

Horkheimer und Adorno lakonisch fest: "Furchtbares hat die Menschheit sich antun müssen, bis das Selbst, der identische, zweckgerichtete, männliche Charakter des Menschen geschaffen war, und etwas davon wird noch in jeder Kindheit wiederholt" (DA: 33). Diese Selbstkonstitution des Menschen in der Unterdrückung der äußeren wie der inneren Natur wird von Horkheimer und Adorno sowohl auf phylogenetischer als auch auf ontogenetischer Ebene entwickelt: "Phylogenetisch hängt für Horkheimer und Adorno die Entwicklung neuzeitlicher Subjektivität mit der technischen Entfesselung bürgerlicher Produktionsweise zusammen[67]; und ontogenetisch: das basale Kriterium gelungener Sozialisation in der abendländischen Erziehungstradition ist die Fähigkeit des Individuums, die Ansprüche seiner internen Biologie zu domestizieren" (Dubiel 1978: 110)[68].

Hielt Freud "die freie Befriedigung der Triebansprüche des Menschen" für "unvereinbar mit einer zivilisierten Gesellschaft" (Marcuse 1987: 9), so sehen Horkheimer und Adorno in der Ächtung des Körpers, in seiner radikalen Disziplinierung im Dienst der Herrschaft einen Vorgang der Anpassung der Kultur an die übermächtige Natur: Die unreflektiert fortgesetzte, quasi-natürliche ("zweite Natur") Repression der inneren und außermenschlichen Natur zeugt von leibhaftiger Verstricktheit der Kultur in Natur (vgl. Offe 1989: 751). Freuds - mit einigem Unbehagen vollzogenen - Schritt, die Unterdrückung vitaler Lebenstriebe zur Conditio sine qua non von Kultur zu erklären, gehen Horkheimer und Adorno nicht mit. Sie erkennen an, daß das Freudsche Repressionsmodell der Kultur[69] den Zustand aller bisherigen Kultur zutreffend

---

an Natur zurückfallenden Ichs (...) bei Adorno (...) sexual-utopische und anarchistische Züge" hat (Habermas 1963: 166). Andererseits darf man weder Adorno noch Horkheimer unterstellen, daß sie der Menschheit ein Zurückfallen in Natur empfehlen. Freiheit ist für sie "nur durch den zivilisatorischen Zwang hindurch, nicht als retour à la nature" zu verwirklichen (ND: 150; vgl. KiV: 123, 158). Dennoch wäre es sicherlich interessant zu wissen, welchen Rat Adorno dem Seefahrer Odysseus vor der Fahrt zu den Sirenen gegeben hätte.

67 "Eine philosophische Konstruktion der Weltgeschichte hätte zu zeigen, wie sich trotz aller Umwege und Widerstände die konsequente Naturherrschaft immer entschiedener durchsetzt und alles Innermenschliche integriert" (DA: 200).

68 "Die moralischen Prinzipien, die das Kind von den Personen übernimmt, die während der ersten Jahre seines Lebens für seine Erziehung verantwortlich sind, zeigen 'gewisse phylogenetische Reminiszenzen aus der Urgeschichte der Menscheit' [Alexander, Franz: Psychoanalyse der Gesamtpersönlichkeit]" (Marcuse 1987: 60).

69 Der Kulturbegriff ist hier in einer einseitig aufklärerischen Bedeutung zu verstehen: Die

beschreibt. Darin allerdings sehen sie keine positive Veränderung gegenüber dem vorherigen "wilden" Zustand. Ob nun die Natur den Menschen direkt bedroht und unterdrückt, oder ob der Mensch im Dienst der Naturbeherrschung sich diese Unterdrückung selbst antut: Die Normierung des Verhaltens und die Codierung der Persönlichkeit sind in beiden Fällen (im ersten unmittelbar, im zweiten mittelbar) Resultat natürlicher Vorgaben. Unabhängig davon, wie der Mensch sich verhält, behauptet sich unbedingt das unmenschliche Naturverhältnis.

Die Freud geschuldete Rekonstruktion der Genese menschlicher Individualität und Kultur erweist sich schließlich als fatal. "Alles bleibt im Bannkreis des Mythischen, gleichgültig wie es sich dreht und wendet" (Baum 1988: 342, Anm.). Die Negation des Lustprinzips inthronisiert ein in letzter Instanz doch wieder naturverfallenes Realitätsprinzip; die Negation des Realitätsprinzips bewirkt eine Regression auf primitive Stufen unmittelbaren Ausgeliefertseins an Natur[70]. Die Theorie ist wiederum an einen Punkt gelangt, an dem ihre Radikalität mit Ohnmacht, resp. unausweichlicher Affirmation, bezahlt wird[71]. Das kann jedoch nicht der Sinn "Negativer Dialektik" sein: Negative Dialektik will sich des Zwangs entledigen, "daß durchs Denkmittel der Negation ein Positives sich herstelle", sie möchte Dialektik "von derlei affirmativem Wesen befreien" (ND: 9). Methodisch gesehen besteht das Problem darin, daß

"Wilden" sind diesem Verständnis nach unkultiviert - was nicht als meine Auffassung mißverstanden werden darf.

70 Dennoch plädiert Adorno an einer Stelle in den "Minima Moralia" für ein ungebremstes Lustprinzip: "Nur wer es vermöchte, in der blinden somatischen Lust, die keine Intention hat und die letzte stillt, die Utopie zu bestimmen, wäre einer Idee von Wahrheit fähig, die standhielte" (MM: 72). Hier wird selbst die Vokabel "blind", die sonst in Adornos (und Horkheimers) Werken nur für schreckliche Naturverfallenheit steht, positiv gebraucht. Andererseits besteht wohl kaum eine Chance, daß jemand "es vermöchte, in der blinden somatischen Lust (...) die Utopie zu bestimmen", denn die jahrtausendelang andauernde Überformung menschlicher Triebe dürfte von einer natürlichen somatischen Lust kaum etwas übrig gelassen haben. Wenn man, wie Adorno, auf universeller Vermittlung besteht, so muß man auch die menschlichen Triebe, wie sie geworden sind, für so destruktiv halten wie die Gesellschaft, die sie zurechtgebogen hat (vgl. GS 8: 392).

71 Dies ist ein Problem, mit dem Marcuse sich nicht konfrontiert sieht, da er differenzierter argumentiert: Er plädiert für ein anderes Realitätsprinzip, und er benennt Punkte, an denen ein anderes Realitätsprinzip an der bisherigen Ordnung ansetzen kann und diese in eine andere Ordnung transformiert (vgl. Marcuse 1987, Kapitel VI-XI).

Horkheimer und Adorno die Dialektik über diesen Punkt, daß sich aus der Negation nicht mehr quasi automatisch ein Positives ergebe, noch hinaustreiben, bis sich aus der Negation des Bestehenden kein Positives mehr ergeben kann. Die "Haßliebe zum Körper" seine "Verstümmelung" wird in der "Dialektik der Aufklärung" "als eine Art kultureller Universalie bestimmt. Damit aber schlägt die radikale Kritik - nicht explizit, aber doch implizit - in Resignation (...) um" (Schmid Noerr 1988: 77). Triebunterdrückung ist der Preis einer festen Subjektstruktur. Wenn "Freiheit nur durch den zivilisatorischen Zwang hindurch" verwirklicht werden kann (ND: 150), muß dieser Preis bezahlt werden - einen anderen Bescheid kann auch die "Dialektik der Aufklärung" nicht erteilen. Sie rechnet die immensen Kosten der Subjektwerdung vor, ohne auch nur an einer Stelle feststellen zu können, daß die Aufwendungen zu hoch gewesen seien. Ein Ort für eine andere Form der Vernunft, einen neuen Menschen, ist in diesem System nicht mehr auszumachen, Vernunft scheint nicht von dieser Welt zu sein. Alle bisherigen Formen von Kultur erweisen sich als Inkarnationen des jederzeit gültigen Naturzwangs, der Subjektivität nur als eine List der bestehenden Zwangsordnung gelten läßt. Was gemeinhin unter Subjektivität verstanden wird, entlarvt die "Dialektik der Aufklärung" als Marionettentheater. Damit gefährden Horkheimer und Adorno nicht nur den eigenen Standort der Kritik (weil es innerhalb ihres Systems keinen kritischen Standort mehr geben kann), sie gefährden zudem den Sinn ihrer Kritik. Die von ihnen nolens volens diagnostizierte Unveränderbarkeit der gesellschaftlichen und der individuellen Entwicklung läßt die Kritik zum Katastrophenbericht verkommen: Beschrieben wird, was nicht zu ändern ist.

III.5 Unter dem Bann von Mythos und Moderne

Die Darstellung des Mythos als Ideologie wird aus der *Außenperspektive* geleistet, die erst durch den geschichtlichen Abstand zu gewinnen ist. Aus der *Binnenperspektive* des Mythos ist seine Entzifferung als Ideologie nicht möglich[72]. Analog wäre für die Moderne zu denken: Im Verblendungszusammen-

72 Davon muß Adorno ausgehen, wenn er behauptet, daß den Menschen im Mythos ihr

hang der Binnenperspektive ist radikale Ideologiekritik nicht leistbar. Auf welchem Boden aber steht dann die These Adornos, daß dem gesellschaftlichen Sein Ideologie innewohne? (vgl. ND: 348)[73] Diese Frage führt direkt in das methodologische Zentrum der "Dialektik der Aufklärung".

Die Behauptung Adornos, daß den Menschen im Mythos ihr Leben als Schicksal widerfahre (vgl. GS 8: 360), ist eine aus der Außenperspektive herangetragene Aussage über die Binnenstruktur des mythischen Lebenszusammenhangs. Eine vergleichbare *direkte* Aussage über moderne Gesellschaften ist unmöglich, weil eine Außenperspektive nicht ohne weiteres eingenommen werden kann. Wenn Horkheimer und Adorno dennoch zu kritischen Aussagen über die Moderne gelangen, dann nur über den Umweg des Mythos. Zu diesem Zweck konzipieren sie den Mythos gleichsam als Gegenmodell zum *Anspruch* der Aufklärung auf Mündigkeit, um anschließend im Spiegel des mythischen Denkens Erkenntnisse über die gegenwärtige Gesellschaft zu gewinnen. Eine Betrachtung häufig im Zusammenhang mit - oder statt - Mythos gebrauchter Begriffe verdeutlicht dieses Verfahren.

Charakteristisch für die "Dialektik der Aufklärung" ist die Gleichsetzung des Mythos mit Schicksal: Den "Helden des Mythos" liegt "das Prinzip der schicksalhaften Notwendigkeit" zugrunde (DA: 14; vgl. Baum 1988: 46 f.). "Kreislauf, Schicksal" ist die Essenz der Mythologie (DA: 28). Schicksal wird in der Bedeutung von "unausweichlicher Notwendigkeit" (DA: 14) gebraucht. Unablässig wird "durch Vergeltung" das wiederhergestellt, "was je schon war. Was anders wäre, wird gleichgemacht" (DA: 15). Da Horkheimer und Adorno "die Vorstellungen der Mythen ohne Rest (...) auf Naturverhältnisse" zurückführen (DA: 18), können sie die schicksalhafte Wiederholung des Immergleichen direkt als "hoffnungslos geschlossenen Kreislauf der Natur" (DA: 65) konzeptualisieren. Der "Unausweichlichkeit des Schicksals" (DA: 55) entspricht, daß "Mythen wie magische Riten (...) die sich wiederholende Natur" meinen (DA: 19). "Kreislauf der Natur" und "sich wiederholende Natur" sind Termini, die die Bewertung eines Ausfalls der Reflexion beinhalten. Die Natur hat

Leben als Schicksal widerfahre (vgl. GS 8: 360).

73 "Die Ideologie, der gesellschaftlich notwendige Schein, ist heute die reale Gesellschaft selber" (GS 10: 26).

keine Vorstellung von sich selbst, sie versteht sich nicht: "Blind" heißt die Vokabel, mit der Adorno einen solchen Zustand beschreibt. Die Natur ist blind (vgl. ND: 350, 125) und ihre Geschichte daher bewußtlos (vgl. ND: 348). Naturprozesse sind reflexionslose Prozesse ohne bewußte Erinnerung.

Indem der Mythos Herrschaft über Natur durch Anpassung an diese zu erlangen sucht (vgl. Kapitel III.2 und III.3), bleibt er dem Naturzusammenhang verhaftet. "Ungeschiedenheit, ehe das Subjekt sich bildete, war der Schrecken des blinden Naturzusammenhangs, der Mythos (...). Schicksal, die Naturverfallenheit der Mythen, stammt aus totaler gesellschaftlicher Unmündigkeit, einem Zeitalter, darin Selbstbesinnung noch nicht die Augen aufschlug, Subjekt noch nicht war" (GS 10: 743). Diesen Zustand bewerten Horkheimer und Adorno als Bann. Unausweichliche, schicksalhafte Notwendigkeit (vgl. DA: 14), "mythischer Bann" (DA: 14), "Schicksal" (NL: 495, 499), "Naturzwang" (DA: 15), "Blindheit" (DA: 154), "fortwesendes Tabu" (ND: 349), "archaischer Bann" (ND: 349), "mythische Unmündigkeit" (NL: 500), "blinde Naturverfallenheit" (NL: 510), "mythische Immergleichheit" (GS 10: 636), "Naturbefangenheit" (GS 10: 624), "Reich der Unfreiheit" (GS 10: 624) - all das sind letztlich synonyme Begriffe zur Charakterisierung einer Ordnung, die Mündigkeit unmöglich macht.

Solche Vorstellungen vom Wesen des Mythos könnten mit einer Fülle von Analysen anderer Autoren - Ethnologen ebenso wie Philosophen - kontrastiert werden. Mit Blumenberg wäre anzumerken, daß der Mythos nicht nur Terror, sondern auch Poesie ist (vgl. Blumenberg 1971: 57). Panikkar beharrt darauf, daß Toleranz eine "inhärente mythische Dynamik" sei (Panikkar 1985: 34). Letztlich jedoch handelt es sich immer um "einzelne Eigenschaften oder Funktionen", die "sich als 'Elemente des Mythischen' bezeichnen" lassen (Poser 1979a: 131). Welche Elemente als mythisch bezeichnet werden, hängt dabei sowohl vom Standpunkt des Betrachters als auch von den Mythen ab, die analysiert werden. Das Mythosverständnis Horkheimers und Adornos ist der Aufklärung geschuldet. "Daß (...) Mythen vor allem Irrtümer enthalten, ist die Grundvoraussetzung des aufklärerischen Mythenverständnisses: Dieser Ansatz ist es, der der Aufklärung seit der Romantik den Vorwurf einträgt, das Wesen des Mythos zu verfehlen" (Poser 1979a: 134). Ganz im Sinn dieses Vorwurfs könnte die einseitige, weitgehend negative Darstellung des Mythos in der "Dialektik der Aufklärung" kritisiert werden, so wie dies bereits an einigen Stellen in dieser Arbeit geschehen ist.

Will man jedoch den Gehalt der "Dialektik der Aufklärung" verstehen, der nicht in einer Theorie des Mythos, sondern in einer Theorie der Moderne besteht, dann ist es unumgänglich den Autoren in ihrer Darstellung des Mythos zunächst einmal zu folgen, um die behauptete Verwandtschaft zwischen Mythos und Moderne überhaupt verstehen zu können. Wenn Cochetti (Cochetti 1985) sich fast ausschließlich darauf beschränkt, das Mythosverständnis Horkheimers und Adornos zu kritisieren, verfehlt er qua Ansatz die Intention der Autoren. Denn selbst wenn jede ihrer Aussagen über Mythen falsch wäre, hanebüchener Unfug, müßten diese Ausführungen dennoch zumindest als Bild akzeptiert werden, weil andernfalls Horkheimers und Adornos Kritik an der Moderne, daß diese selbst mythisch sei, unverständlich bliebe. Daraus folgt, daß durch nachgewiesene Unzulänglichkeiten im Mythoskonzept der Autoren nicht automatisch ihre Theorie der Moderne obsolet wird[74]. Es ist sogar eine besonders elegante Form der Auseinandersetzung, wenn Horkheimer und Adorno die von der Aufklärung am Mythos angewandten Instrumente der Kritik auf die Aufklärung selbst anwenden: Damit wird die Aufklärung an ihrem eigenen Anspruch gemessen (vgl. Habermas 1983: 418).

Die im Mythoskonzept entwickelte Vorstellung des archaischen Banns wird in der "Dialektik der Aufklärung" auf moderne Gesellschaften bezogen. Der Bezugspunkt ist die Vokabel "blind", die für Reflexionslosigkeit und Ohnmacht steht (s.o.): Die Moderne ist einem "blindlings pragmatisierten Denken" verfallen (DA: 3), in ihr herrscht das "blind Objektive" (DA: 5), sie ist in "blinder Herrschaft" verstrickt (DA: 5, 41). "Denken verdinglicht sich zu einem

74 Es darf allerdings nicht übersehen werden, daß Horkheimer und Adorno den Prozeß vom Mythos zur Aufklärung, wie sie ihn darstellen, als universelle, realgeschichtliche Entwicklung behaupten (vgl. DA: 3). Mißt man das Mythoskonzept in der "Dialektik der Aufklärung" an diesem emphatischen Anspruch, erweist es sich nicht als tragfähig für eine Universalgeschichte. Bestenfalls könnte die Darstellung als Geschichte des europäischen Zivilisationsprozesses akzeptiert werden.
"Horkheimer und Adorno verfallen in ihrer Mythosinterpretation in den Fehler, eine alles umfassende Theorie geben zu wollen, die in diesem Fall von vornherein aussichtslos ist, da es für jede universale Mythentheorie eine beliebige Anzahl von Gegenbeispielen gibt. Es ist unmöglich, *eine* zentrale Eigenschaft der Mythen anzugeben. Es gibt immer zu viele Ausnahmen" (Landmeier 1986: 117 f.).

selbständig ablaufenden, automatischen Prozeß, der Maschine nacheifernd, die er selber hervorbringt, damit sie ihn schließlich ersetzen kann" (DA: 26). "Je mehr die Denkmaschinerie das Seiende sich unterwirft, um so blinder bescheidet sie sich bei dessen Reproduktion" (DA: 27). "Die Schutz- und Schreckfarbe heute ist die blinde Naturbeherrschung, die mit der weitblickenden Zweckhaftigkeit identisch ist" (DA: 163). "In der Welt als Serienproduktion ersetzt deren Schema, Stereotypie, die kategoriale Arbeit. Das Urteil beruht nicht mehr auf dem wirklichen Vollzug der Synthesis, sondern auf blinder Subsumtion" (DA: 180)[75]. In der "Negativen Dialektik" nennt Adorno diese blinde Fortsetzung von Herrschaft "unreflektierte Selbstbehauptung" (ND: 279) oder auch "verwilderte Selbsterhaltung" (ND: 285). Konsequent bescheinigt er der Moderne den "Charakter eines blinden Lächelns" (Adorno 1973c: 60)[76].

Noch in seinen Nachkriegsschriften hat Adorno sich des Mythosbegriffs als Metapher für Reflexionslosigkeit, Bann, Schicksalsverfallenheit bedient. Besonders prägnant sind Aussagen aus seinem Vortrag "Fortschritt", den er am 22.10.1962 auf dem Münsteraner Philosophenkongreß gehalten hat (vgl. GS 10: 617-638).

Als Fortschritt wird in der bürgerlichen Gesellschaft die Weiterentwick-

---

75 Weitere Stellen in der "Dialektik der Aufklärung": "das unreflektiert aufgeklärte Denken" (85); "Herrschaft überlebt als Selbstzweck" (94); "der bewußtlose Koloß des Wirklichen, der subjektlose Kapitalismus, [führt] die Vernichtung blind" durch (102); "Weitergehen und Weitermachen überhaupt wird zur Rechtfertigung für den blinden Fortbestand des Systems, ja für seine Unabänderlichkeit" (133); "Kultur ist eine paradoxe Ware. Sie steht so völlig unterm Tauschgesetz, daß sie nicht mehr getauscht wird; sie geht so blind im Gebrauch auf, daß man sie nicht mehr gebrauchen kann" (145); "Das blinde und rapid sich ausbreitende Wiederholen designierter Werte verbindet die Reklame mit der totalitären Parole" (149); "Als blind Zuschlagende und blind Abwehrende gehören Verfolger und Opfer noch dem gleichen Kreis des Unheils an" (153); "die Blindheit des Antisemitismus" (153; vgl. 170, 176); die "blinde Lust des Totschlags" (154; vgl. 168); "Blindheit erfaßt alles, weil sie nichts begreift" (154); "Die von den Praktiken der Lager ausposaunte Unversöhnlichkeit ist selber nur noch eine Ideologie der blinden Machtkonstellation" (183); Der Mensch, "und nur er in der ganzen Schöpfung, [funktioniert] freiwillig so mechanisch, blind und automatisch" (219).

76 Die häufige Verwendung der Vokabel "blind" muß natürlich als kritische Spitze gegen das Selbstverständnis der Aufklärung gelesen werden, denn die Lichtmetapher ist das Symbol der Aufklärung, was im englischen Begriff "enlightenment" oder im französischen "les lumières" oder "siècle des lumières" zum Ausdruck kommt (vgl. Stuke 1972: 248). Blind sind demnach die Unaufgeklärten, die Unerleuchteten, auf die die "*Sonne der Aufklärung*" (Stuke 1972: 335) noch nicht geschienen hat.

lung von Fertigkeiten und Kenntnissen zum Zweck der Naturbeherrschung verstanden (vgl. GS 10: 619, 623). Wie Benjamin in seinen Thesen "Über den Begriff der Geschichte" (Benjamin 1974a: 693-703) unterscheidet Adorno zwischen dieser Art von Fortschritt und dem "Fortschritt der Menschheit selbst" (Benjamin 1974a: 700; vgl. Adorno GS 10: 619)[77]. Solange Fortschritt an Naturbeherrschung gekoppelt ist, bleibt er naturbefangen und damit "im Mythos, (...) im Reich der Unfreiheit" verwurzelt (GS 10: 624), denn der menschliche Geist bezwang die Natur dadurch, daß "er nach Bacons Programm auf all seinen Stufen ihr sich gleichmachte" (GS 10: 624; vgl. GS 8: 96). Diese Art der Mimesis, die unter dem Vorzeichen des Zuwachses instrumenteller Verfügbarkeit über Natur steht, ist bei Adorno eine negative Kategorie: Mimesis unter dem Bann[78]. Solange Fortschritt mit der Angleichung des Geistes an Natur verbunden bleibt, erzeugt er "das Immergleiche" (GS 10: 625)[79]: "Mahnt das Bild der fortschreitenden Menschheit an einen Riesen, der nach unvordenklichem Schlaf langsam sich in Bewegung setzt, dann losstürmt und alles niedertrampelt, was ihm in den Weg kommt, so ist doch sein ungeschlachtes Erwachen das einzige Potential von Mündigkeit; daß die Naturbe-

---

77 Dem "Fortschritt der Menschheit" entspricht der emphatische Geschichtsbegriff Adornos aus der "Idee der Naturgeschichte": Geschichte, in der "qualitativ Neues erscheint" (GS 1: 346; vgl. Kapitel II. und II.1 dieser Arbeit).

78 Einen positiven Mimesisbegriff entwickelt Adorno in der "Ästhetischen Theorie". Als ästhetisches Verhalten steht Mimesis nicht unter dem Primat instrumenteller Vernunft. "Die Opposition der Kunstwerke gegen die Herrschaft ist Mimesis an diese. Sie müssen dem herrschaftlichen Verhalten sich angleichen, um etwas von der Welt der Herrschaft qualitativ Verschiedenes zu produzieren" (ÄT: 430). Durch diese "Mimesis ans Verhärtete und Entfremdete" wird Kunst beredt (ÄT: 39). Die philosophische Interpretation der ästhetischen Erfahrung (vgl. ÄT: 197, 113) bringt den oppositionellen Gehalt der Kunstwerke auf den Begriff. "Die der Kunst immanente Dialektik von Rationalität und Mimesis" (ÄT: 86), ihre "ästhetische Rationalität will wiedergutmachen, was die naturbeherrschende draußen angerichtet hat" (ÄT: 430). Das verkennt Rohrmoser, wenn er schreibt, daß bei Adorno Mimesis "die Form einer unmittelbaren Teilhabe und unmittelbaren Wiederholung der Natur durch den Menschen" sei (Rohrmoser 1976: 25 f.; vgl. TKH 2: 512).

79 Ähnlich argumentiert Horkheimer: "Wenn die Ontologien die Naturkräfte indirekt vermittels objektivierter Begriffe hypostasieren und die Herrschaft des Menschen über die Natur begünstigen, so hypostasiert die Lehre des Fortschritts direkt das Ideal der Naturbeherrschung und entartet schließlich selbst zu einer statischen, abgeleiteten Mythologie. Bewegung als solche, abgelöst von ihrem gesellschaftlichen Zusammenhang und ihrem menschlichen Ziel, wird zum bloßen Schein einer Bewegung, zur schlechten Unendlichkeit mechanischer Wiederholung" (KiV: 128 f.).

fangenheit, in welche der Fortschritt selber sich eingliedert, nicht das letzte Wort behalte" (GS 10: 625). Adorno hofft auf ein "ungeschlachtes Erwachen" der Menschheit, d.h. auf deren Selbstreflexion. Wie in der "Dialektik der Aufklärung" vorangestellt wird, ist "die Freiheit in der Gesellschaft vom aufklärenden Denken unabtrennbar" (DA: 3). Adorno kritisiert daher nicht die Idee der Aufklärung, sondern deren reale Ausprägung in den "konkreten historischen Formen", den "Institutionen der Gesellschaft" (DA: 3).

Das Gegenbild zur "Verstricktheit des Fortschritts im Mythos" (GS 10: 624) ist: "aus dem Bann heraustreten, auch aus dem des Fortschritts, der selber Natur ist, indem die Menschheit ihrer eigenen Naturwüchsigkeit innewird und der Herrschaft Einhalt gebietet, die sie über Natur ausübt und durch welche die der Natur sich fortsetzt. Insofern ließe sich sagen, der Fortschritt ereigne sich dort, wo er endet" (GS 10: 625). Fortschritt, der sich über die Individuen hinweg ereignet als fortschreitende Naturbeherrschung, als "natürliche" Produktivkraftentfaltung (auf deren Affinität zur humanen Gesellschaft Adorno nach Auschwitz nicht mehr hoffen konnte), bleibt letztlich "Fortschritt zur Hölle" (MM: 314)[80]. "Menschliche Geschichte, die fortschreitender Naturbeherrschung" (ND: 348), beschreibt Adorno als "Höllenmaschine" (MM: 315).

Mythos steht bei Adorno und Horkheimer primär für Unmündigkeit. Damit verkörpert er das Gegenbild zum Anspruch der Aufklärung auf Mündigkeit. Das scheint unvereinbar mit der Behauptung der Autoren zu sein, daß "schon der Mythos (...) Aufklärung" sei (DA: 5). Betrachtet man jedoch das aufklärerische Element des Mythos, erweist sich dieser Widerspruch als nicht absolut. "Der Mythos wollte berichten, nennen, den Ursprung sagen: damit aber darstellen, festhalten, erklären" (DA: 11)[81]. Im "Willen zum Wissen" (Nietzsche) sind Mythos und Aufklärung verwandt (vgl. Kager 1988: 34). Von dieser Verobjektivierung der Umwelt untrennbar ist die gesellschaftliche Praxis, die den Einzelnen in das mythische Weltbild einzwängt, ihn zu "Opfer und Entsagung" (DA: 5) anhält. Der Fortschritt in der Produktion objektiven Wis-

80 "Die Entfesselung der Produktivkräfte, Tat des naturbeherrschenden Geistes, hat Affinität zur gewalttätigen Herrschaft über Natur" (ND: 301).

81 Blumenberg schreibt, daß es eine Funktion des Mythos sei, "die numinose Unbestimmtheit in die nominale Bestimmtheit zu überführen und das Unheimliche vertraut und ansprechbar zu machen" (Blumenberg 1986: 32).

sens wird erkauft mit der Unterwerfung der Menschen unter die so entstandene Objektivität. Diese "Verflechtung von Rationalität und gesellschaftlicher Wirklichkeit" (DA: 5) verhindert die Emanzipation des Subjekts: Die Menschen werden gleichsam zu Opfern ihres Wissens[82]. Solange die Wissensproduktion im Dienst des Bestehenden verharrt, perpetuiert dieses Wissen das Prinzip Herrschaft und damit die Unmündigkeit. Wissen ist damit nicht per se aufklärerisch: Ihm wohnt nicht das Telos der Mündigkeit inne.

Wenn die jahrtausendealte Wissensproduktion dazu führt, "daß Unfreiheit, Abhängigkeit von einer dem Bewußtsein derer, die sie bedienen, entlaufenen Apparatur universal über die Menschen sich ausbreitet", so ist "die allbeklagte Unmündigkeit der Massen (...) nur der Reflex darauf, daß sie so wenig wie je autonome Meister ihres Lebens sind; wie im Mythos widerfährt es ihnen als Schicksal" (GS 8: 360). Adorno belegt die Konvergenz von Mythos und Moderne mit der Stellung des Einzelnen in der ihn umgebenden Wirklichkeit: Der Ohnmacht der Menschen gegenüber der vom Mythos sanktionierten Macht der Priester und Zauberer entspricht in der Moderne das Ausgeliefertsein der Individuen an die Gesetze der Ökonomie. "Der Einzelne wird gegenüber den ökonomischen Mächten vollends annulliert" (DA: 4). Wie der organisierte Stamm Macht über den Einzelnen hat (vgl. DA: 23), so läßt sich heute die Menschheit "durch die gigantische Apparatur versklaven" (DA: 209)[83]. Stets tritt die Herrschaft "dem Einzelnen als das Allgemeine gegenüber, als die Vernunft in der Wirklichkeit" (DA: 23). "Konsequenterweise ist der Mythos für Horkheimer und Adorno nicht nur das Weltbild archaischer Kulturen, viel-

82 Deshalb ist "der Fluch des unaufhaltsamen Fortschritts (...) die unaufhaltsame Regression" (DA: 35; vgl. MM: 65).

83 Allerdings sind Horkheimer und Adorno der Technik nicht prinzipiell feindlich gesonnen: "Nicht auf die Technik oder das Motiv der Selbsterhaltung an sich ist der Niedergang des Individuums zurückzuführen; es ist nicht die Produktion per se, sondern es sind die Formen, in denen sie stattfindet - die Wechselbeziehungen der Menschen im spezifischen Rahmen des Industrialismus" (KiV: 145).
"Nicht die Technik ist das Verhängnis, sondern ihre Verfilzung mit den gesellschaftlichen Verhältnissen, von denen sie umklammert wird. Erinnert sei nur daran, daß die Rücksicht auf das Profit- und Herrschaftsinteresse die technische Entwicklung kanalisierte: sie stimmt einstweilen fatal mit Kontrollbedürfnissen zusammen. Nicht umsonst ist die Erfindung von Zerstörungsmitteln zum Prototyp der neuen Qualität von Technik geworden" (GS 8: 362 f.).

mehr ist die Weltgeschichte als ganze der mythischen Ananke verfallen" (Söllner 1979: 193).

Wenn die Erfahrung der Menschen sowohl im Mythos als auch in der Moderne dadurch gekennzeichnet ist, daß ihnen das Leben als Schicksal widerfährt, so ist die Frage an Horkheimer und Adorno zu richten, wie ihre zentrale These vom Rückschlag der Aufklärung in Mythologie (vgl. DA: 5) zu verstehen ist. Provokativ gefragt: Wenn es die Mündigkeit des Subjekts zu keiner Zeit gegeben hat, der Begriff der Aufklärung demnach - gemessen an dem mit ihm konnotierten Anspruch auf Durchsetzung von Autonomie - einen flatus vocis darstellt, wie kann dann Aufklärung (welche Aufklärung?!) in Mythologie zurückschlagen? Die Rede von der "Regression" und dem "Rückschlag in Mythologie" ergibt - so scheint es - keinen Sinn, wenn andererseits das Signum der Geschichte als mythische Immergleichheit bestimmt wird (vgl. GS 10: 636). Diese aporetische Denkfigur gilt es im folgenden zu explizieren.

III.6 Schlägt Aufklärung in Mythologie zurück?

Bisher wurde dargestellt, welche strukturellen Analogien Horkheimer und Adorno zwischen archaischen und modernen Gesellschaften behaupten. Da ihre These des Rückschlags von Aufklärung in Mythologie offenbar diese Fehlentwicklung vom Mythos zur Moderne der Aufklärung selbst anlastet ("Selbstzerstörung der Aufklärung"; DA: 3), bedarf sie einer gesonderten Analyse.

Wie bereits erwähnt, bezeichnet der Begriff "Aufklärung" bei Horkheimer und Adorno nicht die europäische geistesgeschichtliche Epoche gleichen Namens, sondern einen universalgeschichtlichen Entzauberungsprozeß. Der Prozeß der Entzauberung ist der Fortschritt von den Mythen und Einbildungen zum Wissen (vgl. DA: 7). Diese Bewegung "fortschreitenden Denkens" verfolgt das Ziel, "von den Menschen die Furcht zu nehmen und sie als Herren einzusetzen" (DA: 7). Damit ist zugleich das Telos dieser Art von Wissen abgesteckt: "Der Verstand, der den Aberglauben besiegt, soll über die entzauberte Natur gebieten. (...) Technik ist das Wesen dieses Wissens" (DA: 8). Aufklärung, wie sie hier dargestellt wird, ist identisch mit naturwissenschaftlichem Erkenntnisfortschritt. Der Wissenszuwachs führt zu einem Anwachsen der Mittel zur Naturbeherrschung: In diesem Sinn leistet Aufklärung zunächst einmal dies, einen Ausbau des Verfügungswissens zu garantieren. Demnach ist Aufklärung der Prozeß einer Universalisierung instrumenteller Vernunft, die so letztlich zur einzigen Form von Vernunft avanciert[84].

Der Begriff der Aufklärung wird somit bei Horkheimer und Adorno nicht lediglich chronologisch ausgeweitet, er erfährt zudem eine inhaltliche Beschränkung, da der aufklärerische Diskurs über die moralisch-praktische Seite der Vernunft sehr einseitig rezipiert wird. So berufen sich Horkheimer und Adorno, wo es um den Begriff der Aufklärung geht, eher auf Bacon als auf Kant (vgl. DA: 7 f.). Und dort, wo sie sich auf Kant beziehen, zitieren sie - mit wenigen Ausnahmen - die "Kritik der reinen Vernunft" (vgl. DA: 74 f.). Mit dieser einseitigen Lesart verschwimmt zugleich die bei Kant selbst eindeutige Differenz von Verstand und Vernunft (vgl. Kant 1966: 246 ff.)[85].

Kant ging in aufklärerischer Absicht davon aus, daß "die Möglichkeit der Dinge nach Naturgesetzen von der nach Gesetzen der Freiheit ihrem Prinzip nach wesentlich unterschieden" sei (Kant 1966: 175): "Die Naturbegriffe, welche den Grund zu allem theoretischen Erkenntnis a priori enthalten, beruheten auf der Gesetzgebung des Verstandes. - Der Freiheitsbegriff, der den Grund zu allen sinnlich-unbedingten praktischen Vorschriften a priori enthielt, beruhete auf der Gesetzgebung der Vernunft" (Kant 1966: 248). Die Gültigkeit des Sittengesetzes sollte die Freiheit des Individuums - auch unabhängig von der Gesetzgebung der Natur (vgl. Kant 1966: 246) - garantieren[86].

---

84 Die Auseinandersetzung mit dieser Form eindimensionaler Rationalität in ihren Gegenwartsgestalten ist das Thema in Horkheimers "Kritik der instrumentellen Vernunft". Prägnant spricht Horkheimer in diesem Zusammenhang von der "kalkulierenden Betrachtung der Welt als Beute" (KiV: 165).

85 Dieser Fehler unterläuft dem von Adorno der positivistischen Gesinnung geziehenen Weber (vgl. ND: 166) nicht: Weber hält mit den Begriffen Zweckrationalisierung, die Rationalisierung des erfolgsorientierten Handelns, und Wertrationalisierung, die Rationalisierung des eigenwertorientierten Handelns, an der Unterscheidung der Sphären der Naturbegriffe und des Freiheitsbegriffs fest (vgl. Schluchter 1988 Bd. 1: 209).

86 Ob der kategorische Imperativ tatsächlich imstande ist, Freiheit zu garantieren, steht hier zur Bewertung nicht an. Es sei jedoch angemerkt, daß Adorno sich in der "Negativen Dialektik" sehr viel ausführlicher mit Kant auseinandersetzt als in der "Dialektik der Aufklärung". Dort vertritt er die These, daß die Kantsche Freiheitslehre paradox sei, weil "sämtliche Begriffe, welche in der Kritik der praktischen Vernunft, zu Ehren von Freiheit,

Für Horkheimer und Adorno hingegen beinhaltet der *realgeschichtliche* Aufklärungsprozeß nicht die Genese der moralisch-praktischen Autonomie des Menschen: "Dem Positivismus, der das Richteramt der aufgeklärten Vernunft antrat, gilt in intelligible Welten auszuschweifen nicht mehr bloß als verboten, sondern als sinnloses Geplapper. (...) Die Entfernung des Denkens von dem Geschäft, das Tatsächliche zuzurichten, das Heraustreten aus dem Bannkreis des Daseins, gilt der szientifischen Gesinnung ebenso als Wahnsinn und Selbstvernichtung, wie dem primitiven Zauber das Heraustreten aus dem magischen Kreis, den er für die Beschwörung gezogen hat (...)" (DA: 26). Der emphatische Anspruch der Aufklärung, wie er in der europäischen *geistesgeschichtlichen* Epoche gleichen Namens formuliert worden ist, die Mündigkeit des Subjekts zu begründen und durchzusetzen, versandet in einer positivistischen Wissenschaft, die nicht der Frage nachgeht, was sein soll, sondern was ist. Die in der Epoche der Aufklärung *formulierten Ziele* liegen als - unausgewiesener - Maßstab der Kritik Horkheimers und Adornos an dem *realen Verlauf* des universalgeschichtlichen Entzauberungsprozesses zugrunde. Auf diese Weise erhält der Begriff der Aufklärung eine spezifische Ambivalenz, die in dem Spannungsverhältnis zwischen der *Idee* und der *gewordenen Realität* der Aufklärung besteht. Diese Ambivalenz des Begriffs wird in der "Dialektik der Aufklärung" nicht explizit formuliert, bleibt aber implizit die Bedingung der Möglichkeit einer kritischen Stellungnahme. Die Kritik an der auf positivistische Restbestände abgemagerten aufgeklärten Vernunft des "Wiener Kreises" (Schlick, Waismann, Neurath, Feigl, Carnap u.a.) (vgl. DA: 1, 2, 5, 9, 10, 20, 24, 26, 27, 28, 30, 31, 40, 74, 77, 148, 162) wird ganz von der Ambivalenz des Aufklärungsbegriffs getragen: Den "positivistischen Reinigern" (DA: 1) wird vorgeworfen, die durch die Idee der Aufklärung eröffnete Perspektive auf Freiheit und Selbstbestimmung zugunsten eines "blindlings pragmatisierten

---

die Kluft zwischen dem Imperativ und den Menschen ausfüllen sollen, (...) repressiv [seien]: Gesetz, Nötigung, Achtung, Pflicht" (ND: 231). Ähnlich argumentieren Böhme u. Böhme: Kant ist es "hinsichtlich des zentralen Begriffs der Freiheit darum zu tun, diesen strukturell ans Gesetz zu binden -: an ein Gesetz, dessen Apodiktik der des Naturgesetzes in nichts nachgibt. Das Gesetz ist der Obertitel von Natur *und* Freiheit, von empirischer wie intelligibler Welt. Sein Gegenbegriff ist das Chaos, die Anarchie. Als Kritik der theoretischen wie der praktischen Vernunft: Philosophie ist Austreibung des Anarchischen aus Natur und Gesellschaft" (Böhme, H.; Böhme, G. 1985: 339).

Denkens" (DA: 3) verstellt und aufgegeben zu haben. Dies wird auch in der Kritik an der Theorie des frühen Wittgenstein[87] deutlich: in der Prognose des "Umschlags von Aufklärung in Positivismus, den Mythos dessen, *was der Fall ist*" (DA: IX; Hervorh. H.K.)[88].

Zwei Aspekte ihrer Kritik an der Aufklärung sind hervorzuheben: Erstens ist der emphatische Anspruch der Aufklärung Horkheimer und Adorno zufolge in der Realität zu einem positivistischen Restbestand verdampft. Dieser taugt vor allem dazu, das Fortschreiten der Techniken und Mittel der Herrschaft zu garantieren. Zur Bestimmung von Zwecken, moralisch-praktischen Zielsetzungen, Erarbeitung eines ethischen Lebensentwurfs, trägt die positivistisch abgespeckte Form der Vernunft nichts mehr bei (a).

Zweitens wird deutlich, wie die These vom Rückschlag der Aufklärung in Mythologie zu verstehen ist: als "Umschlag von Aufklärung in Positivismus" (DA: IX). Diese These darf demnach nicht als die Diagnose eines Rückfalls auf eine frühere Entwicklungsstufe der Menschheit (wohl besser: des Abendlands) mißverstanden werden. Vielmehr geben die verwandten Strukturen von Mythos und Positivismus der These ihren Sinn (b) (vgl. Baum 1988: 50).

ad a: Zwei Gründe führen Horkheimer und Adorno an, die die Talfahrt der Aufklärung zum Positivismus plausibel erklären sollen. Erstens bewegt Aufklärung sich in einem Prozeß der Selbstzerstörung (vgl. DA: 3). Weil ihr eigenes Ideal das System ist (vgl. DA: 10), die "Berechenbarkeit der Welt", zieht sie, einmal in Gang gesetzt, auch die Menschen in die erdrückende Superiorität des Systems. Die Aufklärung, ursprünglich Mittel der Befreiung von Naturzwängen, entgleitet durch ihre immanente Dynamik dem Einfluß der Menschen: Sie wird selbst zwecksetzend und bestimmt nunmehr die Menschen als Mittel[89]. Die Vernunft und das Handeln bleiben eingespannt in einen Pro-

---

87 Obgleich Wittgenstein dem "Wiener Kreis" nicht angehörte, war sein "Tractatus logico-philosophicus" (erschienen 1921, vgl. Wittgenstein 1963: 4) von entscheidendem Einfluß auf diese Schule.

88 Horkheimer und Adorno adressieren ihre Kritik nicht explizit an Wittgenstein. Bedenkt man jedoch den ersten Satz des Tractatus, so wird deutlich, auf wen diese Kritik zielt: "Die Welt ist alles, was der Fall ist" (Wittgenstein 1963: 11). "Was der Fall ist, die Tatsache", definiert Wittgenstein als "das Bestehen von Sachverhalten" (Wittgenstein 1963: 11).

89 Der Vorgang erinnert an Goethes "Zauberlehrling":
"Die ich rief, die Geister,

zeß der Reduktion der Welt auf Datenregistrierung (vgl. DA: 148). Die Daten wiederum, von Reflexion ungebrochen, finden Verwendung in der Verfeinerung der Techniken zur Reproduktion des je Bestehenden, das so zum Einzigen und Endgültigen deklariert wird.

Zweitens verweisen Horkheimer und Adorno darauf, daß diese "objektive Tendenz der Geschichte" (DA: 40) nicht allein auf eine aufklärungsimmanente Dynamik zurückzuführen sei. Derartigen, letztlich zum Fatalismus nötigenden Spekulationen versuchen sie mit dem Hinweis vorzubeugen, daß Aufklärung sich nicht in einem geschichtsfreien Raum ereigne: Aufklärung ist "das Instrument, mit dem das Bürgertum zur Macht gekommen war" (DA: 84)[90].

Angesichts der banalen Tatsache, daß historische Bewegungen an die Interessen bestimmter - und meist bestimmbarer - Gruppen gebunden sind, ist allerdings zu fragen, ob die erste These der Selbstzerstörung der Aufklärung nicht eher Verwirrung stiftet, als daß sie der Erklärung des Phänomens dient. Zudem kann die Kompatibilität beider Thesen bestritten werden: Entweder die Aufklärung zerstört sich selbst, oder sie wird durch herrschende Interessenkonstellationen geschwächt oder korrumpiert. Wenn Horkheimer und Adorno zudem behaupten, die Aufklärung weise eine unterirdische, "anti-autoritäre Tendenz" auf, die "mit jener Utopie im Vernunftbegriff kommuniziert" (DA: 84), diese Tendenz gar als "das anti-autoritäre Prinzip" (DA: 84) bezeichnen, wird es noch problematischer, der Aufklärung eine selbstzerstörerische Tendenz zu attestieren. Was die materiale Begründungsfähigkeit beider Thesen angeht, so besitzt die zweite deutlich mehr Gewicht: Der Keim des Rückschritts aufklärerischen Denkens in den "konkreten historischen Formen", den "Institutionen der Gesellschaft, in die es verflochten ist" (DA: 3), kann - möglicherweise - nachgewiesen werden, eben weil es konkrete Formen sind, die dargestellt werden können. Hingegen ist die These von der Selbstzerstörung der Aufklärung unbeweisbar: Letztlich bleibt sie eine Glaubensfrage.

Allerdings erweisen sich bei näherer Betrachtung beide Thesen als bedenklich: Wenn von der *Idee* der Aufklärung *praktisch* nur der Positivismus

Werd' ich nun nicht los".

90 Ich habe bereits darauf hingewiesen, daß die Herrschaftstheorie Horkheimers und Adornos nolens volens selbst einen Hang zum Fatalismus hat (vgl. Kapitel III.2).

übriggeblieben wäre, die Vernunft, die das Denken und Handeln der Menschen bestimmt, demnach zu keiner kritischen Stellungnahme gegenüber der Welt mehr fähig wäre, dürften auch Horkheimer und Adorno von diesem Problem nicht unberührt bleiben. Wenn das Denken sich der "oppositionellen Begriffssprache beraubt" sieht (DA: 2), weil alle Ausdrücke "zum Einverständnis mit herrschenden Denkrichtungen" hinstreben (DA: 2), wird es zugleich unmöglich, die Verschlingung von realgeschichtlicher Aufklärung und Mythologie festzustellen. Wiederum wird deutlich, daß die totalisierend verfahrende Vernunftkritik ("Das Ganze ist das Unwahre", MM: 57) sich gleichsam den erkenntnistheoretischen Ast absägt, auf dem sie sitzt. Vernunftkritik, die radikal sein will, muß behutsam formuliert werden, will sie sich nicht selbst zersetzen. An solcher Einsicht ist die "Dialektik der Aufklärung" bravourös vorbeigeschrieben.

ad b: Daß Mythos und Positivismus strukturelle Gemeinsamkeiten aufweisen sollen, überrascht zunächst. Differenzen zwischen ihnen werden in der "Dialektik der Aufklärung" selbst hervorgehoben, so z.B. der diagnostizierte Sinnverlust, der dem Weg vom Mythos zur neuzeitlichen Wissenschaft inhärent ist (vgl. DA: 9). Leben und Tod sind Phänomene, deren Sinn Wissenschaft kategorial nicht entschlüsseln kann. Jenseits derartiger Differenzen im Konkreten jedoch geht es in der "Dialektik der Aufklärung" um ein allgemeineres Problem.

Mythen und Wissenschaft sind zunächst einmal Formen der Aufbereitung von Welt, d.h. sie bestimmen die Perspektive, aus der heraus Welt gesehen und interpretiert wird. Beiden Interpretationssystemen ist gemein, daß sie aufs Ganze gehen: Sie stülpen der Welt ein Raster auf. Was hier *nicht* kritisiert wird, ist der bloße Sachverhalt, daß Mythen und Wissenschaft als Erfahrungsvermittler fungieren. Im Gegensatz zum seinsgläubigen Heidegger (vgl. JE: 24) beharrt Adorno mit Hegel auf der begrifflich-theoretischen Präformation jeglicher Erfahrung (vgl. Kager 1988: 146). Demnach existiert kein Sein, das als erstes und unmittelbares Prinzip gelten könnte (vgl. Kager 1988: 259, Endnote 230)[91]. Kritisiert wird die totale Gesellschaft, die alle Beziehungen und

91 Auf der Vermitteltheit jeglicher Erfahrung zu beharren, enthält natürlich auch einen Widerspruch: Wenn alles vermittelt ist, unterliegt noch der Begriff der Vermittlung selbst der

Regungen erfaßt (vgl. DA: 36). Ob "die mythologischen Lügen von Sendung und Schicksal" (DA: 37) oder die "Wissenschaft vermöge der rationalisierten Arbeitsweisen" (DA: 36) das Leben in eine systemaffine Form gießen: In beiden Fällen existieren Menschen in einer "zwangshaft gelenkten Kollektivität" (DA: 36). Die neuzeitliche Wissenschaft ist lediglich eine neue Form der Verblendung, die die besiegte mythische abgelöst hat (vgl. DA: 36)[92]. Sowohl im Mythos wie auch in der Wissenschaft wird das an die Wirklichkeit angelegte Interpretationsraster nicht reflektiert, es wird - um eine häufig benutzte Vokabel von Horkheimer und Adorno zu gebrauchen - blind angewendet[93].

Die These vom Rückschlag der Aufklärung in Mythologie soll ihre Evidenz erhalten durch den kleinsten gemeinsamen Nenner von Mythos und

---

Vermittlung. Wie aber soll man Vermitteltes aus dem Vermittelten heraus als Vermitteltes erkennen? Dieser Problematik war sich Adorno durchaus bewußt: "Der immanente Nachweis der Vermitteltheit des unmittelbar Gegebenen [doch wohl nur des *scheinbar* unmittelbar Gegebenen; H.K.] in sich selber überführt dessen Begriff eines Widerspruchs. Der aber erklärt sich eben damit, daß jener Begriff, der dingliches Dasein als Zusammenhang von Gegebenem fundieren soll, selber Produkt von Verdinglichung ist" (GS 5: 144) - und genau deshalb als solches nicht erkannt werden dürfte, wäre hinzuzusetzen. Die Aporie in Adornos Sätzen liegt darin, daß ihre Aussage notwendig falsch wird, wenn sie richtig wäre. Das gilt z.B. ebenfalls für den bereits zitierten Satz: "Das Ganze ist das Unwahre" (MM: 57). Derartige *performative Widersprüche*, die darin bestehen, daß der explizite Aussagegehalt eines Satzes im Widerspruch steht zur Möglichkeit, diesen Aussagegehalt überhaupt sinnvoll bejahen oder verneinen zu können, werden von Adorno nicht nur akzeptiert, sondern als Mittel des Schreibens und der Kommunikation eingesetzt (vgl. Benhabib 1986a: 114). Sieht man von der sprachlichen Ästhetik einmal ebenso ab wie von der geforderten - durchaus reizvollen - Gehirnakrobatik, die Adornos Texte dem Leser abverlangen, so schränken solche performativen Widersprüche die materiale Begründungsfähigkeit einer Theorie ein oder heben sie gar ganz auf. Insofern ist Adorno tatsächlich ein "Evidenztheoretiker der Wahrheit" (Schnädelbach 1987: 187). Wenn jedoch jemandem die Wahrheit nicht evident ist, muß letztlich auf die materiale Begründungsfähigkeit zurückgegriffen werden. Spätestens dann wird deutlich, daß die zahlreichen aporetischen Denkfiguren der Theorie mehr Probleme aufbürden, als daß sie diese stützen könnten (Jay hat sich in einem Aufsatz mit dem Thema performativer Widersprüche beschäftigt; vgl. Jay 1989: 171-189).

92 Insofern stellt Bubner zu Recht fest, daß Horkheimer und Adorno zufolge "allen Erwartungen der Denker zuwider nichts sich geändert hat" (Bubner 1980: 117).

93 Das kann der Wissenschaft jedoch nicht vorgeworfen werden, denn "der Begriff des Sichselbstverstehens der Wissenschaft widerstreitet dem Begriff der Wissenschaft selbst" (DA: 77). Wird jedoch wissenschaftliche Rationalität als die einzige Form der Vernunft anerkannt, als die Gestalt der Wahrheit, "besiegelt der Gedanke seine eigene Nichtigkeit, denn Wissenschaft ist technische Übung, von Reflexion auf ihr eigenes Ziel so weit entfernt wie andere Arbeitsarten unter dem Druck des Systems" (DA: 77).

Wissenschaft. "Die Zauberei ist wie die Wissenschaft auf Zwecke aus" (DA: 13), wenngleich die Methoden, zum Ziel zu gelangen, verschieden sind. In beiden Fällen wird der Zweck nicht reflektiert, d.h. es wird nicht gefragt, ob der Zweck erstrebenswert ist, oder ob an seine Stelle nicht möglicherweise ein anderer zu setzen sei. Das Verhältnis der mythischen wie der wissenschaftlichen Vernunft zu den je gegebenen Zwecken ist das des Sklaven[94]: willfährig dienen sie dem Bestehenden[95].

Mythos und Wissenschaft schreiben fest, was der Fall ist. Auch wenn die - positivistische - Wissenschaft einräumen mag, daß sie nicht alles erklären kann, so geht sie doch selbstverständlich davon aus, daß außerhalb ihres Geltungsbereichs vernünftiges Wissen nicht produziert werden kann. Insofern der Positivismus nichts gelten läßt als das, was innerhalb seiner eigenen Reichweite liegt, "ist er nichts anderes als ein gleichsam universales Tabu" (DA: 18). Durch "die reine Immanenz des Positivismus" (DA: 18) behält das Tatsächliche recht, "die Erkenntnis beschränkt sich auf seine Wiederholung, der Gedanke macht sich zur bloßen Tautologie. Je mehr die Denkmaschinerie das Seiende sich unterwirft, um so blinder bescheidet sie sich bei dessen Reproduktion. *Damit schlägt Aufklärung in die Mythologie zurück*, der sie nie zu entrinnen wußte. Denn Mythologie hatte in ihren Gestalten die Essenz des Bestehenden: Kreislauf, Schicksal, Herrschaft der Welt als die Wahrheit zurückgespiegelt und der Hoffnung entsagt. In der Prägnanz des mythischen Bildes wie in der Klarheit der wissenschaftlichen Formel wird die Ewigkeit des Tatsächlichen bestätigt und das bloße Dasein als der Sinn ausgesprochen, den es versperrt" (DA: 27 f., meine Hervorhebung). Mythos und positivisti-

---

94 "Die Subsumtion des Tatsächlichen, sei es unter die sagenhafte Vorgeschichte, sei es unter den mathematischen Formalismus, die symbolische Beziehung des Gegenwärtigen auf den mythischen Vorgang im Ritus oder auf die abstrakte Kategorie in der Wissenschaft läßt das Neue als Vorbestimmtes erscheinen, das somit in Wahrheit das Alte ist. Ohne Hoffnung ist nicht das Dasein sondern das Wissen, das im bildhaften oder mathematischen Symbol das Dasein als Schema sich zu eigen macht und perpetuiert. (...) Unter dem Titel der brutalen Tatsachen wird das gesellschaftliche Unrecht, aus dem diese hervorgehen, heute so sicher als ein dem Zugriff ewig sich entziehendes geheiligt, wie der Medizinmann unter dem Schutze seiner Götter sakrosankt war" (DA: 28).

95 Selbst für die Naturwissenschaft galt das freilich nicht immer, man denke z.B. an Kopernikus, dessen Werk "De revolutionibus orbium coelestium libri VI" ein Weltbild zum Einsturz brachte.

scher Wissenschaft ist gemein, daß das Leben der unter diesen Vernunftordnungen existierenden Menschen "den Charakter des Unausweichlichen" (DA: 28) annimmt: "sei es als Wiederholung immer wieder geschehender archetypischer Vorgänge wie im Mythos, sei es als ein durch allgemeine Gesetzmäßigkeiten determiniertes Ereignis wie in der Wissenschaft" (Wellmer 1985: 146). Nach der Überwindung des Mythos vermittels der Wissenschaft sitzen die Menschen immer noch "in einem selbstkonstruierten Gefängnis" (Wellmer 1985: 146): Die Lüge der mythisch-objektiven Denkform wird durch die Lüge der wissenschaftlich-objektiven Denkform ersetzt. Beide verurteilen die Menschen zur Unmündigkeit, denn nichts anderes kann geschehen als das vom System je schon Sanktionierte. Die totalitären Denkformen weisen allem Bestehenden Identität zu, einen Platz und einen Wert innerhalb des Systems. "Es darf überhaupt nichts mehr draußen sein, weil die bloße Vorstellung des Draußens die eigentliche Quelle der Angst ist" (DA: 18).

Horkheimer und Adorno stellen sich Mythos und Wissenschaft gleichsam als Bunker gegen eine chaotische und angsterzeugende Außenwelt vor. Mythos und Wissenschaft sollen Selbsterhaltung gewährleisten, während doch beider Gesetz, die Herstellung systematischer Einheit, die Genese eines autonomen Selbst zugleich verhindert: Der Bunker, dieses "selbstkonstruierte Gefängnis", ist nicht das Reich der Freiheit. Die verschiedenen Formen der Herrschaft sollen dem beherrschten Ganzen als Schutz vor den Gefahren dienen, die von außerhalb drohen. Was aber kann von außen Schlimmeres drohen als das intern ständig reproduzierte Unrecht: der Zwang zur Konformität, das manipulierte Kollektiv, dessen Einheit "in der Negation jedes Einzelnen" besteht? (DA: 15)

Sind jedoch diese Aussagen Horkheimers und Adornos hinreichend, um ihre These vom Rückschlag der Aufklärung in Mythologie akzeptieren zu können? Dagegen sprechen m.E. zwei Gründe: Erstens kann - wie bereits gegen Ende des vorangegangenen Kapitels vermutet wurde - ein Rückschlag der Aufklärung in Mythologie schon deshalb nicht behauptet werden, weil die Autoren nicht von einer Entwicklung ausgehen, die Bedingung ihrer Rückschlagsthese wäre. Die Geschichte der selbsterhaltenden Vernunft bewegt sich im Bannkreis des Immergleichen. Vernunft[96] systematisiert, weist Identität zu, perpetuiert das Tatsächliche, kurz: Vernunft ist ein Mittel, das uns dazu verhilft - und nötigt - Jahrtausende auf der Stelle zu treten. Ein qualitativer Schub jenseits bloßer Verbesserung der Mittel zur Reproduktion des Immergleichen hat - nach Horkheimer und Adorno - nie stattgefunden.

Die zentrale These der "Dialektik der Aufklärung" verfängt sich in den Stricken des argumentationslogischen Aufbaus des Textes: es handelt sich zunächst um einen immanenten Widerspruch, der festzustellen ist und der unabhängig davon besteht - und das soll ein zweites Argument gegen die zentrale These einleiten -, ob die Geschichte der Vernunft von den Autoren überhaupt adäquat dargestellt worden ist. Dies soll in einem zweiten Schritt bezweifelt werden.

Das entscheidende Argument liefert Schnädelbach: "Man kann (...) nicht bestreiten, daß die Geschichte der Wissenschaft und Technik ungefähr so verlaufen ist, wie Horkheimer und Adorno sie beschreiben - von den Göttern über die Wesenheiten, die bloßen Begriffe hin zu den reinen Zahlen und Formeln - *aber dies ist nicht die Geschichte der Aufklärung insgesamt*" (Schnädelbach 1989: 29, meine Hervorhebung). Mit anderen - und auf das bisher Geschriebene bezogenen - Worten: Der These von den strukturellen Gemeinsamkeiten des mythischen und des (positivistisch-) wissenschaftlichen Denkens kann noch zugestimmt werden, die These von den strukturellen Gemeinsamkeiten zwischen Mythos und Aufklärung hingegen ist erschlichen. Solche ergeben sich nur, wenn man mit Horkheimer und Adorno davon ausgeht, daß der Positivismus "das Richteramt der aufgeklärten Vernunft" angetreten hat (DA: 26), was nichts anderes heißt, als daß von der Aufklärung lediglich der Positivismus übrig geblieben ist. Selbst wenn das wahr wäre[97], könnte das nicht die Rückschlagsthese stärken, weil Horkheimer und Adorno nicht über einen

96 Gemeint sind hier alle bisherigen Formen der Vernunft.

97 Es wäre m.E. absurd, derzeit behaupten zu wollen, alle Wissenschaftsbereiche - die Philosophie und die Gesellschaftswissenschaften eingeschlossen - seien von einer zutiefst positivistischen Gesinnung durchdrungen, oder hätten gar jede andere Form von Vernunft verloren. Eine solche Behauptung würde schon durch einen Blick auf das Lehrangebot an den Hochschulen widerlegt. Aber auch der Autor dieser Zeilen hofft, eine Nische des Denkens gefunden zu haben, die eine gewisse Entfernung zur angeblichen Universalität des Positivismus erkennen läßt.

emphatischen realgeschichtlichen Aufklärungsbegriff verfügen (s.o.), der als Basis (nämlich ein höheres Vernunftniveau!) für einen Rückschlag gelten könnte. So aber gilt: Die Aufklärung reiht sich nahtlos in die Katastrophenoper der Vernunftgeschichte ein.

Was bleibt angesichts dieses Befundes von der Rückschlagsthese übrig? Der Nachweis struktureller Gemeinsamkeiten zwischen Mythos und dem positivistisch-wissenschaftlichen Anteil der Aufklärung ist eine zu magere materiale Grundlage für die Großartigkeit der zentralen These in der "Dialektik der Aufklärung". Aus der Tatsache, daß spätestens seit dem letzten Jahrhundert die technisch-instrumentelle Rationalität diejenige gewesen ist, die die Weichen gesellschaftlicher Entwicklung gestellt hat, darf nicht voreilig deduziert werden, sie sei der letzte Rest von dem, was Generationen vor uns einmal unter den Begriff der Vernunft subsumiert haben.

Die Rückschlagsthese läßt sich, wie bisher gezeigt wurde, in der bestehenden Fassung nicht halten. Um etwas von ihrer Aussage zu retten, müßte sie reformuliert werden. Ich werde eine solche Reformulierung in zwei Schritten vornehmen, um einen Ausweg aus den Aporien der "Dialektik der Aufklärung" anzudeuten. Die erste - und vorsichtigere - Reformulierung (Fassung 1) lautet: *Schon der Mythos ist Aufklärung, und: Aufklärung ist selbst noch mythisch*[98]. Allerdings kann diese Reformulierung nur bestehen, wenn man Horkheimers und Adornos Ansicht teilt, daß der Positivismus den Platz der Aufklärung usurpiert hat, Aufklärung (realgeschichtliche Aufklärung!) lediglich ein euphemistischer Begriff für Positivismus ist. Teilt man diese Auffassung nicht - und die mit der Gleichsetzung von Positivismus und Aufklärung verbundenen Aporien sind Grund genug, sie nicht zu teilen - wird diese erste Reformulierung hinfällig.

Schnädelbach versucht, die gesellschaftstheoretischen Anteile der "Dialektik der Aufklärung" von den starken geschichtsphilosophischen Behauptungen zu unterscheiden. In dieser Lesart wird deutlich, daß die "*coincidentia oppositorum*" von "Aufklärung und Mythos, Vernunft und Herrschaft, Emanzi-

98 Auch in diesem Satz wird der Begriff des Mythos pejorativ gebraucht. Das darf jedoch nicht als meine Vorstellung interpretiert werden, sondern diese Bewertung entspricht allein der Verwendung des Mythosbegriffs in der "Dialektik der Aufklärung".

pation und Selbstversklavung, Fortschritt und Regression (...) unter identifizierbaren Bedingungen steht", daß nämlich "nicht die Vernunft selbst (...) das Prinzip von Herrschaft [ist], sondern sofern sie Instrument der Naturbeherrschung ist, ist sie dies" (Schnädelbach 1989: 31 f.)[99]. Damit jedoch erweist sich meine erste Reformulierung der Rückschlagsthese als zu vorsichtig formuliert, inhaltlich noch zu dicht am Original. Denn wäre Aufklärung selbst noch mythisch, könnte sie nicht selbstreflexiv sein, und somit wären Horkheimer und Adorno nicht in der Lage, Bedingungen anzugeben, unter denen die Kontamination von Mythos und Aufklärung stattfindet. Mit anderen Worten: Horkheimer und Adorno verwenden eine selbstreflexive, aufklärerische Vernunft, die es ihrer eigenen These - wie auch meiner ersten Reformulierung - zufolge nicht gibt.

Die zweite Reformulierung lautet (Fassung 2): *Schon der Mythos ist Aufklärung, und: Aufklärung hat noch immer mythische Anteile.* Diese Reformulierung ist zwar nicht mehr so grandios wie die Originalthese (nicht länger ist das Ganze das Unwahre), bleibt jedoch andererseits von den Aporien einer totalisierenden Vernunftkritik verschont[100]. Zudem wird ein weiteres Problem vermieden, auf das Schnädelbach aufmerksam macht: Er wirft Horkheimer und Adorno vor, daß ihre Geschichtsphilosophie, die Beschreibung der Verstrickung von Mythos und Aufklärung, selbst eine Geschichte sei - die behauptete "*wahre Geschichte des Geschichtlichen*" - und damit immer noch mythisch, ein "*Sozialmythos*" in aufklärerischer Absicht (Schnädelbach 1989: 19)[101]. Da die zweite Reformulierung der Rückschlagsthese (die dem Wesen des Originals freilich nicht mehr gerecht wird) dazu zwingt, die "mythischen" Anteile derzei-

99 Horkheimer und Adorno konstatieren die "Einheit von mythischer Natur und aufgeklärter Naturbeherrschung" (DA: 5).

100 Ich möchte mich hier nicht dem Problem zuwenden, die zweite Reformulierung der Rückschlagsthese en détail darzustellen. Es genügt mir, den Weg anzudeuten, der geeignet sein kann, aus den Aporien der "Dialektik der Aufklärung" herauszuführen.

101 Schnädelbach spricht von den "singulären Großobjekten" (Schnädelbach 1989: 25), vom "Pathos des *Singulars*" (Schnädelbach 1989: 23) - "die Moderne", "die Aufklärung", "die Vernunft" -, der die Welt mystifiziert ("Sozialmythos") und zu einer "großen Rahmenerzählung" (Lyotard) stilisiert. "Der Sozialmythos als die große Hintergrunderzählung ist keine Utopie der Erkenntnis, sondern eine selbsterzeugte Illusion; er ist Gegenaufklärung und sei er auch in bester aufklärerischer Absicht konzipiert worden" (Schnädelbach 1989: 25).

tiger Vernunft zu identifizieren, ohne das Ganze als mythisch verurteilen zu können, wird die spekulative Geschichtsphilosophie Horkheimers und Adornos auf den Weg der Gesellschaftstheorie geschickt[102], auf dem allein die Kritik in einer Weise formuliert werden kann, die sich der kritisierten Vernunft in der Form nicht anähnelt.

III.7 Zusammenfassung

Ich habe zunächst den Ursprung des Mythosbegriffs der "Dialektik der Aufklärung" dargestellt. Der Begriff findet in Adornos "Idee der Naturgeschichte" eine erste inhaltliche Bestimmung, die sich wesentlich mit jener in der "Dialektik der Aufklärung" deckt. Der wichtigste Gewährsmann für Adornos Mythenverständnis ist Benjamin, dessen Naturbegriff aus dem "Ursprung des deutschen Trauerspiels" von Adorno zur Explikation des Begriffs Mythos genutzt wird. Aber wie schon bei Benjamin selbst der Begriff der Natur sich sowohl durch eine eigentümliche Starrheit als auch durch sein Übergewicht gegenüber geschichtlichen Prozessen - die dadurch zu annähernd natürlichen Prozessen werden - auszeichnet, so ist auch Adornos Mythosdefinition mit diesem Makel behaftet: Geschichte wird tendenziell auf Natur reduziert. Mythos wird als ein Abbild der Natur bestimmt, und damit wird sein geschichtlicher Anteil per definitionem als marginal bestimmt.

Wurde in der "Idee der Naturgeschichte" die Verschlingung von Natur und Mythos, Natur und Geschichte noch ontologisch als Schicksalszusammenhang konzeptualisiert, bemühen Horkheimer und Adorno sich in der "Dialektik der Aufklärung", Bedingungen anzugeben, die für diese Kontamination konstitutiv sind. In der Angsterfahrung des archaischen Menschen, der in einer unbegriffenen und daher bedrohlichen Umwelt lebt, sehen Horkheimer und Adorno den entscheidenden Faktor für die Ausbildung der menschlichen Vernunft als ein Instrument der Selbsterhaltung. Damit wird Vernunft begriffen als ein Mittel, Techniken der Naturbeherrschung zu erarbeiten und anzuwenden: Ver-

102 Schnädelbach nennt das treffend den "Abschied vom Narrativismus" (Schnädelbach 1989: 23).

nunft ist die Vernunft des Herrschens.

Auf zumindest drei verschiedenen Ebenen lassen sich gegen dieses Konzept Einwände formulieren, wobei diese Ebenen und die Probleme, die dort festzustellen sind, Interdependenzen aufweisen, d.h. nicht unabhängig voneinander sind.

1. das Problem mangelnder Übereinstimmung mit ethnologischen und religionssoziologischen Untersuchungen;
2. das Problem handlungstheoretischer Defizite;
3. das Problem der aporetischen Konstruktion der Theorie.

Ich werde nach der Darstellung dieser drei Problemfelder noch auf das Verhältnis von Mythos und Moderne, wie es in der "Dialektik der Aufklärung" entwickelt wird, eingehen.

ad 1. Die Generalisierung der Angst zur einzig bedeutsamen Erfahrung für die Entwicklung der menschlichen Vernunft kann angesichts *anderslautender ethnologischer Befunde* nicht überzeugen. Der Kategorienapparat der "Dialektik der Aufklärung", der den Funktionszusammenhang von Angst, Selbsterhaltung und Herrschaftsstrukturen erfaßt, vermag einen elementaren Bestandteil der okzidentalen Vernunftgeschichte zu beschreiben. Er erfaßt diese Entwicklung jedoch weder in ihrer Gesamtheit, noch ließe sich diese gar als transkultureller, universalgeschichtlicher Rationalisierungsprozeß behaupten.

Der nicht endende Zwang des an Selbsterhaltung gekoppelten Fortschritts, Natur zu beherrschen, führt - nach Horkheimer und Adorno - zu einer andauernden Verstrickung menschlichen Handelns in Naturzusammenhänge. Der Geist bezwingt "die Natur, indem er nach Bacons Programm auf all seinen Stufen ihr sich gleichmachte" (GS 10: 624). Dabei gibt sich der naturbeherrschende Geist keinesfalls mit der Unterjochung der Natur zufrieden. Vielmehr setzt er sich auch in der Sphäre der Gesellschaft - als soziale Herrschaft - und in der Sphäre des Individuums - als Triebunterdrückung - durch.

Mit ihrem herrschaftstheoretischen Kategorienapparat definieren Horkheimer und Adorno Mythen und magische Riten als Wiederholung der Natur (vgl. Da: 19), die daher nur ein Naturverhältnis zum Ausdruck bringen (vgl. DA: 18). Die Nachahmung der Natur in den magischen Riten, die Abbildungen des als bedrohlich Empfundenen sind jedoch für Horkheimer und Adorno kein Kontrollgewinn, sondern nur die Tautologie des Schrecklichen. Die Autoren der "Dialektik der Aufklärung" sehen in den magischen Riten keine kreative Transzendierung der Natur - wie diese Riten auch interpretiert werden könnten -, sondern eine ausschließlich auf den Zweck der Selbsterhaltung fixierte repressive Mimesis (vgl. Arnason 1976: 17). Von der Natur wollen die Menschen nur lernen, "sie anzuwenden, um sie und die Menschen vollends zu beherrschen" (DA: 8). Das ist ein geradezu programmatischer Satz: Sämtlichen Einzelphänomenen des mythischen Weltbildes, die Horkheimer und Adorno analysieren, wird ihre funktionale Zugehörigkeit zur bestehenden Herrschaftsstruktur nachgewiesen - und damit ihre Verstrickung in Naturzusammenhänge, da Naturbeherrschung durch Nachahmung immer Ausdruck von Naturverfallenheit bleibt. Auch hier muß kritisch angemerkt werden, daß die These einer radikalen Assimilation aller mythischen Phänomene an eine allumfassende Herrschaftsstruktur, die den Menschen nur strategisches Handeln noch ermöglicht, seitens der Ethnologie keine Bestätigung gefunden hat. Es gibt keine Gesellschaft, in der die Menschen jede Sekunde des Tages damit zubringen, im Dienst der Selbsterhaltung Herrschaft auszuüben (über Natur, andere Menschen, sich selbst), und nichts veranlaßt zu der Annahme, daß je eine solche Gesellschaft existiert hat.

ad 2. Der eingeschränkte, auf die Erfassung von Herrschaft zugeschnittene Kategorienapparat der "Dialektik der Aufklärung" führt zu einer Reduktion alles Sozialen auf Herrschaft. Der Funktionszusammenhang von Angst, Selbsterhaltung und Herrschaft, der das theoretische Fundament der "Dialektik der Aufklärung" ausmacht, wirkt selbstimmunisierend gegenüber allen nicht herrschaftlich organisierten Beziehungen, weil es sie der Herrschaftstheorie zufolge nicht geben kann. Jegliches Handeln bleibt Ausdruck des Überlebenskampfes, wird durch selbsterhaltende Vernunft gesteuert, die einzig darauf aus ist, Herrschaft weiter auszudehnen. Menschliches Handeln wird auf einen extrem rigiden Funktionalismus restringiert. Hier zeichnen sich deutlich *handlungstheoretische Defizite* der "Dialektik der Aufklärung" ab, da sich soziales Handeln nicht in toto unter den Begriff der Herrschaft subsumieren läßt.

ad 3. Eine dritte Unzulänglichkeit der "Dialektik der Aufklärung" besteht im *konstruktionslogischen Aufbau der Theorie*. Der "gesellschaftliche Verblendungszusammenhang" (DA: 40), den Horkheimer und Adorno als Konsequenz universell wirksamer Herrschaftsstrukturen beschreiben, ließe sich als solcher nicht mehr erkennen, wenn außer Herrschaft kein weiteres Medium gesellschaftlichen Handelns, keine andere Form von Vernunft existierte. "Die radikale Vernunftkritik verfährt selbstbezüglich; die Kritik kann nicht zugleich radikal sein und die eigenen Maßstäbe unberührt lassen" (Habermas 1986: 288). Das Totalitärwerden der Aufklärung denunziert die radikale Ideologiekritik mit deren eigenen - aufklärerischen - Mitteln (vgl. Habermas 1983: 418): Horkheimer und Adorno sind gezwungen, das kritische Potential ihrer Analysen der kritisierten Vernunft zu entnehmen. Die aporetischen Denkfiguren in der "Dialektik der Aufklärung" zersetzen so die normativen Grundlagen der Gesellschaftskritik.

Die Beschreibung der Anthropogenese in der "Dialektik der Aufklärung" und der Vernunftformen, die von der Menschheit bisher hervorgebracht wurden, laufen auf die These einer *Konvergenz von Mythos und Moderne* hinaus. Von der Urgeschichte bis zum Computerzeitalter ist menschliches Handeln von einem Element bestimmt worden: von Herrschaft. Die Moderne ist für Horkheimer und Adorno kein mit der Aufklärung verknüpftes Projekt, das es zu vollenden gilt, sondern die brutale Fortsetzung des jahrtausendealten Wunschtraums, "grenzenlos Natur zu beherrschen, den Kosmos in ein unendliches Jagdgebiet zu verwandeln" (DA: 221). Das Prinzip Herrschaft schweißt gleichsam die Phasen der Geschichte zusammen (vgl. ND: 314).

Gegen eine derartige radikale Subsumtion der Phylogenese unter ein einziges Prinzip, das der Herrschaft, wurde bereits von mir argumentiert. Man mag zugeben, daß menschliches Handeln sich oft in einem von Herrschaft strukturierten Raum bewegt - daß dies jedoch immer so sei, ist eine absurde Annahme, die sich einerseits material nicht absichern läßt und die andererseits einer Theorie schwerwiegende konstruktionslogische Probleme aufbürdet (s.o.). Die These einer Konvergenz von Mythos und Moderne kann nur da Plausibilität für sich beanspruchen, wo der naturbeherrschende Geist die Entwicklungsrichtung der Gesellschaft im Ganzen zu bestimmen droht. Weder in mythischen noch in modernen Gesellschaften werden alle Handlungen über Herrschaftsstrukturen koordiniert. Wenn Herrschaft dazu tendiert, zum bedeutsamsten Faktor der Vernunft zu werden, so sind die Bedingungen dieser Tendenz zu erarbeiten - wie dies ansatzweise in der "Dialektik der Aufklärung" schon geschehen ist -; keinesfalls ist die Vernunft als Ganze zu verwerfen.

Angesichts neuerer (nach 1945) *ethnologischer und religionssoziologischer Untersuchungen*, sowie im Hinblick auf die nachgewiesenen *handlungstheoretischen Defizite* einerseits und dem *problematischen konstruktionslogischen Aufbau* der Theorie andererseits, muß festgestellt werden, daß die These einer *Konvergenz von Mythos und Moderne* erschlichen ist. Diese wird nicht überzeugend expliziert, sondern ergibt sich lediglich als Derivat unzulässiger Verkürzungen in den Grundannahmen der Theorie, die sich in einem zu eng gefaßten Kategorienapparat niederschlagen, der für die Erfassung von außerherrschaftlichem Handeln sich als ungeeignet erweist.

IV. Das Verhältnis von Mythos und Rationalität im Werk von Jürgen Habermas

IV.1 Gemeinsamkeiten und Differenzen der Mythoskritik von Horkheimer/Adorno und Habermas

Sieht man zunächst einmal zugunsten einer ersten groben Bestimmung von Merkmalen des mythischen und des modernen Weltverständnisses bei Habermas von dessen Transformation der Kritischen Theorie in eine Theorie des kommunikativen Handelns ab, dann läßt sich rasch Trennendes und Gemeinsames zwischen Horkheimer und Adorno auf der einen und Habermas auf der anderen Seite darstellen. Dabei werde ich mir die vorangegangene zusammenfassende Darstellung zunutze machen, um auf diesem Boden die Gemeinsamkeiten und Differenzen zu skizzieren.

Wenn Habermas von den "opaken Gestalten des mythischen Denkens", von den "bizarren Äußerungen fremder Kulturen" spricht (TKH 2: 288), wird deutlich, daß auch seine Vorstellung vom Mythos - wie schon die Horkheimers und Adornos - einem aufklärerischen Mythenverständnis geschuldet ist. Das mythische Denken ist dunkel, weil es von dem Licht der Aufklärung nicht - oder noch nicht - erhellt ist. "Der Mythos bindet das kritische Potential verständigungsorientierten Handelns, verstopft gleichsam die Quelle innerer, der Kommunikation selbst entspringender Kontingenzen" (TKH 2: 238)[1]. Die Verstopfungsmetaphorik zeigt zugleich an, daß eine Abkehr vom mythischen Denken einen Zuwachs an Autonomie für Gesellschaftsmitglieder bedeutet, da deren Handeln dann nicht länger an die normativ bindende und beschränkende Kraft eines mythischen Weltbildes gebunden ist. In modernen Gesellschaften sieht Habermas diese Bedingung für Autonomie erfüllt - und damit steht sein Konzept der Moderne dem Horkheimers und Adornos diametral gegenüber. Weder konstatiert Habermas einen dialektischen Rückschlag von Aufklärung in Mythologie, noch attestiert er der Moderne eine strukturelle Verwandtschaft zum Mythos, im Gegenteil: "Mythische Weltbilder sind weit davon entfernt, in unserem Sinne rationale Handlungsorientierungen zu ermöglichen. Sie bilden, was die Bedingungen der im angegebenen Sinne rationalen Lebens-

1 Auf das Konzept des verständigungsorientierten Handelns werde ich später eingehen.

führung angeht[2], einen Gegensatz zum modernen Weltverständnis. Im Spiegel des mythischen Denkens müßten deshalb die bisher nicht thematisierten Voraussetzungen des modernen Denkens sichtbar werden" (TKH 1: 73 f.). Für Habermas bilden Mythen "den schärfsten Kontrast zu dem Weltverständnis, das in modernen Gesellschaften herrscht" (TKH 1: 73).

Wenngleich den Theorien Horkheimers und Adornos auf der einen und Habermas' auf der anderen Seite ein pejorativer Gebrauch des Mythosbegriffs gemein ist, unterscheiden sie sich gravierend in der Bewertung des Verhältnisses von Mythos und Moderne. Beharrten Horkheimer und Adorno auf der *Konvergenz von Mythos und Moderne*, so ist für Habermas die Feststellung einer *Divergenz von Mythos und Moderne* entscheidend. Nicht die ewig gleichen, quasinaturwüchsigen Prozesse in der Gesellschaft und im Verhältnis des Menschen zur Natur und zu sich selbst sind für Habermas Kennzeichen von Modernität, sondern gerade die Unabhängigkeit menschlichen Handelns von den normativ aufgeladenen, verbindlichen Strukturen eines mythischen Weltbildes. Betont wird der evolutionäre Vorsprung der Moderne vor dem Mythos: Habermas sieht die mythisch sakrosankte Ordnung durch die erweiterten Handlungsspielräume innerhalb einer profanen modernen Gesellschaftsordnung als überwunden an.

Diese Differenzen sind freilich nicht überraschend: Hatten Horkheimer und Adorno angesichts des Faschismus in Europa sich einer unversöhnlichen Vernunftkritik verschrieben, die einen Ausweg in eine bessere, den emphatischen Zielen der Aufklärung näherstehende Gesellschaftsordnung kaum noch erahnen ließ, so ist Habermas bemüht, das Vernunftpotential der Moderne auszuweisen, ohne auf die vernunftkritischen Töne der älteren Frankfurter gänzlich verzichten zu wollen. Der formalpragmatisch gewonnene normative Maßstab einer kommunikativen Vernunft, der es dem Beobachter von gesellschaftlichen Prozessen erlauben soll, diesen Vernunft bzw. Unvernunft zu attestieren, ist zugleich die Bewertungsgrundlage für Habermas' Urteil über den Mythos und für die Einschätzung, daß die Moderne ein größeres Vernunftpotential als mythisch bestimmte Zeitalter aufweist. Deshalb ist eine

2 Habermas führt "die Rationalität einer Äußerung auf Kritisierbarkeit und Begründungsfähigkeit" zurück (TKH 1: 27).

Rekonstruktion des formalpragmatischen Theoriegerüsts, soweit es für Habermas' Mythoskonzeption bedeutsam ist, in diesem Zusammenhang unumgänglich. Außerdem werde ich - wie in der bereits erfolgten Kritik der Mythoskonzeption Horkheimers und Adornos - zuweilen die textimmanente Kritik um eine ethnologische erweitern.

Die zweite Argumentationslinie, auf die Habermas sich bei seiner Beurteilung der Rationalitätspotentiale von Mythos und Moderne stützt, knüpft an Arbeiten der kognitivistischen Entwicklungspsychologen Piaget und Kohlberg an. Pointiert könnte man diese Argumentation von der formalpragmatischen so absetzen: Handelt es sich bei der Formalpragmatik um eine *Theorie der Rationalität* - hier spricht der Kantianer Habermas -, so stehen die in Anlehnung an Piaget und Kohlberg gewonnenen Argumente für eine *Theorie fortschreitender Rationalisierung* - hier spricht der Webermarxist Habermas. Der Rationalisierungstheoretiker Habermas untersucht das Verhältnis der - zumindest im Okzident - fortschreitenden Dezentrierung von Weltbildern zu verschiedenen Stufen des moralischen Bewußtseins und zu unterschiedlichen Graden einer zunehmend mehr an den Wissenschaften orientierten Weltauffassung samt der ihr zugehörenden Steigerung der instrumentellen Verfügbarmachung von Natur. Auch diese Argumentationslinie bedarf im Hinblick auf ihre Bedeutung für Habermas' Mythoskonzept einer kritischen Rekonstruktion, wobei zusätzlich ihr Verhältnis zur Formalpragmatik Beachtung finden muß, denn die beiden Argumentationswege stehen keineswegs in einem simpel additiven oder komplementären Verhältnis zueinander.

IV.2 Die universalpragmatischen Grundlagen der Mythoskritik

Die universalpragmatische Rekonstruktion der Bedingungen kommunikativen Handelns eröffnet laut Habermas zugleich die Perspektive für eine Mythoskritik. Deshalb soll nachfolgend diese sprachpragmatische Grundlegung der Theorie zunächst expliziert und sodann in ihren Schwachpunkten kritisiert werden.

Das von Habermas bereits 1970 angekündigte Unterfangen einer "sprachtheoretischen Grundlegung der Sozialwissenschaften" (Habermas 1982: 12) wird sukzessive bis zum Erscheinen der "Theorie des kommunikativen Handelns" (1981) vorangetrieben. Dabei handelt es sich - nach Habermas' eigenen Einschätzungen - nicht um eine Metatheorie, sondern um den "Anfang einer Gesellschaftstheorie, die sich bemüht, ihre kritischen Maßstäbe auszuweisen" (TKH 1: 7). Habermas' Grundlegung der Gesellschaftstheorie weist in ihrem Anspruch, kritisch zu sein, eine Affinität zur alten Kritischen Theorie auf. Letztere hat explizit emanzipatorische Ziele formuliert und gab sich nicht mit der Beschreibung von Gesellschaft zufrieden, sondern hat die Kritik zur Aufgabe der Theorie erklärt[3]. Weitergehende Übereinstimmungen jedoch, insbesondere im kategorialen Gerüst der Theorie, sind nicht zu erkennen[4]. Diesen Bruch zwischen den grundlegenden Konzeptionen der alten Kritischen Theorie und der sprachtheoretisch gewendeten Gesellschaftstheorie beschreibt Habermas als einen Paradigmenwechsel von der Bewußtseinsphilosophie zur Kommunikationstheorie (vgl. TKH 1: 518). Die Notwendigkeit dieses Paradigmenwechsels sieht er im Scheitern des Programms "der frühen Kritischen Theorie (...) an der Erschöpfung des Paradigmas der Bewußtseinsphilosophie" (TKH 1: 518)[5].

---

3 Es ist "Aufgabe des kritischen Theoretikers, die Spannung zwischen seiner Einsicht und der unterdrückten Menschheit, für die er denkt, zu verringern" (Horkheimer 1986: 39). "Die kritische Theorie hat bei aller Einsichtigkeit der einzelnen Schritte und der Übereinstimmung ihrer Elemente mit den fortgeschrittensten traditionellen Theorien keine spezifische Instanz für sich als das mit ihr selbst verknüpfte Interesse an der Aufhebung des gesellschaftlichen Unrechts" (Horkheimer 1986: 56). Vgl. hierzu "Zur Idee der kritischen Theorie" von A. Schmidt (1974: 7-35).

4 Geyer schreibt zu Recht, daß es eine Diskontinuität zwischen Horkheimer und Adorno auf der einen und Habermas auf der anderen Seite gebe (vgl. Geyer 1982: 168). Gmünder macht anhand der Schriften von Habermas beispielhaft deutlich, "daß ein produktives Anknüpfen an Kritische Theorie mehr durch einen Bruch als durch Kontinuität bestimmt sein muß. Das bedeutet gleichzeitig, daß wir Jürgen Habermas nicht der Kritischen Theorie im engeren Sinne zurechnen" (Gmünder 1985: 3). "Trotz der biographischen Nähe wie auch des expliziten Anknüpfens an das Philosophieren der beiden älteren Frankfurter [sc. Horkheimer und Adorno; H.K.] kann Habermas nicht zur Kritischen Theorie im Sinne einer Schule oder eines Wissenschaftsparadigmas gezählt werden" (Gmünder 1985: 112).

5 Auf die Aporien einer totalisierend verfahrenden Vernunftkritik bin ich verschiedentlich in den vorangegangenen Kapiteln eingegangen. Auf eine darüber hinausgehende Rekonstruktion der wissenschaftstheoretischen Argumentationen, die zu dem besagten Paradigmenwechsel geführt haben, soll und kann hier verzichtet werden, da sie zum Verständnis der Habermasschen Mythoskonzeption nichts Erhebliches beitragen könnte. Zur sprachanalytischen Wende der Kritischen Theorie vgl. Wellmer 1977: 465-500, Schnädelbach 1986: 15-34,

Anders als Horkheimer und Adorno, die ihre Kritik nur noch aus einer privilegierten Beobachterperspektive - vom "Grand Hotel Abgrund", wie Lukács es treffend formulierte[6] - an die Gesellschaft herantragen können, ohne den Vernunftbegriff auszuweisen, der einer solchen Kritik zugrunde liegt, bestimmt Habermas das, was als vernünftig gelten soll, aus der Binnenperspektive eines Teilnehmers kommunikativen Handelns. Bereits in seiner Antrittsvorlesung von 1965 schreibt Habermas: "Das, was uns aus Natur heraushebt, ist nämlich der einzige Sachverhalt, den wir seiner Natur nach kennen können: *die Sprache.* Mit ihrer Struktur ist Mündigkeit *für uns* gesetzt. Mit dem ersten Satz ist die Intention eines allgemeinen und ungezwungenen Konsensus unmißverständlich ausgesprochen" (Habermas 1969a: 163). Etwas modifiziert heißt es in der "Theorie des kommunikativen Handelns": "Verständigung wohnt als Telos der menschlichen Sprache inne" (TKH 1: 387). Diese Veränderung ist sicherlich nicht - wie auch Schnädelbach betont - "als resignative oder konservative Wendung zu deuten" (Schnädelbach 1986: 31)[7]. Vielmehr erfährt der Begriff der Mündigkeit durch einen normativen Begriff von Verständigung eine kommunikationstheoretische Präzisierung - und damit allerdings auch Engführung.

In zwei Prolegomena zu einer Theorie der kommunikativen Kompetenz (Habermas 1972, Habermas 1972a) legt Habermas erste Skizzen des universalpragmatischen Forschungsprogramms vor: "Die Aufgabe der Universalpragmatik als einer Theorie der kommunikativen Kompetenz sehe ich darin, das System von Regeln zu rekonstruieren, nach dem kommunikativ kompetente Sprecher aus Sätzen Äußerungen bilden und in andere Äußerungen umformen" (Habermas 1972a: 107). An anderer Stelle definiert er: "Die Universalpragmatik hat die Aufgabe, universale Bedingungen möglicher Verständigung zu identifizieren und nachzukonstruieren" und bezeichnet diese Bedingungen als "allgemeine Voraussetzungen kommunikativen Handelns" (Habermas 1982a: 174)[8].

McCarthy 1989: 525 ff., Dubiel 1989: 504-518, Gripp 1984: 76-85, Thompson 1982: 116 ff.

6 Eine Formulierung aus dem 1962 aus Anlaß der ersten Neuauflage nach 42 Jahren verfaßten Vorwort zur "Theorie des Romans".

7 Das sieht Bernstein etwas anders, wenn er schreibt, daß in dem Vorwurf an Habermas, mit der linguistischen Wende "den Versuch einer Vereinigung von Theorie und Praxis aufgegeben" zu haben, zumindest "ein wahrer Kern" stecke (Bernstein 1979: 342).

8 Das kommunikative oder verständigungsorientierte Handeln ist freilich für Habermas nicht

In diesen Definitionen stecken zumindest zwei wichtige Kriterien zur Bestimmung dessen, was Universalpragmatik leisten soll: Erstens müssen die Bedingungen möglicher Verständigung universal sein, d.h. sie müssen für alle Gesellschaften und Kulturen gleichermaßen Gültigkeit beanspruchen können. Damit ist einerseits klargestellt, daß die Universalpragmatik mit einem emphatischen Anspruch auftritt, andererseits gefordert, daß diese Bedingungen nicht einzeln inhaltlich, sondern formal bestimmt werden müssen[9].

Zweitens entbindet die formale Bestimmung der allgemeinen Voraussetzungen kommunikativen Handelns die Universalpragmatik nicht von einer empirischen Beweisführung. Der Begriff der Rekonstruktion (s.o.) nötigt vielmehr zu einer materialen Begründung der Theorie. An seinem Anspruch auf den Status einer empirisch-rekonstruktiven Wissenschaft (vgl. McCarthy 1989: 317) ist das universalpragmatische Forschungsprogramm jederzeit zu messen[10]. Damit ist, wie sich zeigen wird, die Richtung der Kritik vorgezeichnet. Ich werde auf den folgenden Seiten die universalpragmatische Konzeption von Habermas so weit rekonstruieren, wie es nötig ist, um erstens die Frage zu

---

die einzige Möglichkeit zu agieren. Die Aktoren können sich auch erfolgsorientiert verhalten, was Habermas für nicht-soziale Handlungssituationen mit dem Begriff des "instrumentellen Handelns" und für soziale Handlungssituationen mit dem Begriff des "strategischen Handelns" beschreibt (vgl. TKH 1: 384 ff.). Für die Ausarbeitung des normativen Maßstabs der Gesellschaftstheorie ist allerdings Habermas' Konzeptualisierung des verständigungsorientierten Handelns von besonderem Interesse. Auf seine m.E. problematische Bewertung des Verhältnisses zwischen verständigungsorientiertem und strategischem Handeln komme ich noch zurück.

9 In der Literatur wird anstelle des Begriffs "Universalpragmatik" häufig "Formalpragmatik" gesetzt. Mir scheint der Begriff "Universalpragmatik" den emphatischen Anspruch der Habermasschen Theorie besser auszudrücken. Andererseits erfaßt der Begriff "Formalpragmatik" besser die konzeptuelle Grundlegung der Theorie. Daher scheint es statthaft, beide Begriffe zu verwenden.

10 Ein solcher Maßstab kann an die Transzendentalpragmatik Apelscher Provenienz nicht herangetragen werden. Die transzendentalpragmatische Normenbegründung ist als Selbstreflexion des argumentativen Diskurses diesem gleichsam vorgeschaltet und nicht mehr hintergehbar (zur Explikation des Begriffs "Diskurs" vgl. McCarthy 1989: Kapitel 4.2 und 4.3). Die reale lebensweltliche Kommunikation kann weder als Beweis noch als Widerlegung der Transzendentalpragmatik herangezogen werden (zum Problem transzendentaler Normenbegründung vgl. Apel 1982a: 10-173. zur Auseinandersetzung mit Habermas vgl. Apel 1989: 15-65). Gleichwohl ist natürlich die hier nicht zu beantwortende Frage zu stellen, ob eine derartige Selbstimmunisierungsstrategie einer Theorie wider eine angemessene Aufarbeitung abweichender empirischer Fakten im Gefüge moderner Wissenschaften - gerade unter einer aufklärerischen Perspektive - besonders empfehlenswert ist.

beantworten, ob die Universalpragmatik sich tatsächlich im Rahmen einer empirisch-rekonstruktiven Wissenschaft bewegt, und zweitens, ob sie ihrem Anspruch auf universelle Gültigkeit der Voraussetzungen kommunikativen Handelns - wie sie von ihr bestimmt werden - gerecht wird. Dabei werde ich einen Vorschlag von Habermas in abgewandelter Form aufgreifen und die fremden Kulturen betrachten als einen "Testfall für eine Theorie der Rationalität, mit der sich das moderne Weltverständnis seiner Universalität versichern möchte" (TKH 2: 588). Dieser Test soll über die kognitive Adäquanz universalpragmatischer Aussagen und Bewertungen entscheiden.

Bei seiner Analyse des pragmatischen Gebrauchs von Sprache entwickelt Habermas die These, "daß jeder kommunikativ Handelnde im Vollzug einer beliebigen Sprechhandlung universale Geltungsansprüche erheben und ihre Einlösbarkeit unterstellen muß" (Habermas 1982a: 176). In seinen neueren Schriften (etwa mit dem Erscheinen der "Theorie des kommunikativen Handelns" 1981) nennt Habermas drei Geltungsansprüche, die jede Äußerung[11] implizit erhebe:

1. daß die Aussage wahr ist (propositionale Wahrheit),
2. daß sie in einem geltenden normativen Kontext richtig ist (normative Richtigkeit),
3. daß die Sprechhandlung so gemeint ist, wie sie geäußert wird (expressive Wahrhaftigkeit) (vgl. TKH 1: 149, 443, 447 f.)[12].

Jeder der drei Geltungsansprüche nimmt Bezug auf eine von drei möglichen Welten:

- propositionale Äußerungen sind auf die objektive Welt bezogen,
- normative Äußerungen sind auf die soziale Welt legitim geregelter inter-

---

11 Die Begriffe "Äußerung" und "Sprechhandlung" werden von mir synonym verwendet.

12 In seinen Schriften aus den siebziger Jahren nennt Habermas noch einen weiteren Geltungsanspruch, den der Verständlichkeit (so z.B. in Habermas 1982a: 176). Sich verständlich auszudrücken ist jedoch eine allgemeine Grundlage kommunikativen Handelns. Der Wahrheitsgehalt einer unverständlichen Aussage, die bestenfalls noch grammatikalisch als konstatierende Aussage zu erkennen ist, deren semantischer Gehalt jedoch innerhalb einer Sprachgemeinschaft nicht zu entschlüsseln ist, kann nicht verhandelt werden. Insofern setzt Habermas zu Recht bei seiner Darstellung der Geltungsansprüche in der "Theorie des kommunikativen Handelns" die "Wohlgeformtheit des verwendeten symbolischen Ausdrucks" voraus, ohne diese selbst wieder zu einem Geltungsanspruch zu erklären (TKH 1: 149).

personaler Beziehungen bezogen,
- expressive Äußerungen sind auf die privilegiert nur für den Sprecher zugängliche eigene subjektive Welt bezogen (vgl. TKH 1: 149).

Freilich erhebt eine Äußerung nicht nur genau einen Geltungsanspruch. Wenn ich sage, "draußen regnet es", so beansprucht diese Aussage zunächst einmal, faktisch wahr zu sein. Darüber hinaus kann sie in einem gegebenen Zusammenhang einem Gesprächsteilnehmer mitteilen, daß ich wegen des Regens jetzt nicht mit ihm spazierengehen möchte. Damit hätte die Aussage zugleich einen Bezug zur intersubjektiv geteilten Welt. Ferner soll die Äußerung in der Regel wahrhaftig sein, d.h., daß ich den Gesprächsteilnehmer mit der Sprechhandlung nicht zu täuschen versuche. Es könnte ja durchaus sein, daß der Regen mir sehr gelegen kommt, um nicht mit jemandem spazierengehen zu müssen, mit dem ich aus ganz anderen Gründen nicht gehen möchte (die aber - aus welchem Grund auch immer - nicht genannt werden sollen). Insofern tritt im alltäglichen kommunikativen Handeln ein Geltungsanspruch nie isoliert auf. Vielmehr bezieht eine Äußerung sich immer auf die drei genannten Welten gleichzeitig[13], wobei Habermas "die Gleichursprünglichkeit und Gleichwertigkeit der drei fundamentalen Sprachfunktionen" (die den Bezug zur objektiven, intersubjektiven und intrasubjektiven Welt herstellen) hervorhebt (PhDM: 363). Allerdings wird in einer "Äußerung thematisch *nur eine* der drei Komponenten" hervorgehoben (TKH 2: 184; vgl. VE: 463). Dabei bewegt sich das kommunikative Handeln in einem gegebenen Raum, der ein implizites Wissen - in Form von alltäglichen Hintergrundannahmen - bereitstellt, das in der Regel die Berechtigung eines Geltungsanspruchs sichert. Diesen "präreflexiven Hintergrund" (TKH 1: 451), "das gemeinsame und im aktuellen Handeln als unproblematisch vorausgesetzte Hintergrundwissen" (TKH 1: 455) führt Habermas in Anlehnung an Husserl mit dem Begriff der Lebenswelt in seine

13 "Allein das kommunikative Handlungsmodell setzt Sprache als ein Medium unverkürzter Verständigung voraus, wobei sich Sprecher und Hörer aus dem Horizont ihrer vorinterpretierten Lebenswelt *gleichzeitig* auf etwas in der objektiven, sozialen und subjektiven Welt beziehen, um gemeinsame Situationsdefinitionen auszuhandeln" (TKH 1: 142, meine Hervorhebung; vgl. TKH 2: 184). Wichtig an diesem Zitat ist für mich der Hinweis, daß sich Sprecher und Hörer *gleichzeitig* auf drei Welten beziehen. Ob sie sich auf diese Welten beziehen, "um gemeinsame Situationsdefinitionen auszuhandeln", mag bezweifelt werden, ist jedoch im Augenblick für den Fortgang der Darstellung nicht entscheidend.

Theorie ein.

IV.2.1 System und Lebenswelt

Das Lebensweltkonzept in der "Theorie des kommunikativen Handelns" erfüllt zumindest zwei wichtige Funktionen innerhalb des Habermasschen Theoriegerüsts: Es ist einerseits "eine notwendige Ergänzung zum Begriff des kommunikativen Handelns" (McCarthy 1989: 530): Weil die kommunikativ Handelnden sich immer schon im Horizont einer gegebenen Lebenswelt bewegen, bildet der Lebensweltbegriff "einen Komplementärbegriff zum kommunikativen Handeln" (TKH 2: 182). Andererseits soll das Konzept der Lebenswelt dazu beitragen, die für *moderne Gesellschaften* typischen Differenzierungen, die sich in Stufen der Systemdifferenzierung und Formen der sozialen Integration niederschlagen, in einem theoretisch angemessenen - zweistufigen - Modell treffend erfassen zu können. Um diese Differenzierungen theoretisch adäquat beschreiben zu können, schlägt Habermas vor, "Gesellschaften *gleichzeitig* als System und Lebenswelt zu konzipieren" (TKH 2: 180).

Bereits an dieser Stelle tritt ein Problem zutage, das Habermas m.E. durch die unterschiedlichen Ebenen seiner Gesellschaftstheorie mitschleppt: Die historisch-gesellschaftliche Referenz der kategorialen Vorentscheidungen, in denen die theoretische Perspektive der Habermasschen Gesellschaftstheorie bereits rudimentär enthalten ist, bildet die moderne, ihrem eigenen Anspruch nach ausdifferenzierte Gesellschaft. Derartige grundlegende Entscheidungen für das Fundament einer Theorie zeitigen natürlich handfeste Konsequenzen für die Konstruktion des sich darüber erhebenden Gebäudes. Dies gilt auch für eine Theorie, deren erklärter Anspruch es ist, rekonstruktiv vorzugehen. Die an der modernen Gesellschaft abgelesene und theoretisch nachvollzogene Trennung von System und Lebenswelt[14] mit deren unterschiedlichen - je eigenen -

14 Wie weit diese Trennung realiter vollzogen ist oder ob - um das andere Extrem zu nennen - eine Theorie, die eine solche Trennung als weitgehend vollzogen deklariert, sich dem Ideologieverdacht aussetzt, kann und muß hier nicht entschieden werden. Ich halte dies jedoch allemal für eine interessante Frage.

Reproduktionsaufgaben (darauf komme ich zurück) ist für eine rekonstruktiv verfahrende Wissenschaft möglicherweise ein vielversprechender Ansatz zur Erfassung und Rekonstruktion der *eigenen Kultur*. Ein Herantragen des so gewonnenen Kategorienapparats an fremde Kulturen verläßt den Boden rekonstruktiver Wissenschaften und kippt durch die bloße Anwendung des kategorialen Rasters um in eine eurozentrische Perspektive. Wie sich diese eurozentrische Betrachtungsweise bis in die bloße Wortwahl der Ausdrücke hinein, die Habermas zur Charakterisierung fremder Kulturen heranzieht, verfolgen läßt, werde ich weiter unten an konkreten Beispielen zeigen. Festzuhalten bleibt, daß der kategoriale Zugriff von Habermas auf das, was Gesellschaft - zunächst einmal der Theorie nach - ist, okzidentalen Gesellschaften entlehnt ist und seine Herkunft aus einer ebensolchen Theorietradition kaum verleugnen kann. Ob diese Kategorien dennoch dazu taugen, eine angemessene Darstellung der Gesellschaftsstruktur und Entwicklung fremder Kulturen zu erreichen, muß im Augenblick noch offenbleiben.

Die Lebenswelt speichert als implizites Hintergrundwissen die "Interpretationsarbeit vorangegangener Generationen" (TKH 1: 107). Dieses Wissen bildet ein Reservoir unproblematischer Hintergrundüberzeugungen, das in seiner Gesamtheit nicht gewußt ist[15], das jedoch in kommunikative Handlungen gleichsam als Alltagsgewißheit eingeht. Dieser Ressourcencharakter der Lebenswelt sorgt dafür, daß jeder Kommunikationsteilnehmer über eine Vorstellung darüber verfügt, welche Sprechhandlungen in seiner Kultur berechtigt mit dem Anspruch auf Wahrheit auftreten können, welche Verhaltenserwartungen legitim sind und nach welchen Kriterien die Aufrichtigkeit (Wahrhaftigkeit) eines Sprechers beurteilt wird. Dabei geht in eine Handlung freilich nur der "*situationsrelevante Ausschnitt der Lebenswelt*" (TKH 2: 188) ein. Die Lebenswelt kann also nicht als ganze zum Thema gemacht werden. Gleichwohl kann der situationsrelevante Ausschnitt der Lebenswelt jederzeit ausgedehnt werden. "Die Handlungssituation bildet für die Beteiligten jeweils das Zentrum ihrer Lebenswelt; sie hat einen beweglichen Horizont, weil sie auf die Komplexität der Lebenswelt verweist" (TKH 2: 188).

15 "Die Lebenswelt wird nicht im strikten Sinne 'gewußt', da explizites Wissen dadurch charakterisiert ist, daß es bestritten und begründet werden kann" (VE: 591).

Ein derart allgemeines Konzept der Lebenswelt, wie es bisher skizziert wurde, kann noch für alle Kulturen Gültigkeit beanspruchen. Zu Recht weist Habermas darauf hin, daß der Lebensweltbegriff in dieser allgemeinen Bestimmung noch weitgehend mit der Definition identisch ist, die Schütz und Luckmann - in der phänomenologischen Theorietradition stehend - gegeben haben (vgl. TKH 2: 203)[16]. Problematisch wird das Konzept in dem Augenblick, in dem Habermas versucht, in den Strukturen der Lebenswelt eine Differenzierung vorzunehmen, die den bereits erwähnten formalen Weltkonzepten (objektive Welt - Wahrheit, intersubjektive Welt - Richtigkeit, subjektive Welt - Wahrhaftigkeit) exakt entspricht[17]. Dieser Differenzierung nach bildet die Lebenswelt nicht lediglich eine Ressource impliziten Hintergrundwissens, die undifferenziert und gleichförmig bestehen bleibt, sondern sie weist selbst drei strukturelle Komponenten auf, die Habermas im Anschluß an Durkheim als "Auseinandertreten von Kultur, Gesellschaft und Persönlichkeit" begreift (TKH 2: 203).

Die dieser Differenzierung im Lebensweltkonzept zugrundeliegenden Überlegungen gehen auf die Frage zurück, was mit dem tradierten Hintergrundwissen geschieht, wenn die lebensweltlich zur Verfügung gestellte Situationsdefinition scheitert. Die Lebenswelt kann nicht als ganze zusammenbrechen: es wird jedoch ein situationsrelevanter Ausschnitt einem Test unterworfen (vgl. TKH 2: 202). Dieser Test schließt sich in Form eines Diskurses an die gescheiterte Alltagskommunikation an. Im Diskurs wird der problematisierte Geltungsanspruch einer Aussage explizit zum Thema gemacht, d.h. es wird auf einer Metaebene versucht, die beschädigte alltägliche implizite Gewißheit über einen argumentativ erzielten Konsens[18] wieder in die Alltagserfahrung zu inte-

16 "Unter alltäglicher Lebenswelt soll jener Wirklichkeitsbereich verstanden werden, den der wache und normale Erwachsene in der Einstellung des gesunden Menschenverstandes als schlicht gegeben vorfindet. Mit schlicht gegeben bezeichnen wir alles, was wir als fraglos erleben, jeden Sachverhalt, der uns bis auf weiteres unproblematisch ist" (Schütz u. Luckmann 1979: 25).

17 "Als *Ressource* betrachtet, gliedert sich die Lebenswelt, je nach den 'belieferten' Komponenten der Sprechhandlungen, d.h. deren propositionalen, illokutionären und intentionalen Bestandteilen, in Kultur, Gesellschaft und Person" (PhDM: 397).

18 "*Argumentationen* nennen wir den Typus von Rede, in dem die Teilnehmer strittige Geltungsansprüche thematisieren und versuchen, diese mit Argumenten einzulösen oder zu kritisieren. Ein *Argument* enthält Gründe, die in systematischer Weise mit dem *Geltungs-*

grieren. Dadurch, daß im Diskurs eine rational motivierte Entscheidung darüber herbeigeführt wird, was hier und jetzt als theoretisch wahr und was als moralisch-praktisch richtig gelten darf[19], wird das implizite Wissen in explizites Wissen transformiert (vgl. VE: 591)[20].

Diese wachsende Zahl diskursiv verflüssigter Ausschnitte der Lebenswelt, die bis zur nächsten Problematisierung gleichsam an diese zurückfallen, führt zu einer zunehmenden Differenzierung der Lebenswelt, die nicht lediglich vergleichbar ist mit der Ausdifferenzierung der bereits erwähnten formalen Weltbezüge, sondern die direkt in Analogie zu dieser gebildet wurde:

Kultur nennt Habermas "den Wissensvorrat, aus dem sich die kommunikativ Handelnden, indem sie sich über etwas in der Welt verständigen, mit konsensträchtigen Interpretationen versorgen" (PhDM: 397). Auf der sprachpragmatischen Ebene entspricht diesem Kulturbegriff als Weltbezug die objektive Welt (s.o.) und als Geltungsanspruch in den Äußerungen über diese Welt die propositionale Wahrheit.

Gesellschaft wird verstanden als "die legitimen Ordnungen, aus denen die kommunikativ Handelnden, indem sie interpersonale Beziehungen eingehen, eine auf Gruppenzugehörigkeiten gestützte Solidarität schöpfen" (PhDM: 397 f.). Diesem Gesellschaftsbegriff entspricht auf sprachpragmatischer Ebene als Weltbezug die soziale Welt und als Geltungsanspruch in den Äußerungen über diese Welt die normative Richtigkeit.

Persönlichkeit schließlich "dient als Kunstwort für erworbene Kompetenzen, die ein Subjekt sprach- und handlungsfähig machen und damit instandsetzen, in einem jeweils gegebenen Kontext an Verständigungsprozessen teilzunehmen und in wechselnden Interaktionszusammenhängen die eigene Identität zu behaupten" (PhDM: 398). Diese auf der Persönlichkeitsebene erworbenen

---

anspruch einer problematischen Äußerung verknüpft sind" (TKH 1: 38).

19 Auch über Wahrhaftigkeitsansprüche kann mit Gründen gestritten werden. Habermas hält sie jedoch nicht für diskursiv einlösbar (vgl. TKH 1: 40 ff).

20 Auf eine umfassende Darstellung des internen Zusammenhangs von kommunikativem Handeln und Diskurs kann hier verzichtet werden. Habermas selbst gibt einen sehr guten Überblick in der ausführlichen Einleitung der "Theorie des Kommunikativen Handelns". Von Interesse sind hier insbesondere die Seiten 34 ff. Auch McCarthy beschäftigt sich ausführlich mit diesem Thema (vgl. McCarthy 1989: viertes Kapitel, vgl. Bernstein 1979: 348-354, in kritischer Betrachtung vgl. Schweppenhäuser 1989: 132 ff.).

Kompetenzen, die ein Subjekt erst zurechnungsfähig machen, sind - sprachpragmatisch betrachtet - identisch mit der Herausbildung einer subjektiven Welt, auf die ein kompetenter Sprecher sich mit dem Anspruch auf Wahrhaftigkeit beziehen kann.

Erst die Erfassung dieser strukturellen Analogien zwischen Lebenswelt und kommunikativem Handeln läßt die Reichweite von Habermas' These erkennen, daß der Begriff der Lebenswelt "einen Komplementärbegriff zum kommunikativen Handeln" bildet (TKH 2: 182). Im Fall problematischer Handlungssituationen wird ein situationsrelevanter Ausschnitt der Lebenswelt explizit zum Thema gemacht (s.o.). Dieser durch die Thematisierung aktualisierte Ausschnitt fällt schließlich an die Lebenswelt zurück, deren Wissens- und Deutungsvorräte auf diese Weise kontinuiert und anschlußfähig gehalten werden. Mit dieser Konstruktion erhält die Lebenswelt bei Habermas einen eigentümlichen Doppelcharakter: Ihre strukturellen Komponenten (Kultur, Gesellschaft, Persönlichkeit) bilden einerseits unthematisch-hintergründige Ressourcen, die einen Aktor a tergo tragen, während die thematischen Elemente der Formalwelten a fronte in den problematischen Handlungssituationen den Aktionsradius zunächst einschränken (vgl. Matthiesen 1985: 67 f.).

Das kommunikative Handeln greift nicht lediglich auf die Ressourcenfunktion der Lebenswelt zurück, sondern es erfüllt zudem die Aufgabe, die symbolischen Strukturen der Lebenswelt "auf dem Wege der Kontinuierung von gültigem Wissen, der Stabilisierung von Gruppensolidarität und der Heranbildung zurechnungsfähiger Aktoren" zu reproduzieren (TKH 2: 209). Die symbolischen Strukturen der Lebenswelt werden demnach durch das kommunikative Handeln und - sofern Geltungsansprüche explizit problematisiert werden - durch den Diskurs in den Bereichen Kultur, Gesellschaft und Persönlichkeit tradiert und erneuert. Allein das kommunikative Handeln und der Diskurs können die Aktualität und Gültigkeit des kulturellen Wissensvorrats, der gesellschaftlich legitimen Ordnungen und der persönlichen Sprach- und Handlungskompetenzen garantieren. In diesem Vorgang der Ablösung eines normativ zugeschriebenen Einverständnisses durch einem kooperativen Deutungsprozeß sieht Habermas einen evolutionären Vorgang, den er als "Rationalisierung der Lebenswelt" charakterisiert (vgl. TKH 1: 107 f.). Diese Linie der Argumentation soll hier zunächst nicht weiter verfolgt werden, da sie in einen anderen Argumentationszusammenhang führt[21].

Habermas' Reformulierung des Lebensweltkonzepts führt zu einem Begriff von Gesellschaft unter ihrem verständigungsorientierten Aspekt (vgl. Linkenbach 1986: 253). Das - per definitionem eingeführte - Komplementärverhältnis zwischen der dreigeteilten Struktur der Lebenswelt und der ebenfalls dreigeteilten Struktur sprachlich herzustellender Weltbezüge engt den Lebensweltbegriff so weit ein, daß er sich nahtlos in die seit Kant vielbeschworene Dreistrahligkeit der okzidental aufgeklärten Vernunft einfügt[22]. Vermag schon diese Trimmung des Lebensweltbegriffs auf den Kurs europäisch aufklärerischer Gedanken genug Anlaß zur Verwunderung geben, so soll es hier genügen, einmal mehr darauf hinzuweisen, daß ein vorab *europäisierter* Lebensweltbegriff keine geeignete Kategorie für eine empirisch rekonstruktive Wissenschaft mit *universalistischen* Ansprüchen abgibt.

Habermas unterscheidet nun die beschriebene symbolische Reproduktion der Lebenswelt von ihrer materiellen[23]. Die materielle Reproduktion der Lebenswelt wird nicht über kommunikatives Handeln geleistet, sondern "vollzieht sich durch das Medium der Zwecktätigkeit, mit der die vergesellschafteten Individuen in die Welt intervenieren, um ihre Ziele zu verwirklichen" (TKH 2: 209, vgl. 348). Als Steuerungsmedien fungieren in diesem Bereich - in modernen Gesellschaften - Geld und Organisationsmacht. Diese garantieren einerseits ein hohes Maß an Effektivität, sind aber andererseits auch funktional erforderlich, um die materielle Reproduktion nicht durch das Dissensrisiko im

21 Wenngleich beim Lesen der "Theorie des kommunikativen Handelns" sehr schnell der Eindruck gewonnen werden kann, daß die Universalpragmatik nahtlos und ohne Reibungsverluste in die Habermassche Evolutionstheorie - die Theorie der "Rationalisierung der Lebenswelt" - übergeht, sollen diese beiden - in ihrer Argumentationsstruktur doch sehr unterschiedlichen - Stränge der Theorie hier auseinandergehalten werden: Universalpragmatisch Rationalität zu begründen ist etwas fundamental anderes, als eine Theorie entwicklungslogischer Rationalisierung aufzustellen.

22 An anderer Stelle scheint Habermas diesen eingeschränkten Lebensweltbegriff aufzugeben (vgl. Habermas 1986b: 383; siehe Zitat in Fußnote Nr. 24 dieses Kapitels). Im Zusammenhang mit formalpragmatischen Argumentationen jedoch hält er nach wie vor an der engen Definition fest.

23 "Die zum Netz kommunikativer Alltagspraxis verwobenen Interaktionen bilden das Medium, durch das sich Kultur, Gesellschaft und Person reproduzieren. Diese Reproduktionsvorgänge erstrecken sich auf die symbolischen Strukturen der Lebenswelt. Davon müssen wir die Erhaltung des materiellen Substrats der Lebenswelt unterscheiden" (TKH 2: 209).

kommunikativen Handeln zu gefährden (vgl. PhDM: 405): "Die normale Sprache ist ein riskanter, zugleich aufwendiger, immobiler, in seiner Leistungskapazität beschränkter Mechanismus der Handlungskoordinierung" (PhDM: 405). Dieses Dissensrisiko freilich ist in modernen Gesellschaften besonders groß, da hier der Verständigungsbedarf kaum noch "im vornherein durch eine kritikfest interpretierte Lebenswelt gedeckt" ist (TKH 1: 108).

Das kommunikative Handeln, das für die symbolische Reproduktion der Lebenswelt noch als unerläßlich beschrieben wurde, ist nun dem Vorwurf ausgesetzt, die materielle Reproduktion der Lebenswelt zu behindern oder gar zu gefährden. Wenn man der Habermasschen Argumentation bis hierher folgt, dann muß die Entlastung der materiellen Reproduktion der Lebenswelt von der anhaltenden - und mutmaßlich wachsenden - Zerbrechlichkeit immer wieder neu kommunikativ zu erreichender Konsense und ihre Ersetzung durch die Steuerungsmedien Geld und Macht für ein funktionales Erfordernis gehalten werden - zumindest gilt das für moderne Gesellschaften. Zu schwankend ist die Schale der kommunikativen Vernunft (vgl. Habermas 1988: 185), als daß sie mit materiellen Reproduktionsaufgaben beladen werden dürfte.

Abgesehen von dem Problem, ob es angemessen ist, dem kommunikativen Handeln eindeutig und ausschließlich symbolische Reproduktionsaufgaben zuzuweisen und die entsprachlichten Steuerungsmedien Geld und Macht ebenso eindeutig auf die materielle Reproduktion zu verpflichten[24], wird die

24 "Während für die materielle Reproduktion der Lebenswelt am sozialen Handeln der Aspekt der Zwecktätigkeit relevant ist, ist der Aspekt der Verständigung wichtig für die symbolische Reproduktion der Lebenswelt. Daraus ergibt sich die vorgeschlagene Zuordnung von Reproduktionsarten und Handlungstypen" (VE: 603). "Die symbolischen Strukturen jeder Lebenswelt reproduzieren sich nämlich in Formen der kulturellen Tradition, der sozialen Integration und der Sozialisation - und diese Prozesse können sich (...) allein über das Medium verständigungsorientierten Handelns vollziehen" (MKH: 112).
Dieser Dualismus verdankt sich laut Honneth "einer reifizierenden Übertragung der beiden Handlungstypen des kommunikativen und des zweckrationalen Handelns auf konkrete Sphären der gesellschaftlichen Reproduktion" (Honneth 1985: 279). Allerdings hat Habermas diese Vorstellungen inzwischen revidiert: "Da aber die Lebenswelt keineswegs das unschuldige Bild 'machtfreier Kommunikationssphären' bietet, werden die Präsuppositionen der Verständigungsorientierung nur unter den unwahrscheinlichen Umständen nicht-repressiver Lebensformen vorbehaltlos, d.h. ohne Täuschung und Selbsttäuschung, erfüllt. Sonst vollzieht sich die soziale Integration über gewaltsublimierende Herrschaftsnormen und eine sprachliche Konsensbildung, die die Bedingungen latent strategischen Handelns erfüllt.

radikal modernistische Perspektive deutlich, aus der heraus hier die Reproduktionsaufgaben für System und Lebenswelt weniger re-konstruiert denn konstruiert werden: Der modernen, funktional differenzierten Gesellschaft wird von Habermas eine paradigmatische Dignität verliehen, die an der Adäquatheit der Rekonstruktion - insofern sie beansprucht, mehr als nur die Gesellschaften des Okzidents zu erfassen - zweifeln läßt. Nun behauptet Habermas keineswegs, daß die von ihm beschriebenen innergesellschaftlichen Differenzierungsvorgänge für alle Kulturen gleichermaßen gültig sind[25]. Den Testfall für seine Theorie der Rationalität sieht er daher erst dann als gegeben, "wenn sich die opaken Gestalten des mythischen Denkens lichten, die bizarren Äußerungen fremder Kulturen aufklären" ließen (TKH 2: 588). Denn erst dann wären die Bedingungen eingetreten, die eine Universalität des modernen Weltverständnisses zwar noch nicht beweisen, aber wahrscheinlich erscheinen lassen könnten. Soweit freilich ist es noch nicht und ob diese Entwicklung jemals stattfinden wird, ist mehr als ungewiß - wissenschaftlich verläßliche Aussagen jedenfalls lassen sich durch derartige Spekulationen wohl kaum begründen. Habermas' Wortwahl ("opake Gestalten", "bizarre Äußerungen") deutet im übrigen nicht gerade auf ein Bemühen um ein vorurteilsfreies Verstehen fremder Denk- und Lebensformen hin, sondern vielmehr auf ein Ressentiment ihnen gegenüber.

Auch die Habermassche These, daß der Begriff der Lebenswelt einen Komplementärbegriff zum kommunikativen Handeln bildet, bleibt eine fragwürdige Konzeption. Es existiert keine Gesellschaft, in der bestimmte Sphären der Reproduktion auf ausschließlich einen Handlungstypus abgestellt wären. Auch Habermas hat inzwischen - zumindest außerhalb formalpragmatischer Argumentationszusammenhänge - auf eine eindeutige Zuordnung des kommunikativen Handelns zur Lebenswelt verzichtet: Die Lebenswelt bietet nicht "das unschuldige Bild 'machtfreier Kommunikationssphären'" (Habermas 1986b: 383). Gleichwohl beharrt er darauf, daß die symbolischen Strukturen der Lebenswelt "gewiß nur über kommunikatives Handeln" reproduziert werden.

Insoweit besteht auch aufseiten der sozialen Integration keine apriori Zuordnung zu einem bestimmten Handlungstypus" (Habermas 1986b: 383).

25 Ganz im Gegenteil: Habermas wirft den sogenannten primitiven Kulturen deren Zurückbleiben hinter okzidentalen Differenzierungs- und Vernunftniveaus vor (vgl. TKH 1: 72-113).

"Daraus folgt aber nicht, daß für den sozialwissenschaftlichen Beobachter in derart konstituierten Lebenswelten keine strategischen Interaktionen auftreten könnten" (Habermas 1988: 97)[26]. Habermas versucht hier, die unbestreitbare Existenz strategischer Handlungen einerseits zuzugestehen, andererseits diesem Handlungstyp keinerlei Bedeutung für die Reproduktion der symbolischen Strukturen beizumessen. Es ist jedoch nicht einzusehen, warum strategische Interaktionen keine strukturbildende und strukturreproduzierende Kraft besitzen - oder diese sich allenfalls negativ auswirken. Viel eher ist zu vermuten, daß das kommunikative Handeln für einen Teil der symbolischen Reproduktion zuständig ist, während das strategische Handeln die Reproduktion eines anderen Bereichs der symbolisch strukturierten Lebenswelt leistet. Dabei ist es durchaus wahr, daß das strategische Handeln das kommunikative Handeln in seinen Reproduktionsaufgaben nicht ersetzen kann - das Umgekehrte allerdings ist nicht minder wahr.

Wenn sich jedoch für die eindeutige Zuordnung von Handlungsbereichen und Handlungstypen keine empirischen Evidenzen finden lassen, so zeitigt das zumindest zwei Konsequenzen: Erstens besitzt das kommunikative Handeln für die symbolische Reproduktion der Lebenswelt keinen indispensablen Status mehr. Die symbolische Reproduktion kann demnach - zumindest auch - über andere Handlungstypen (z.B. strategisches Handeln) erfolgen. Damit gerät ein normativer Bezugspunkt der Habermasschen Theorie ins Wanken: Da auf der Notwendigkeit des kommunikativen Handelns für die symbolische Reprodukti-

26 Habermas unterscheidet den formalpragmatischen Lebensweltbegriff von einem soziologischen. "Soziologisch betrachtet gehören natürlich auch strategische Interaktionen zu der als Lebenswelt konzeptualisierten Gesellschaft" (Habermas 1986b: 373). Formalpragmatisch betrachtet ist die Lebenswelt ausschließlich kommunikativ strukturiert. Hier bildet der Begriff der Lebenswelt "einen Komplementärbegriff zum kommunikativen Handeln" (TKH 2: 182). Diese analytische Unterscheidung klärt jedoch nicht die Frage, warum Habermas darauf beharrt, daß strategische Handlungen an der symbolischen Reproduktion der Lebenswelt nicht teilhaben. Die Unterscheidung, die Habermas zwischen einem soziologischen und einem formalpragmatischen Lebensweltbegriff vornimmt, führt dazu, die Bedeutung des strategischen Handelns für die symbolische Reproduktion der Lebenswelt schlicht per definitionem auszuschließen. Sicherlich muß einem Autoren zugestanden werden, die grundlegenden Begriffe seiner Theorie selbst zu definieren. Dennoch ist zu fragen, ob Definitionen und analytische Unterscheidungen gut gewählt sind, oder ob sie nicht - wie im Fall des formalpragmatischen Lebensweltbegriffs - zu verkürzten und damit falschen Beschreibungen führen.

on der Lebenswelt nicht mehr zu beharren ist, scheint es kaum noch möglich, das mythische Denken als "opak" und "bizarr" zu stigmatisieren. Sicherlich leisten Stammesgesellschaften die notwendigen Reproduktionsaufgaben - symbolische wie materielle - anders als wir. Das sagt jedoch noch nichts über das Vernunftniveau in diesen Gesellschaften aus.

Was die materielle Reproduktion - gemessen an den Bedürfnissen der Menschen - angeht, so wissen wir heute, daß die Jäger- und Sammlergesellschaft als eine, wie Marshall Sahlins es nennt, "original affluent society" (so der Titel eines 1974 erschienenen Aufsatzes[27]) bezeichnet werden kann. In "Stone Age Economics" stellt er fest, daß diese Menschen imstande sind, für ihre materiellen Bedürfnisse adäquat zu wirtschaften (vgl. Sahlins 1974: 1 f.). Ein geringeres Vernunftniveau kann demnach diesen Gesellschaften - zumindest was ihre materiellen Selbstbeschränkungen angeht - nicht ohne weiteres attestiert werden. Zudem hat Lee nach seinen Studien bei den !Kung darauf hingewiesen, daß Mitglieder dieses Stammes mehr Freizeit haben als Menschen in industrialisierten Ländern (vgl. Lee 1979: 259). Allgemeiner ließe sich fragen, ob stärker im Einklang mit natürlichen Gegebenheiten wirtschaftende "archaische" Gesellschaften nicht in dieser Hinsicht "vernünftiger" sind als die ins Unabsehbare expandierenden modernen Industriegesellschaften mit den unbewältigten Folgelasten ihres Wirtschaftens.

Über die problematische Zuordnung von Handlungsbereichen zu Handlungstypen in der "Theorie des kommunikativen Handelns" hinaus wirft Habermas' Einschränkung des kommunikativen Handelns auf die Sphäre der Intersubjektivität weitere Probleme bezüglich der Integration dieses Begriffs innerhalb einer universalistischen Theorie auf. In primitiven Gesellschaften kann das Verhältnis des Menschen zur Natur über ein instrumentelles hinaus als quasi-kommunikativ beschrieben werden. Die Natur besitzt eine Subjektivität eigener Qualität, mit der die Menschen Kontakt aufnehmen können[28].

27 Der Aufsatz "The original affluent society" stellt die erweiterte englische Fassung dar von "La première société d'abondance" (erschienen 1968; vgl. Linkenbach 1986: 193).

28 "Jeder Teil dieser Erde ist meinem Volk heilig. Jeder Hügel, jedes Tal, jede Lichtung und jeder Wald ist heilig im Gedächtnis und im Herzen meines Volkes. Selbst die stummen Steine am Strand bringen Erinnerungen und Ereignisse im Leben meines Volkes für mein Volk zum Klingen. Die Erde unter unseren Füßen antwortet liebevoller auf unseren Schritt

Wenngleich eine solche Kommunikation für uns kaum vorstellbar ist und wir geneigt sind, Angehörige der eigenen Kultur, die sich um einen solchen Kontakt ebenfalls bemühen, für verrückt zu erklären, muß dieses Phänomen jedoch zunächst einmal ernst genommen werden und darf nicht via Definition aus dem Begriff der Kommunikation ausgeschlossen werden. Zudem erfüllt dieses quasi-kommunikative Verhältnis zur Natur eine Funktion, die auch vor dem Prüfstein okzidentaler Rationalität durchaus Beachtung finden kann: die Stabilisierung des Verhältnisses zwischen Mensch und Natur. Hierzu gehört auch ein ökologisch verträglicher Umgang mit der Natur (vgl. Linkenbach 1986: 186 ff.) - ein Rationalitätspotential offensichtlich, das auszuschöpfen wir im Zuge unserer Entwicklung *ver*lernt haben.

IV.2.2 Originärer und parasitärer Sprachgebrauch

Wenn die These von der exklusiven Zuständigkeit des kommunikativen Handelns für die Reproduktion der symbolischen Strukturen der Lebenswelt nicht zu halten ist, (weil die empirischen Evidenzen fehlen), wird der normative Primat des kommunikativen Handelns in der Lebenswelt vor anderen Handlungstypen (z.B. strategischer Art) begründungstheoretisch problematisch: Die empirische Evidenz muß durch eine normative Forderung ersetzt werden, die freilich selbst noch zu begründen wäre[29].

Das Problem, überhaupt Normativität begründen zu können, liegt für die Universalpragmatik als Wissenschaft, die ihrem Anspruch nach empirisch rekonstruktiv arbeitet, darin, daß sie über ihren Gegenstandsbereich ausschließlich Aussagen treffen kann, die mit dem Anspruch auf Wahrheit auftreten. Ich sehe nicht, wie normative Aussagen in eine solche Theorie eingelassen wer-

---

als auf euren. Sie besteht aus der Asche unserer Väter. Unsere nackten Füße spüren Verwandtschaft. Die Erde lebt und ist kostbar durch unsere Vorfahren" (Häuptling Seattle von den Duwamish 1986: 25, siehe auch das Zitat von Häuptling Seattle in Linkenbach 1986: 184).

29 Zu diesem Problem schreibt Richard Gebauer: "Die kommunikative Vergesellschaftung der Lebenswelt stellt keine einfache Tatsache, sondern eine normative Forderung dar, die es zu begründen gilt: diese Begründung kann mit empirischen Hinweisen, welcher Art auch immer, nicht erfolgen" (Gebauer 1989: 36 f.).

den können. Insofern betont Apel zu Recht, daß der Einwand begründet sei, daß Habermas "stark *normative* Prämissen unbegründet in eine quasi-deskriptive Theorie der Lebenswelt, des faktischen kommunikativen Handelns und des Sprachgebrauchs gewissermaßen eingeschmuggelt" habe (Apel 1989: 47)[30]. Auch Habermas' Hinweis auf bestehende moralische Alltagsintuitionen, die der Aufklärung des Philosophen angeblich nicht bedürfen (vgl. MKH: 108), vermag nicht überzeugend zu klären, weshalb diese Intuitionen normativ ausgezeichnet werden können. Es bleibt dabei: Alle Wege von Faktizität zu Legitimität sind - theoretisch betrachtet - Sackgassen. Die Möglichkeiten einer empirisch-rekonstruktiven Wissenschaft bestehen in einer adäquaten Beschreibung von Strukturen, Regeln und Ordnungen - darüber hinaus sagt sie nichts, was nicht als redundant (zirkulär, tautologisch) zurückgewiesen werden könnte. Eine solche Wissenschaft verläßt ihren Zuständigkeitsbereich mit jedem Versuch, Rekonstruiertes - und sei es "nur" von der Art eines Regelbewußtseins - zu deontologisieren. Eine faktisch wie auch immer funktionierende lebensweltliche Sittlichkeit und deren normative Auszeichnung - das sind die beiden Königskinder, die in einer empirisch-rekonstruktiven Formalpragmatik nicht zusammenkommen können. Jeder Versuch, Sein und Sollen dennoch zusammenzuführen, endet damit, was die Philosophie mit dem Begriff "naturalistischer (bzw. "substantialistischer") Fehlschluß" beschreibt (vgl. Apel 1989: 27 f.). Ein solcher Fehlschluß liegt immer dann vor, wenn aus einer Gruppe von deskriptiven Aussagen (wie auch die Formalpragmatik sie treffen kann) Wertaussagen gefolgert werden (vgl. Apel 1982a: 61)[31]. Daraus ist zu schlußfolgern: Versteht sich die Formalpragmatik als eine empirisch rekonstruktive Theorie, muß sie sich in moralischer Enthaltsamkeit üben. Bleibt sie moralisch

---

30 Bereits 1982 hatte Schnädelbach diesen Einwand erhoben: "Ich sehe prinzipiell nicht, wie ein rekonstruierendes Philosophieren mit lediglich hypothetischen Geltungsansprüchen (vgl. [TKH] II, 587 ff.) dazu taugen soll, jenes 'Moment von Unbedingtheit' bereitzustellen, ohne das 'normative Grundlagen' nun einmal nicht zu haben sind" (Schnädelbach 1986: 34; der Aufsatz "Transformation der Kritischen Theorie" wurde zuerst veröffentlicht in der Philosophischen Rundschau 29 (1982), 161-178).

31 Eine andere Auffassung vertritt Searle: "What I intend to do is to show that certain examples which have been presented to illustrate the *impossibility* of deriving evaluative from descriptive statements are precisely examples where the evaluative statements *are derivable* from descriptive statements" (Searle 1969: 132).

nicht enthaltsam, verliert sie erstens ihren empirischen Status (und damit die Habermassche Theorie eine ihrer tragenden Säulen) und verfängt sich zudem in den skizzierten begründungslogischen Problemen. Insofern hat der Formalpragmatiker keine Wahl: Er muß empirisch deskriptiv bleiben. Einen anderen sicheren Ort gibt es für die Formalpragmatik nicht. Eine rein deskriptive Formalpragmatik jedoch ist für die Grundlegung einer *kritischen* Gesellschaftstheorie, die darum bemüht ist, ihre normativen Maßstäbe auszuweisen (vgl. TKH 1: 7), völlig unbrauchbar.

Bereits zwei Jahre nach dem Erscheinen der "Theorie des kommunikativen Handelns" greift Habermas daher auf der Suche nach starken Argumenten für die Unhintergehbarkeit bestimmter Voraussetzungen des kommunikativen Handelns - in Übereinstimmung mit Apel - zu einem quasitranszendentalphilosophischen Begründungsmodus der Theorie, um so "auf die Unausweichlichkeit derjenigen allgemeinen Voraussetzungen aufmerksam [zu] machen, unter denen unsere kommunikative Alltagspraxis *immer schon* steht, und die wir nicht 'wählen' können wie Automarken oder Wertpostulate" (MKH: 141). Dabei darf nicht übersehen werden, daß diese Flucht in Richtung der Transzendentalpragmatik Apelscher Provenienz die Theorie ihren empirischen Status kostet oder diesen zumindest bedroht: Die Behauptung, daß unsere kommunikative Alltagspraxis immer schon und unausweichlich unter bestimmten allgemeinen Voraussetzungen steht, ist empirisch kaum mehr einholbar. Gemessen an seinem eigenen Anspruch, empirisch rekonstruktiv zu arbeiten, müßte Habermas den Griff nach transzendentalpragmatischen Prothesen unterlassen. Die quasitranszendentalphilosophische Argumentation in dem Aufsatz "Moralbewußtsein und kommunikatives Handeln" (im gleichnamigen Buch) führt Habermas sehr weit weg von seinem ursprünglichen Programm[32].

32 "Transzendentalpragmatische Voraussetzungen der Kommunikation sind nicht 'Präsuppositionen' im Sinne der empirisch-pragmatischen Kontext-Bedingungen einer nachweisbar regelmäßig erfolgreichen Kommunikation" (Apel 1982a: 116). "Die *universalpragmatischen Bedingungen aller Kommunikation* [können] nur auf dem Wege der Reflexion auf die *Bedingungen der Möglichkeit argumentativer Diskurse* als *nicht empirische* Bedingungen exemplarisch sichtbar gemacht werden" (Apel 1982a: 117). Es scheint so zu sein, daß Habermas in "Moralbewußtsein und kommunikatives Handeln" sich in gewissem Maße dem "zwanglosen Zwang des besseren Argumentes" von Apel gebeugt hat. Damit verflüchtigt sich zugleich weitgehend der entscheidende Dissens zwischen Habermas und Apel. Apel

Auch die Annahme einer notwendigen kontrafaktischen Unterstellung der Einlösbarkeit von Geltungsansprüchen (siehe Seite 129), die jeder Sprecher intuitiv voraussetzt, wenn er einen Geltungsanspruch erhebt, trägt - zumindest ohne transzendentalpragmatische Reflexion - nichts Entscheidendes zur normativen Grundlegung der Theorie bei. Innerhalb der Formalpragmatik kann die These von jener notwendigen kontrafaktischen Unterstellung "nur den Status eines theoretischen Axioms besitzen, und unter dieser Voraussetzung wäre es (...) nicht möglich, aus ihm ethische Normen für die Mitglieder einer Kommunikationsgemeinschaft abzuleiten, die alle Axiome allererst durch Konventionen in Kraft setzen müssen" (Apel 1982a: 121). Da die Formalpragmatik für sich selbst das kommunikative Regelsystem als operativ wirksam anerkennen muß, das sie beschreibt, kann sie nichts als notwendig voraussetzen: Die Behauptung einer notwendigen Unterstellung stellt selbst einen Geltungsanspruch auf Wahrheit dar, dessen Einlösbarkeit mit der behaupteten Notwendigkeit nicht zusammenfällt, demzufolge noch aussteht. Aber selbst wenn die Notwendigkeit einer Unterstellung der Einlösbarkeit von Geltungsansprüchen allgemein anerkannt wäre, implizierte das noch keine normative Auszeichnung des kommunikativen Handelns vor anderen Handlungstypen[33]. Ich sehe nicht, wie

hielt es noch nie für möglich, ohne eine transzendentalpragmatische Argumentation ein normatives Fundament für eine Theorie des kommunikativen Handelns zu geben (vgl. Apel 1982a: 120 ff.).

33 Insofern führt die transzendentalpragmatische Variante der Normenbegründung wohl einen Schritt weiter als die formalpragmatische, das gesteckte Ziel jedoch erreichen beide nicht. Die transzendentalphilosophisch sondierten unhintergehbaren Voraussetzungen des kommunikativen Handelns besitzen ebensowenig automatisch einen normativen Status wie die formalpragmatisch bestimmten. Einzig wenn es außer dem kommunikativen Handeln keine anderen Handlungstypen gäbe (eine geradezu absurde Vorstellung), könnte man aus den unhintergehbaren Voraussetzungen des kommunikativen Handelns eine starke normative Nötigung ableiten - aber genau dann wäre sie auch überflüssig. Der Versuch, unhintergehbare Voraussetzungen des kommunikativen Handelns mit deren normativen Primat zu verschmelzen, kann nur aufgrund eines *idealistischen Fehlschlusses der Transzendentalpragmatik* gelingen. Dennoch bleibt festzuhalten, daß Apel gegenüber Habermas sozusagen einen Sieg nach Punkten errungen hat - zumindest dann, wenn man einen nicht empirisch ausgewiesenen Rationalismus nicht von vornherein für defizitär hält.
Andererseits muß festgehalten werden, daß der Versuch, mittels einer transzendentalpragmatischen Argumentation die tiefsten Fundamente der Vernunft auszuweisen, spätestens an einer nicht zu lösenden Letztbegründungsproblematik zerbricht. Solche Jagd nach den archimedischen Punkten der ersten Prinzipien hat Hans Albert kurz und prägnant mit dem Begriff des Münchhausen-Trilemmas charakterisiert. Die Vernunft, die sich selbst begründen

sich daraus ableiten ließe, "daß der verständigungsorientierte Sprachgebrauch der *Originalmodus* ist", zu dem sich andere parasitär verhalten (TKH 1: 388; vgl. Honneth u. Joas 1980: 145 f.).

Die normative Auszeichnung des verständigungsorientierten Sprachgebrauchs vor anderen sprachlichen Handlungstypen (z.B. des strategischen Einsatzes von Sprache) versucht Habermas mit einem Rückgriff auf Austins sprechakttheoretische Unterscheidung zwischen Illokutionen und Perlokutionen plausibel zu machen (vgl. Kneer 1990: 57). Da in Habermas' Auseinandersetzung mit Austin die Grenzen des formalpragmatischen Ansatzes in puncto Begründung eines normativen Maßstabs der Kritik noch einmal offen zutage treten, soll dieser Argumentationsgang hier einer kurzen kritischen Betrachtung unterzogen werden (zum Folgenden vgl. TKH 1: 388 ff.).

"Mit *illokutionären Akten* vollzieht der Sprecher eine Handlung, indem er etwas sagt" (TKH 1: 389). Ein illokutionärer Sprechakt legt den Modus eines Satzes als Behauptung, Versprechen, Befehl usw. fest: "Hiermit verspreche ich dir (befehle ich dir, gestehe ich dir), daß p" (TKH 1: 389). Mit perlokutionären Akten hingegen "erzielt der Sprecher (...) einen Effekt beim Hörer" (TKH 1: 389). Ein illokutionärer Akt ist dann erfolgreich, wenn ein Hörer die Behauptung eines Sprechers "als wahr, einen Befehl als richtig, ein Geständnis als wahrhaftig akzeptiert" (TKH 1: 393). "Während illokutionäre Ziele allein dadurch zu erreichen sind, daß sie ausgesprochen werden", darf ein Sprecher perlokutionäre Ziele, "wenn er Erfolg haben will, nicht zu erkennen geben" (TKH 1: 393).

Bereits diese wenigen definitorischen Sätze genügen, um zu zeigen, wie weit Habermas sprechakttheoretisch sondiertes Terrain verlassen hat. Die

---

will, greift notwendig bei der Suche nach ihren eigenen letzten Fundamenten auf sich selbst zurück. Wird sie in einer begründungslogischen Diskussion in die Ecke gedrängt, zieht sie sich gleichsam an ihren eigenen Haaren selbst aus dem Sumpf. Verlangt man von der Vernunft für alles, auch für sie selbst, eine Begründung, so bleiben letztlich nur drei Auswege, von denen die ersten beiden kaum als solche bezeichnet werden können, während der dritte zutiefst unbefriedigend bleibt: 1. ein infiniter Regress; 2. ein logischer Zirkel; 3. der Abbruch des Verfahrens (vgl. Albert 1968: 13; vgl. Rath 1984: 223 f.). Letztlich entpuppt die Transzendentalpragmatik sich als ein gedankentechnischer Drahtseilakt ohne das Sicherheitsnetz empirisch überprüfbarer Fakten - das Ergebnis ihres Absturzes kann nur als entsprechend bezeichnet werden.

strikte Trennung von Illokutionen und Perlokutionen liegt keineswegs mehr auf der Linie von Austins Argumentation. Austin geht davon aus, daß es *gewöhnlich* ist, daß etwas Gesagtes "gewisse Wirkungen auf die Gefühle, Gedanken oder Handlungen des oder der Hörer, des Sprechers oder anderer Personen" hat (Austin 1972: 116). Zwar gesteht Austin durchaus zu, daß es sein *kann*, daß die Äußerung mit der Absicht gesagt wurde, diese Wirkungen hervorzubringen - das muß allerdings nicht so sein (vgl. Austin 1972: 116). "Der illokutionäre Akt [hat], auch wo er vom perlokutionären deutlich geschieden ist, in gewissem Sinn mit dem Hervorbringen von Folgen zu tun. (...) Ohne daß eine gewisse Wirkung erzielt wird, glückt der illokutionäre Akt nicht, wird er nicht erfolgreich vollzogen" (Austin 1972: 132 f.). Der letzte Satz beweist sehr deutlich: Austin ist kein Gewährsmann für Habermas' Definition von Sprechakten (vgl. Alexander 1986: 97 ff.; vgl. Wenzel u. Hochmuth 1989: 246 f.). Zudem treten durch diese Umdefinitionen von Sprechakten noch eine Reihe von Folgeproblemen auf. Wenn es "gewöhnlich" ist, daß Sprechakte Wirkungen auf Gefühle, Gedanken und Handlungen von Hörern und Sprechern haben, diese Effekte jedoch nicht unbedingt beabsichtigt sein müssen, aber auch nicht direkt auf den Modus des Satzes als Behauptung, Versprechen oder Befehl zurückgeführt werden können, wo kann das in Habermas' Konzept untergebracht werden?

Offensichtlich hat Habermas den Begriff der Perlokution im Vergleich mit üblichen sprechakttheoretischen Bestimmungen sehr stark eingeschränkt. Durch diese Einschränkung wird ein großer Teil der durch sprachliches Handeln hervorgerufenen möglichen Effekte per definitionem schlicht ausgeklammert. Wenn S zu H sagt, daß es draußen regnet und H aufgrund dieser Information beschließt, auf einen geplanten Spaziergang zu verzichten, so liegt hier weder verdeckt strategisches Handeln vor (was ein perlokutionärer Akt im Habermasschen Sinne wäre), noch könnte der eingetretene Effekt als ein gelungener illokutionärer Sprechakt im Habermasschen Sinne bezeichnet werden. Folgt man Habermas' Definition der Sprechakte, so ist ein solcher Fall schlicht nicht vorgesehen. Wie soll ein solch gewöhnlicher Fall, den wohl niemand mit dem Argument der misplaced concreteness als irrelevant zurückweisen könnte, dann jedoch sprechakttheoretisch erfaßt werden?

Im Gegensatz zu Habermas' Vorstellungen ist es in der Sprachwissenschaft üblich, mit dem Begriff des perlokutionären Akts *alle* Effekte zu erfassen, die durch Äußerungen bewirkt werden (vgl. z.B. Bergmann, Pauly, Schlaefer 1981: 67)[34]. Habermas' Bestimmung des perlokutionären Akts als eines teleologischen, verdeckt strategischen Handelns (vgl. TKH 1: 395) ist also nicht nur sehr ungewöhnlich, es führt darüber hinaus zu dem Problem, bei weitem nicht mehr alle sprachlich vermittelten Effekte sprechakttheoretisch erfassen zu können. Habermas' verkürzende Umdefinition von illokutionären und perlokutionären Sprechakten zieht also gravierende theoretische Probleme nach sich, selbst wenn sie "nur" aus analytischen Gründen erfolgt wäre[35].

Im weiteren Verlauf der Habermasschen Argumentation wird allerdings deutlich, wofür er diese strenge definitorische Trennung von Illokutionen und Perlokutionen benötigt. Wenn illokutionäre Ziele nur dadurch zu erreichen sind, daß sie offen ausgesprochen werden und perlokutionäre Ziele immer durch verdeckt strategisches Handeln erreicht werden, so kann Habermas daraus einige interessante Schlußfolgerungen ziehen. Erstens fällt das vorbehaltlose Verfolgen illokutionärer Ziele mit dem zusammen, was er kommunikatives Handeln nennt (vgl. TKH 1: 395). Zweitens können nunmehr "Perlokutionen als eine spezielle Klasse strategischer Interaktionen begriffen werden" (TKH 1: 395). Dabei werden illokutionäre Sprechakte lediglich "als Mittel in teleologischen Handlungszusammenhängen eingesetzt" (TKH 1: 395). Perlokutionäre Effekte sind demnach "ein Anzeichen für die Integration von Sprechhandlungen in Zusammenhänge strategischer Interaktion" (TKH 1: 394). Nach dieser

34 In seiner Entgegnung auf Alexander weist Habermas selbst darauf hin, daß der Begriff der Perlokution "normalerweise für *alle* jene vom Sprecher beim Hörer bewirkten Effekte gilt, die über das *bloße Verstehen* des kommunikativen Aktes hinausgehen" (Habermas 1986b: 362). Habermas bemüht sich hier explizit um eine "Annäherung an den herrschenden Sprachgebrauch" und spricht - bezogen auf die "Theorie des kommunikativen Handelns" - gar von seiner "terminologischen Revision" (Habermas 1986b: 363). Gleichwohl hält er an der Unterscheidung zwischen kommunikativem und strategischem Handeln fest (vgl. Habermas 1986b: 363).

35 Für Habermas selbst hat die strenge Unterscheidung von lokutionären und illokutionären Akten auf der einen und perlokutionären Akten auf der anderen Seite "einen keineswegs analytischen Charakter" (TKH 1: 393). Hätte Habermas' Definition "lediglich" analytischen - möglicherweise nur tentativen - Charakter, wären die Probleme eventuell geringer, keineswegs jedoch wären sie ganz verschwunden, denn auch analytische Unterscheidungen führen natürlich letztlich zu entsprechenden deskriptiven Aussagen.

Vorbereitung erfolgt der Schachzug zum scheinbaren Matt: "Wenn der Hörer nicht verstehen würde, was der Sprecher sagt, könnte auch ein teleologisch handelnder Sprecher den Hörer nicht mit Hilfe kommunikativer Akte veranlassen, sich in gewünschter Weise zu verhalten. Insofern ist, was wir zunächst als "konsequenzorientierten Sprachgebrauch" bezeichnet hatten, gar kein originärer Sprachgebrauch, sondern die Subsumtion von Sprechhandlungen, die illokutionären Zielen dienen, unter Bedingungen erfolgsorientierten Handelns" (TKH 1: 394). Mit anderen Worten: Perlokutionäre Effekte sind nur unter der Voraussetzung zu erreichen, daß der Sprecher weiß, wie illokutionäre Sprechakte (= kommunikative Akte) "funktionieren". Ohne ein genügendes Verständnis illokutionärer Sprechakte und ihrer kompetenten Anwendung sind perlokutionäre Ziele nicht zu verwirklichen. Fazit: Das verständigungsorientierte Handeln ist der Originalmodus der Sprache, und ihm gebührt daher die prominente Stellung. Demgegenüber sind die verdeckt strategischen Akte nachgeordnet, ja sogar "parasitär" (TKH 1: 388): "Der latent strategische Sprachgebrauch ist parasitär, weil er nur funktioniert, wenn mindestens eine Seite davon ausgeht, daß die Sprache verständigungsorientiert gebraucht wird. Wer strategisch handelt, muß die Aufrichtigkeitsbedingung kommunikativen Handelns *unauffällig* verletzen" (Habermas 1988: 132 f.).

Letztlich bestätigt das Ergebnis der Habermasschen Argumentation lediglich die bereits in den Definitionen vorgenommene normative Aufladung der Begriffe Illokution und Perlokution[36]. Anderslautende Resultate wären nach dieser definitorischen Vorarbeit sehr überraschend gewesen. Aber selbst wenn die von Habermas vorgenommenen Definitionen als adäquat bezeichnet werden könnten, wäre es immer noch sehr fraglich, ob seine wertenden Schlußfolgerungen gerechtfertigt sind. Wenn perlokutionäre Ziele (im Habermasschen Sinne) nur durch Rekurs auf illokutionäre Akte zu verwirklichen sind, ist

36 "Ein gültiges deduktives Argument sagt nichts über die Wahrheit seiner Komponenten, das heißt genauer: In einem solchen Argument können alle Komponenten falsch sein, es können auch die Prämissen alle oder teilweise falsch und die Konklusionen wahr oder auch falsch sein" (Albert 1968: 12). Da im Fall der Habermasschen Aufarbeitung der Sprechakttheorie die Gültigkeit der "Komponenten" bestritten werden muß, kann selbst bei Gültigkeit der Deduktion keine korrekte Aussage zustandekommen. Man fühlt sich an Blumenbergs Satz erinnert, daß "der 'Anfang' der Vernunft (...) eine Münchhausiade" sei (Blumenberg 1981: 199).

daraus kein normatives Primat der letzteren, ein Originalmodus der Sprache, abzuleiten oder gar in einer noch stärkeren Formulierung von Habermas: "Verständigung wohnt als Telos der menschlichen Sprache inne" (TKH 1: 387; vgl. Habermas 1986b: 364). Mit dem Verfahren einer formalpragmatischen Rekonstruktion ist eine solche Aussage nicht zu begründen - auch durch Umdefinitionen von Sprechakten ist sie nicht zu erzwingen. Letztlich wird Habermas mit einer solchen wesensmetaphysischen Aussage über Sprache seinem selbst gewählten Anspruch, empirisch rekonstruktive Wissenschaft zu treiben, nicht gerecht.

IV.3 Von kognitiven und moralischen Stufen zu einer Theorie der sozialen Evolution

Habermas' Einordnung der mythischen Weltbilder in eine Theorie der gesellschaftlichen Evolution baut auf den Konzepten einer Stufentheorie der kognitiven und moralischen Entwicklung auf, wie sie von Jean Piaget und später - mit dem Schwerpunkt der moralischen Entwicklung - von Lawrence Kohlberg ausgearbeitet wurden. Aufgrund der Bedeutung insbesondere der entwicklungspsychologischen Theorie Piagets für Habermas' Konzept einer gesellschaftlichen Entwicklungslogik soll dessen Ansatz hier dargestellt werden. Dabei werden insbesondere die moraltheoretisch relevanten Texte berücksichtigt, da diese Habermas' Evolutionstheorie in besonderem Maße beeinflußt haben[37]. Auch zur Beantwortung ganz unterschiedlicher wichtiger Fragen ist eine Auseinandersetzung mit Piaget unumgänglich: Ob und in welchem Maß können Erkenntnisse ontogenetischer Stufentheorien auf phylogenetische Prozesse übertragen werden? Wie gelingt es Piaget, ontogenetisch spätere Stufen als bessere, also in kognitiver und moralischer Hinsicht als angemessener zu beurteilen?[38] Übernimmt Habermas Argumente einer solchen normativen Grundla-

---

37 Mit diesem Vorgehen soll freilich nicht der Eindruck erweckt werden, die Moraltheorie Piagets sei der bedeutendste Teil in seinem Gesamtwerk.

38 Das ist natürlich die Kernfrage für einen Moralphilosophen. Daß die genitale Phase laut Freud nach der analen auftritt, besagt noch nicht, daß genitales Verhalten besser sei als

ge der ontogenetischen Stufentheorien für seine Theorie der gesellschaftlichen Evolution, oder wählt er einen anderen Weg?

Interessanterweise hat Habermas sich selbst kaum an den Diskussionen um die immensen Probleme der Piagetschen und Kohlbergschen Theorien beteiligt, ja diese anscheinend nicht einmal zur Kenntnis genommen und dadurch viele Probleme und Fehler dieser Autoren in seine eigene Theorie inkorporiert. Ich werde zunächst auf Piagets Theorie eingehen und im Anschluß daran den Bezug zu Habermas darstellen. Danach schließt sich ein Kapitel an, das sich mit einigen wichtigen Problemen der Kohlbergschen Theorie auseinandersetzt und in dem beurteilt werden soll, inwieweit Habermas durch seine Anknüpfung an Kohlberg Schwierigkeiten erwachsen.

IV.3.1 Jean Piagets genetische Epistemologie

"Genetic psychology is the study of the ontogenesis of cognition" (Piaget 1976: 259). Piaget sucht die kognitive Entwicklung des Kindes in einer Stufentheorie zu erfassen. Die Stufen sind hierarchisch gegliedert: Die Struktur einer jeweils höheren Stufe stellt eine Kompetenzsteigerung gegenüber der vorherigen dar. Das Wachsen dieser strukturellen Möglichkeiten ist "das Resultat einer Integration von Reifungs- und Lernprozessen (...). Diese Prozesse vollziehen sich in einer irreversiblen Sequenz von diskreten, zunehmend komplexer werdenden Entwicklungsstufen, wobei keine einzige Stufe übersprungen werden kann und jede höhere Stufe die vorherigen Stufen impliziert oder voraussetzt. (Das schließt natürlich Regressionen, Überschneidungen, Unterbrechungen und Ähnliches nicht aus.) Stufen sind konstruierte Ganzheiten, die sich voneinander qualitativ unterscheiden; die phasenspezifischen Schemata lassen sich in einer invarianten und hierarchisch strukturierten Sequenz ordnen; keine spätere Stufe kann vor dem Durchlaufen der früheren erreicht werden, und die Elemente der früheren Phasen werden bewahrt, transformiert und in

anales (vgl. Kohlberg 1971: 223). Daß das Alter und Sterben die letzten Stufen einer Entwicklung sind, bedeutet nicht, daß Altern und Sterben besser seien als die Jugend (vgl. Kohlberg 1987: 31).

die späteren Phasen wieder integriert" (McCarthy 1989: 281). Eine derartige Stufenentwicklung beschreibt Piaget in den Perioden der operatorischen Intelligenz (sensomotorische, präoperationale, konkret-operationale, formal-operationale Periode) (vgl. Piaget 1974: 18 f.)[39]. Piaget nennt diese Stufenfolge ein "epigenetisches System" (Piaget 1974: 19).

Auch zur Charakterisierung der moralischen Entwicklung des Kindes hat Piaget ein Stufenmodell entworfen, dessen formale Kriterien denen des Modells der operatorischen Intelligenz gleichen (siehe die Beschreibung von McCarthy oben). Piaget und seine Mitarbeiter haben Kinder in Genf und Neuchâtel (vgl. Piaget 1954: 9) beim Murmelspiel beobachtet und durch Fragen versucht herauszubekommen, welche Faktoren einen Einfluß auf die Regeln haben, nach denen Kinder unterschiedlichen Alters dieses Spiel spielen. Als Ergebnis der Untersuchungen hält Piaget fest, daß die Stadien der Regelanwendung auf eine Entwicklungsrichtung von der Heteronomie zur Autonomie verweisen. Die vier Stadien (Stufen) der Regelanwendung beim Murmelspiel sind: 1. ein rein *motorisches* und *individuelles* Stadium, 2. ein *egozentrisches* Stadium (2-5 Jahre), 3. ein Stadium der *beginnenden Zusammenarbeit* (7-8 Jahre), 4. ein Stadium der *Kodifizierung der Regeln* (11-12 Jahre) (vgl. Piaget 1954: 22 f.). Die juristisch-moralischen Diskussionen, die mit dem logisch-formalen Denken vergleichbar sind, finden erst auf der vierten Stufe statt (vgl. Piaget 1954: 45). "Als Schlußfolgerung stellen wir (...) fest, daß Aneignung und Praxis der Spielregeln sehr einfachen und natürlichen Gesetzen gehorchen, deren Etappen sich folgendermaßen aufzählen lassen: 1. Einfache individuelle Regelmäßigkeiten. 2. Nachahmung der Großen und Egozentrismus. 3. Zusammenarbeit. 4. Interesse für die Regel als solche" (Piaget 1954: 49). Vom zweiten Stadium an gelten die Spielregeln als heilig und unantastbar. Eine Regelabweichung wird selbst dann nicht akzeptiert, wenn sie allgemein anerkannt wurde (vgl. Piaget 1954: 54). Das ändert sich erst mit dem Übergang vom dritten zum vierten Stadium: "Die Spielregel erscheint dem Kinde nicht mehr als ein Gesetz, das von außen kommt, und insofern

39 Die genaue inhaltliche Bestimmung von Merkmalen der einzelnen Stufen operatorischer Intelligenz ist hier nicht von Bedeutung und soll daher vernachlässigt werden. Sie ist dargestellt in Piaget 1974: 18 f.

heilig ist, als es von den Erwachsenen auferlegt wurde, sondern als das Ergebnis eines freien Entschlusses, das in dem Maße geachtet wird, als es auf gegenseitigem Übereinkommen beruht" (Piaget 1954: 66). Die Regeln büßen demnach ihre Starrheit ein, sie können "diskursiv verflüssigt" werden, wenn man es in Habermasscher Terminologie ausdrückt. Tatsächlich erinnern Piagets Ausführungen an die Diskurstheorie: "Alles ist erlaubt, jeder Vorschlag eines einzelnen ist de jure würdig, geprüft zu werden. Es läuft nicht mehr den Gesetzen zuwider, ihre Änderung herbeizuwünschen. Nur hat man, und hinsichtlich dieses Punktes sind die Antworten aller unserer Versuchspersonen eindeutig, nur das Recht der Einführung einer Neuerung auf legalem Wege, d.h. indem man vorher die anderen Spieler überzeugt und sich dem Richterspruch der Mehrheit von vornherein unterwirft" (Piaget 1954: 74)[40]. Die einseitige Achtung vor den Erwachsenen wird durch die gegenseitige Achtung ersetzt. Piaget sieht darin einen großen Unterschied: Die einseitige Achtung zwingt "schon ausgearbeitete Glaubensformen oder Regeln" auf, "die als Gesamtheiten angenommen werden müssen", während die gegenseitige Achtung "nur eine Methode vorschlägt, und zwar eine Methode gegenseitiger Kontrolle und Nachprüfung auf intellektuellem, eine Methode der Diskussion und Rechtfertigung auf moralischem Gebiet" (Piaget 1954: 104). Darin besteht freilich eine Affinität zu den in Kantischer Tradition stehenden formalistischen Ethiken (und damit auch zur Diskursethik Habermas'), die anders als materiale Ethiken ein formales Prüfverfahren für Normen vorschlagen.

Die Entwicklung von der Heteronomie zur Autonomie wird von Piaget als ein Prozeß der Dezentrierung der egozentrischen Weltauffassung beschrieben[41]. Das egozentrische Kind hat eine Weltsicht, "die immer von einem unmittelbaren, fragmentarischen und persönlichen Gesichtspunkt geformt ist. Die Bezüge zwischen den Dingen werden folglich nicht das sein, als was sie der Versuch herausstellt oder einfach das, wozu der Vergleich der Gesichtspunkte

40 Wenngleich die Überzeugung der Mitspieler an den "zwanglosen Zwang des besseren Argumentes" (Habermas 1972a: 137) erinnert, so entspricht doch der "Richterspruch der Mehrheit" keineswegs dem im Diskurs angestrebten Konsens.

41 Piagets Begriff der Dezentrierung wird zu einem der wichtigsten in Habermas' Evolutionstheorie (vgl. MKH: 148 ff., 180, 182, RHM: 16 ff., 31, TKH 1: 33, 105 ff., 110). Ich komme darauf zurück.

sie macht, sondern sie werden so sein, wie die kindliche Logik und insbesondere der Synkretismus[42] sie darstellt. Anders gesagt, aus dem gleichen Grund, der das Kind daran hindert, sich an andere anzupassen, ist es an die Beobachtung durch die Sinne schlecht angepaßt: es wird den Inhalt seiner Wahrnehmungen nicht analysieren, sondern wird ihn durch eine ganze Reihe schlecht verdauter Wahrnehmungen belasten" (Piaget 1974a: 243 f.). Demgegenüber setzt "jede gültige Erkenntnis (...) eine Dezentrierung voraus. Jede Geschichte der Wissenschaften zeugt von Dezentrierungen" (Piaget 1985: 181; zum Begriff der Dezentrierung vgl. Ginsburg u. Opper 1985: 90 f.).

Nach diesem groben Überblick, hinter dem sich die Probleme der Piagetschen Theorie kaum abzeichnen können, sollen nachfolgend einige dieser problematischen Stellen angesprochen werden. Später wird deutlich werden, daß ähnliche Schwierigkeiten sich in der Habermasschen Theorie wiederholen. Schwächen in der Theorie Piagets liegen m.E. 1. in der Bestimmung und Absicherung eines normativen Maßstabs für das Stufenmodell der Entwicklung, 2. (eng daran gekoppelt) in der Klärung der Frage nach der universellen, transkulturellen Gültigkeit des Modells und 3. in der Beschreibung des Verhältnisses von Onto- und Phylogenese.

(1) Die Klärung des normativen Maßstabs für Piagets Stufenmodell soll hier weitgehend auf den Komplex der moralischen Entwicklung eingeschränkt werden. Allerdings nimmt Piaget einen Endzustand der kognitiven Entwicklung an, der sowohl für die Genese der operatorischen Intelligenz als auch für die moralische Entwicklung gilt: Diese Gemeinsamkeit besteht in der "funktionellen Entwicklung gegen das Gleichgewicht" (Piaget 1973: 239). "Man darf also das Anwachsen der Erkenntnis als durch ein bewegliches Gleichgewicht cha-

42 "Das egozentrische Denken ist notwendig synkretistisch. Egozentrisch denken heißt in der Tat einerseits, sich nicht an die Rede und an die Gesichtspunkte der anderen anpassen, sondern alles auf sich selbst zurückführen, und andererseits seine unmittelbare Wahrnehmung immer für absolut zu halten, gerade insofern nämlich, als man sich nicht an die Wahrnehmungen der anderen anpaßt. Unter diesen beiden Aspekten führt die Neigung zur Egozentrik zum gleichen Resultat: man nimmt die objektiven Verbindungen zugunsten der subjektiven Verbindungen nicht zur Kenntnis, man paßt die neuen Erfahrungen fortlaufend an die alten Schemata an, kurz, man ersetzt die Anpassung an die Außenwelt durch die Assimilierung an das Ich. Der Synkretismus ist der Ausdruck dieser ständigen Assimilierung aller Dinge an subjektive Schemata und an globale, weil nämlich unangepaßte Schemata" (Piaget 1974a: 226).

rakterisiert betrachten, das immer stabiler wird" (Piaget 1973: 290). "Das Gleichgewicht stellt die bestmögliche Form dar, die mit den erworbenen Gegebenheiten verträglich ist." (Piaget 1973: 292) Piaget spricht vom "eigentlichen Gesetz des Gleichgewichts" (Piaget 1973: 292)[43]. Den internen Regulationsfaktor einer biologischen Organisation, der dieses Streben gegen das Gleichgewicht koordiniert, nennt Piaget Äquilibration (vgl. Hans G. Furth, zit. nach Piaget 1981: 97). Ein ideales Gleichgewicht ist charakterisiert durch vollständige Reversibilität aller Operationen[44]. Man könnte Piaget also als einen Gleichgewichts- oder Äquilibrationstheoretiker bezeichnen, wobei die Theorie des späten Piaget deutlich systemtheoretische Züge annimmt[45].

Wie wird nun die Gleichgewichtstheorie mit dem Stufenkonzept der moralischen Entwicklung verbunden? Für Piaget ist "die gegenseitige Achtung (...) in gewisser Hinsicht die Gleichgewichtsform, zu der die einseitige Achtung strebt" (Piaget 1954: 103). Es bleibt jedoch zu klären, warum die gegenseitige Achtung ein besseres Gleichgewicht ermöglicht als die einseitige. Piaget antwortet darauf sehr funktional: "Je komplexer die Gesellschaft ist, desto mehr ist die Persönlichkeit autonom und desto wichtiger sind die Beziehungen der

---

43 Darauf, daß der Begriff des Gleichgewichts zumindest in der Gesellschaftstheorie eine sehr ideologieträchtige Kategorie darstellt, sei hier wenigstens kurz hingewiesen. So wirft Fleck Piaget vor, daß dessen Konzept der Äquilibrierung letztlich auf Opportunismus hinauslaufe: "Statt Assimilation des Neuen und Akkom[m]odation an das Neue mit dem Ziel eines optimalen Gleichgewichts, kann man auch formulieren: durch Anpassung und Unterordnung geht man den Weg des geringsten Widerstandes" (Fleck 1979: 38). Vorwürfe dieser Art wurden auch gegen die strukturell-funktionale Theorie Talcott Parsons' vorgebracht.

44 Reversibilität bedeutet "die Möglichkeit, einen bestimmten inneren Akt auch in umgekehrter Richtung zu vollziehen. Ihre beiden Hauptformen sind Negation (nicht männlich = weiblich) und Reziprozität (nicht besser = schlechter). Reversibilität ist das Kriterium einer zugrunde liegenden operationellen Struktur" (Hans G. Furth, zit. nach Piaget 1981: 102).

45 Interessanterweise sieht dies auch Habermas: "Piaget neigt in seinen späteren Schriften, besonders seit *Biologie et connaissance* dazu, seinen Ansatz der Systemtheorie anzugleichen. Der Begriff des Gleichgewichts, der auf eine relative Beständigkeit der Problemlösungsprozesse hinweist und der am internen Kriterium des Grades der Reversibilität gemessen wird, verbindet sich mit Konnotationen der erfolgreichen Adaptation eines sich selbst erhaltenden Systems an seine veränderliche Umwelt" (MKH: 43). Piaget selbst spricht im Zusammenhang mit seiner Gleichgewichtstheorie von "selbstregulierenden Systemen" (Piaget 1974b: 94). Bemerkenswert ist diese Äußerung von Habermas insofern, als er in seiner eigenen Theorie bemüht ist, System und Lebenswelt auseinanderzuhalten, nun jedoch zur Absicherung seiner Lebensweltkonzeption sich ausgerechnet auf einen systemtheoretisch argumentierenden Wissenschaftler stützt.

Zusammenarbeit zwischen gleichen Individuen" (Piaget 1954: 380). Ob ein Zustand eines biologischen Systems als weitgehend äquilibriert - d.h. im Gleichgewicht befindlich - bezeichnet werden kann, hängt also zumindest auch von (möglicherweise kontingenten) äußeren Umständen ab. Es wird demnach schwierig, wenn nicht unmöglich sein, einen universellen normativen Maßstab zur Beurteilung des Grades der Äquilibriertheit einer bestimmten Stufe der moralischen Entwicklung anzugeben, wenn die Adäquatheit der autoregulativen Mechanismen nur in direktem Bezug auf Umweltfaktoren bewertet werden kann.

Nicht immer beachtet Piaget den Einfluß von Umweltbedingungen auf die Äquilibration im Hinblick darauf, was zu einer bestimmten Zeit an einem bestimmten Ort unter einem idealen Gleichgewichtszustand zu verstehen ist[46]. So behauptet er an anderer Stelle (im gleichen Buch), daß "das Gebot der Gerechtigkeit eine Art immanente Bedingung oder Gleichgewichtsgesetz der gesellschaftlichen Beziehungen" sei (Piaget 1954: 224). Zumindest ist das, was hier unter "Gerechtigkeit" verstanden werden soll, eine extrem explikationsbedürftige Kategorie. Wenn hier von vornherein der Gerechtigkeitsbegriff der abendländischen Philosophietradition gemeint ist, bliebe Piaget der Eurozentrismusvorwurf nicht erspart, wie er bereits von mehreren Autoren erhoben worden ist (vgl. McCarthy 1989: 553 ff.; Greenfield 1984: 100; Schöfthaler 1984: 34; Fleck 1979: 39).

In seinen späteren Schriften schlägt Piaget einen vorsichtigeren Kurs ein bei der Beantwortung der Frage, ob es eine universell gültige Entwicklungsrichtung der Vernunft gebe: "Wer an eine Entwicklung der Vernunft appelliert, impliziert dabei ein Minimum an Richtung. Man versteht vollkommen, daß sich die innere Dauer, die Kunst, die Gesellschaft, das Leben, vielleicht auch das Universum richtungslos verändern können, doch kann eine sich ändernde Vernunft ihre Struktur nur auf vernünftige, begründete Art wechseln und muß

46 Auf dieser Ebene ist auch die Kritik anderer Autoren angesiedelt: "Piagets Hervorhebung eines biologischen Zwangs zur Entfaltung kognitiver Strukturen, die taub ist gegenüber modifizierenden Umwelteinflüssen und Veränderungen, ist ein Modellfall für die Annahme einer Vorprogrammierung und stellt eine biologisch fundierte Variante des Apriorismus dar. Es ist allerdings wichtig zu sehen, daß Piaget kein Verfechter des Genetismus ist" (Fleck 1979: 40).

daher einer in ihrer eigenen Natur liegenden Richtung folgen. Wenn diese Hypothese auch sinnvoll ist, so ist es doch schwierig, die Richtung zu präzisieren und zu bestimmen, ohne dadurch einem von jedem genetischen Studium unabhängigen metaphysischen Realismus zu verfallen: Dies möchte die genetische Erkenntnistheorie unter allen Umständen vermeiden" (Piaget 1973: 285). Piaget legt zunehmend stärkeren Wert auf die Unterscheidung zwischen Wissenschaft und Philosophie[47]. Dieser Differenzierung fällt schließlich auch die normative Auszeichnung der genetisch späteren Stufen des moralischen Handelns als bessere zum Opfer: "Vermittels welcher Leistungen geht der menschliche Geist von einem Stand weniger befriedigender Erkenntnis zu einem Stand höherer Erkenntnis über? Die Entscheidung darüber, was niedrigere oder weniger adäquate Erkenntnis und was höhere Erkenntnis ist, impliziert natürlich formale und normative Aspekte. Es ist nicht Sache der Psychologen zu entscheiden, ob ein bestimmter Stand der Erkenntnis höher als ein anderer ist oder nicht. Diese Entscheidung haben Logiker oder die Spezialisten auf einem bestimmten Gebiet der Wissenschaft zu treffen. (...) Unser Problem in der Perspektive der Psychologie und der genetischen Erkenntnistheorie ist es zu erklären, wie der Übergang von einer niederen Stufe der Erkenntnis zu einer Stufe, die als höher beurteilt wird, sich vollzieht. Die Frage nach der Natur solcher Übergänge ist eine Frage nach den Tatsachen" (Piaget 1981: 20). Natürlich hat Piagets Beschreibung der Übergänge von niederen zu höheren Stufen noch immer normative Implikationen: Das ist in einer genetischen Stufentheorie schlicht nicht zu vermeiden: "Der Anspruch der Systematisierung kann unter Hinweis auf das empirische Material allein nicht legitimiert werden. Philosophisch-'metaphysische' Erwägungen, die über das hinausgehen, was empirische Daten an Evidenz für die Bildung des Stufenmodells liefern können, haben hier systembildende Bedeutung" (Fleck 1979: 36). Gleichwohl bleibt festzuhalten, daß Piaget für sich lediglich beansprucht, eine möglichst adäquate Beschreibung der Stufen zu liefern[48]. Den Weg von der genetischen Epistemologie zur Moralphilosophie ist er nicht gegangen. "Welches sind die

47 Dies ist das Thema von "Weisheit und Illusionen der Philosophie" (vgl. Piaget 1985).
48 Dennoch wird man nicht leugnen können, daß Piaget auch in seinem Spätwerk noch mehr als nur ein heimliches Faible für die höchsten Stufen der Entwicklung hat.

Normen der Subjekte? Sind sie konstant, oder entwickeln sie sich mit dem Alter? Durch welche Prozesse kommt das Subjekt dazu, sich an Normen gebunden zu fühlen? Sind diese Prozesse auf allen Altersstufen dieselben oder verändern sie sich? (...) Dies sind Tatsachenfragen, und diese Tatsachen sind 'normative Tatsachen', das heißt, für das Subjekt sind es Normen, für den Beobachter jedoch Tatsachen und nichts als Tatsachen, da er sie weder bewertet noch in bezug auf sie irgendetwas vorschreibt" (Piaget 1985: 242 f.).

Was den normativen Bezugspunkt für Piagets Stufenkonzept der moralischen Entwicklung angeht, bleibt folgendes festzuhalten: Das Modell bietet kein wie auch immer beschaffenes Brückenprinzip, das einen Übergang von der Beschreibungsebene (Feststellung der dem Handeln zugrundeliegenden Struktur) zur Sollensebene (Forderung, welche Strukturebene die angemessenste für moralisches Handeln darstellt) ermöglicht. Tatsächlich lehnt Piaget selbst, wie oben gezeigt, einen solchen Übergang von der Seins- zur Sollensebene ab, begeht also nicht den naturalistischen Fehlschluß[49]. Wenn Habermas schreibt, daß die Anregung, die ihn ermutigt hat, "normative Strukturen unter entwicklungslogische Fragestellungen zu bringen, (...) vom *genetischen* Strukturalismus Piagets" ausgeht (RHM: 39), so wird er dort keine normativen Grundlagen zur Konzeptualisierung einer Ethik finden. Dieses Problem muß Habermas auf eine andere Art lösen. Ob ihm Piaget zumindest als Gewährsmann für die Universalität der Stufentheorie kognitiver Strukturen (die Habermas für seine Theorie sozialer Evolution benötigt) erhalten bleibt, soll im folgenden geprüft werden.

(2) In der "Theorie des kommunikativen Handelns" stellt Habermas fest, daß in der Piagettradition die Beschreibung der Ontogenese kognitiver Kompetenzen "bereits unter universalistischen Gesichtspunkten erforscht wird" (TKH 1: 200). Was Habermas hier lapidar feststellt, hat keinesfalls allgemeine Zustimmung gefunden. Vielmehr ist der Universalitätsanspruch der konstruktivistischen Lerntheorie Piagets immer wieder heftig kritisiert und zurückgewie-

---

49 Es ist Piaget bewußt, daß ein solcher Ebenenwechsel vom Sein zum Sollen problematisch ist. Im folgenden Zitat referiert er den Juristen Kelsen, ohne ihn in diesem Punkt zu kritisieren: Eine Norm ist "im wesentlichen ein 'Sollen' (...), eine Tatsache jedoch ein 'Sein', und man [kann] ein 'Sollen' nicht aus einer Tatsache entnehmen (...) noch umgekehrt" (Piaget 1973: 220).

sen worden (vgl. McCarthy 1989: 297)[50], so daß man mit einiger Verwunderung feststellen muß, daß Habermas "in seinem bislang veröffentlichten Werk (...) weder Überlegungen bezüglich dieser Einwände noch auch bezüglich der Unmenge von andersgelagerter Kritik - metatheoretisch und methodologisch, empirisch und theoretisch - angestellt [hat], die gegen die Piagetschen und besonders die Kohlbergschen Programme vorgebracht worden ist" (McCarthy 1989: 553). Ungeachtet dieser Einwände geht Habermas von der Berechtigung des Universalitätsanspruchs des Stufenmodells der Kompetenzstrukturen aus und macht dieses unhinterfragt zur Grundlage seiner Evolutionstheorie. Ich werde nachfolgend die Berechtigung des Eurozentrismusvorwurfs an Piaget unterstreichen, um deutlich zu machen, daß Habermas' Theorie der gesellschaftlichen Entwicklung in der genetischen Erkenntnistheorie nicht auf so festem Boden steht, wie er dies annimmt[51].

Ich gehe mit Fleck davon aus, daß "eine Theorie, die kulturinvariante universale Trends sucht, (...) sich bei der Wahl der Begrifflichkeit der Modelle hüten [sollte], Elemente einer kulturellen Entwicklung (der westlichen Zivilisation) zu hypostasieren. Es ist nämlich keineswegs sicher, daß andere Kulturen sich problemlos in dieses Denkschema pressen lassen" (Fleck 1979: 39). Man muß bezweifeln, daß die Forschungen Piagets diese notwendige Vorsicht erkennen lassen: Das Stufenmodell wurde auf der Grundlage von Studien ausgearbeitet, die in der Schweiz und später in einigen anderen westlichen oder westlich beeinflußten Ländern durchgeführt wurden (vgl. McCarthy 1989: 553 f.). Diese Vorgehensweise gibt Anlaß zu der Kritik, daß im Zusammenhang mit diesen Forschungen ein Kategorienapparat anhand westlicher Standards entwickelt wurde. McCarthy bezeichnet Piagets Theorie daher zu Recht als eine "'westliche' Konstruktion" (McCarthy 1989: 554). Es handelt sich hier von vornherein um westliche und nicht um universelle Standards der Entwick-

50 "I have never understood how you are able to make such confident - and sweeping - use of Piaget and Kohlberg. Despite its brilliance, the empirical base of Piaget's work has always been weak, especially when generalized out of Western context" (Giddens 1985: 117).

51 Ich hatte bereits darauf hingewiesen, daß Piagets Begriff der Dezentrierung in Habermas' Evolutionstheorie zentrale Bedeutung zukommt (s. Fußnote 41). Er wird auf die evolutionäre Dezentrierung von Weltbildstrukturen übertragen. Ich werde darauf nach meiner Auseinandersetzung mit Piagets Theorie zurückkommen.

lung[52]. Alternative Standards werden von dem Modell entweder nicht erfaßt oder als defizitär gebrandmarkt. So müßte man nach Piagets Terminologie "die Hypothese aufstellen, daß die meisten Erwachsenen in allen Kulturen nicht formal-operationale Denker sind" (Shweder 1984: 205 f.)[53]. Wir können demgegenüber nicht einfach davon ausgehen, daß die transkulturelle Anwendung von westlichen Kategorien und Maßstäben zu einer adäquaten Beurteilung fremder Kulturen führt. Es wäre zunächst einmal zu zeigen, "in welchem Maße und mit welcher Begründung (...) die Anwendung [der] an 'unseren' Begriffen haftenden Strukturen auf 'ihre' Kultur legitim" ist (McCarthy 1989: 366). Ohne sich mit derartigen Problemen genauer auseinanderzusetzen, hält Piaget kraft seiner vermeintlich universellen Standards es für berechtigt festzustellen: "Generell läßt sich sagen, daß das heranwachsende Individuum in primitiven Gesellschaften immer unfreier, in zivilisierten Gesellschaften hingegen relativ freier wird" (Piaget 1947: 118)[54]. Da Piaget von dem Endzustand der ontogenetischen Entwicklung in der eigenen Kultur ausgeht, ohne deren Universalität auszuweisen, kann eine solche Aussage nicht akzeptiert werden[55].

---

52 "Piagets Konzept formalen Denkens [ist ein] (...) Versuch, die Standards westlicher Wissenschaft kulturübergreifend zu legitimieren. Gegen solchen Fundamentalismus wurde mit Recht eingewandt, er könne leicht einer Neuauflage der kritisierten Ethnozentrik Vorschub leisten" (Schöfthaler 1984: 34).

53 Zur Verdeutlichung der Abhängigkeit des Maßstabs zur Bewertung und Einordnung kognitiver Strukturen von kulturell divergenten Standards versucht Müller-Schwefe eine Umkehrung von Piagets Theorie: "Eine vielleicht gewagte Behauptung könnte Piagets These, in primitiven Gesellschaften werde das operative Denken durch Zwang behindert, umkehren: In der gegenwärtigen Industriegesellschaft behindert der Zwang zur formal-operatorischen Strukturierung den figuralen und emotionalen Aspekt des Bewußtseins und deren Entwicklung" (Müller-Schwefe 1984: 272 f.).

54 Piagets Originaltitel dieses Textes lautet: "The moral development of the adolescent in two types of society, primitive and 'modern'". Interessanterweise setzt Piaget lediglich den Ausdruck "modern" in Anführungszeichen, während er diese bei "primitive" wegläßt. Vielleicht ist mein Hinweis zu spitzfindig - andererseits ist wohl kaum anzunehmen, daß es sich hier um einen Zufall handelt.

55 McCarthy hat dieses Problem prägnant zusammengefaßt: "Ohne ein angemessenes Verstehen der 'Endzustände' der Entwicklung in anderen Kulturen und somit der von ihnen ausgezeichneten Denkweise und Wissenstypen sind wir gezwungen, ihre Performanzen als eine mehr oder weniger mangelhafte Beherrschung unserer Kompetenzen zu beurteilen anstatt als Ausdruck der Beherrschung einer ganzen Reihe anderer Fähigkeiten. Mit anderen Worten: Die Frage danach, ob es alternative kognitive Strukturen gibt, die in einer gegebenen Umwelt angemessener und kulturell wertvoller sind, und ob es somit alternative Entwicklungslinien gibt, kann innerhalb der Grenzen der Standarddesigns für kulturübergrei-

Der Eurozentrismusvorwurf an Piaget ist daher gerechtfertigt[56].

(3) Piaget hat die Ergebnisse seiner ontogenetischen Forschungen verschiedentlich auf phylogenetische Prozesse ausgedehnt: "Die soziozentrischen kollektiven Vorstellungen [entsprechen] auf der sozialen Ebene den egozentrischen Vorstellungen" (Piaget 1973: 228). "Eine unleugbare Strukturverwandtschaft besteht zwischen diesen beiden Arten von 'Zentrismen' und steht im Gegensatz zu den dezentrierten Operationen der Vernunft. Es existieren sogar eine Finalität, ein Animismus, ein Artifizialismus, eine Magie, eine 'Partizipation' usw., die beim Kind egozentrisch sind; und trotz aller Unterschiede zwischen diesen fließenden und instabilen Begriffen und den großen kollektiven Kristallisationen, welche dieselben Haltungen auf der Ebene der Ideologie der Primitiven charakterisieren, besteht auch hier eine Konvergenz zwischen dem intellektuellen Egozentrismus des Individuums und dem Soziozentrismus der 'primitiven' Vorstellungen" (Piaget 1973: 229). Diese - etwas voreilige - Parallelisierung von onto- und phylogenetischen Entwicklungen ist natürlich mehreren Autoren aufgefallen und zum Teil auf heftige Kritik gestoßen (vgl. McCarthy 1989: 281; Schöfthaler 1984: 20 ff.). Insbesondere Mauss hat diese Parallelisierungsversuche Piagets zurückgewiesen (vgl. Schöfthaler 1984: 22), und Eder bezeichnet den Schluß von der Ontogenese auf die Evolution schlicht als Fehlschluß (vgl. Eder 1988: 313).

Piaget begründet seine Rückschlüsse von der Ontogenese auf die Phylogenese damit, daß unser Wissen für eine direkte Erforschung der Phylogenese nicht ausreicht[57]. Deshalb findet gleichsam eine "Stellvertreterdiskussion" auf

---

fende Forschung im Sinne Piagets nicht geklärt werden. Und doch scheint es sehr wohl möglich zu sein, daß unterschiedliche Handlungsbereiche nach unterschiedlichen Denkweisen (z.B.: mehr wahrnehmungsorientierten) oder unterschiedlichen Wissenssystemen (z.B.: über andere Zustände des Bewußtseins) verlangen und daß in diesen Bereichen das westliche Denken vergleichsweise 'primitiv' ist - *wir* beherrschen *ihre* Tricks eben auch nicht sehr gut" (McCarthy 1989: 554 f.).
Es soll hier nicht unerwähnt bleiben, daß der späte Piaget sich zu größerer Vorsicht veranlaßt sah: "It is obvious that we should not risk a generalization before collecting data from many more cultures" (Piaget 1976: 265, zuerst veröffentlicht 1966).

56 Damit soll nicht behauptet werden, daß Piagets genetische Erkenntnistheorie unter keinen Umständen Universalität beanspruchen kann. Hier soll lediglich festgestellt werden, daß Piaget einem solchen Anspruch weder methodologisch noch empirisch gerecht wird.

57 "Das fruchtbarste und sich am ehesten anbietende Feld der Untersuchung wäre natürlich die Rekonstruktion der menschlichen Geschichte - der Geschichte des menschlichen Den-

der Ebene der Ontogenese statt. Dennoch gibt es m.E. gewichtige Gründe gegen eine solche Vorstellung der Affinität von Onto- und Phylogenese. Die heute existierenden Stammesgesellschaften haben freilich ihre eigene Entwicklung hinter sich und repräsentieren daher keineswegs eine Kindheitsstufe der Menschheit[58]. Insofern muß die phylogenetische Entwicklung der fremden Kulturen als etwas Eigenständiges begriffen und als solches auch erforscht werden. Bisher sind "keine Nachweise erbracht worden (...), daß vergangene Epochen dieselben Denkformen und -strukturen aufwiesen" (Fleck 1979: 42). Jemand, der wie Piaget die Stufen kognitiver Kompetenz empirisch rekonstruktiv erforscht, wird seinem eigenen Theorieprogramm untreu, wenn er ohne genügende theoretische wie auch empirische Absicherung diese Daten auf ein anderes Feld der Forschung überträgt. Hinzu kommt, daß Piaget nicht einmal auf ontogenetischer Ebene die Universalität der Entwicklung kognitiver Strukturen nachweisen konnte (s.o.), wodurch die Probleme noch größer werden: Piaget schließt von unserer ontogenetischen Entwicklung auf phylogenetische Prozesse fremder Kulturen. Dabei werden umstandslos die nach westlichen Standards gemessenen Kompetenzen der Erwachsenen jener Kulturen mit Kompetenzstufen von Kindern unserer Kultur parallelisiert (vgl. Piaget 1974a: 203 f.; Schöfthaler 1984: 27)[59].

---

kens vom vorgeschichtlichen Menschen an. Doch leider wissen wir über die Psychologie des Neandertalers oder diejenige des *Homo siniensis* von Teilhard de Chardin nicht sehr viel. Da uns diese Dimension der Biogenese nicht zugänglich ist, werden wir uns wie die Biologen der Ontogenese zuwenden müssen" (Piaget 1981: 21). Schon Marx hat die These vertreten, daß "die Anatomie des Menschen ein Schlüssel zur Anatomie des Affen" sei (MEW 42: 39 und gleichlautend in MEW 13: 636). Das Höhere muß also schon bekannt sein, um das Niedere zu verstehen (vgl. MEW: 39). Heute würde Marx vielleicht sagen, daß der Homo sapiens ein Schlüssel zur Anatomie des Homo neanderthalensis (der noch zu Lebzeiten von Marx gefunden wurde) oder des Pithecanthropus erectus sei. Es kann schon etwas Wahres daran sein - nur ob ein Schlüssel paßt, muß sich letztlich im Schloß erweisen - und das muß erst einmal greifbar sein.

58 "Es sollte eigentlich klar sein, daß die heutigen 'Primitiven' *nicht* 'in der Steinzeit leben', so wie es in Presse und Touristikkatalogen gerne heißt. (...) Jede menschliche Gesellschaft [hat] ihre eigene Geschichte, von der man nicht abstrahieren darf; wenn Gesellschaften auf uns 'statisch' wirken, so nur deshalb, weil wir den Verlauf ihrer Geschichte nicht kennen, bzw. weil wir ein spezifisches Geschichtsverständnis als Maßstab anlegen" (Linkenbach 1986: 14).

59 "Wir glauben also, daß der Tag kommt, an dem man das kindliche Denken im Vergleich zum Denken des normalen und zivilisierten Erwachsenen auf dieselbe Ebene stellt wie das

Wenn es tatsächlich universelle phylogenetische Stufen gäbe, müßten sie sich durch eine Rekonstruktion vom jeweiligen Endzustand jeder Kultur nachweisen lassen. Warum, so könnte man fragen, sollen wir einmal mehr von der höchsten bei uns erreichten Stufe an rekonstruieren? Ebenso gut könnte die Rekonstruktion bei den Amazonasindianern beginnen: "Wenn die Amazonasindianer unsere Vorliebe für das universalistische Denken teilten und sich darum bemühten, unser Denken mit den Maßstäben ihrer Kosmologie zu prüfen, dann würden sie uns vielleicht als 'prä-amazonisch' bezeichnen. Das sagte nicht sehr viel über das, was wir sind, wäre aber umgekehrt sehr aufschlußreich für ihre Art zu denken" (Roy Preiswerk, zit. nach Schöfthaler 1984: 32).

Über die bisher beschriebenen Probleme hinaus steht eine Behauptung Piagets über die phylogenetische Entwicklung im Widerspruch zu seiner ontogenetischen Theorie: "Die soziomorphen kollektiven Vorstellungen bilden nur einen ideologischen Reflex der fundamentalen Realität: Sie drücken die Art aus, wie sich die Individuen gemeinsam ihre soziale Gruppe und das Universum vorstellen, und weil diese Vorstellungen nur anschaulich oder symbolisch sind, sind sie soziozentrisch, nach einem allgemeinen Gesetz, das für jedes nicht-operative Denken gilt, welches auf sein (individuelles oder kollektives) Subjekt zentriert bleibt. Überdies widersetzt es sich, da sie durch die Zwänge der Tradition und der Erziehung übertragen und erhalten wird, gerade der Ausbildung der rationalen Operationen, die das freie Spiel einer Zusammenarbeit des Denkens implizieren, das auf den Handlungen aufbaut. Die soziozentrischen kollektiven Vorstellungen der primitiven Gesellschaften sind also nicht am Ausgangspunkt des wissenschaftlichen Denkens, trotz der scheinbaren Kontinuität, die Durkheim aufgezeigt hat, der sich an die kontinuierliche Entwicklung des Überbaus hielt, ohne die wesentliche Dezentration des Denkens zu verstehen, welche die Wissenschaft voraussetzt" (Piaget 1973: 229).

'primitive Bewußtsein', das Lévy-Bruhl definiert hat, wie das autistische und symbolische Denken, das Freud und seine Schüler beschrieben haben, und wie das 'krankhafte Bewußtsein', wenn man nicht annehmen will, daß dieser Begriff, der auf Ch. Blondel zurückgeht, eines Tages mit dem vorhergehenden verschmolzen wird" (Piaget 1974a: 250 f.). McCarthy bemerkt dazu: "Die ontogenetisch frühesten Stufen [finden] keine Entsprechungen in der Interaktionsstruktur auch der ältesten Gesellschaft (...), weil wir es mit Denk- und Handlungsstrukturen von Erwachsenen zu tun haben" (McCarthy 1989: 281).

"Der primitive Soziomorphismus (ist) nicht der Ursprung der Vernunft, sondern der Ursprung der soziozentrischen Ideologien aller Zeiten" (Piaget 1973: 229 f.). Es ist unverständlich, wie Piaget einerseits den Soziozentrismus "primitiver" Gesellschaften mit dem Egozentrismus des Kindes vergleicht, andererseits jedoch behauptet, daß der Soziozentrismus keine Stufe in der Genese der Vernunft sei, wie Piaget dies für den Egozentrismus des Kindes proklamiert. M.E. ist dieser Widerspruch ein weiteres Indiz für die theoretischen Probleme und konzeptuellen Unzulänglichkeiten einer allzu raschen Herstellung von Affinitäten zwischen Onto- und Phylogenese. Piagets Bemerkung, daß "die soziale Evolution (...) nicht in einer regelmäßigen Äquilibration" bestehe (Piaget 1973: 208)[60], deutet ebenfalls auf diese Problematik hin.

Abschließend sei darauf hingewiesen, daß Piaget des öfteren vor einer Parallelisierung individueller und gesellschaftlich evolutionärer Entwicklungen gewarnt hat - wenngleich insgesamt der Eindruck berechtigt ist, daß er seine eigenen Warnungen nicht ernst genug genommen hat. Im dritten Band der "Entwicklung des Erkennens" schreibt Piaget, daß er keine "strenge Parallele zwischen der Ontogenese, der Phylogenese und der historischen Soziogenese" einführen will (Piaget 1973: 184). Noch deutlicher warnt er in "Urteil und Denkprozeß des Kindes": "Aber hüten wir uns davor, hier gefährliche Parallelen zu skizzieren [sc. zwischen Onto- und Phylogenese; H.K.], in deren Verlauf man zu leicht die funktionalen Divergenzen vergißt. Wir haben im übrigen schon Stellung genommen hinsichtlich der Beziehungen, die das kindliche und das symbolische Denken vereinen, ohne jedoch womöglich hinreichend auf die offensichtlichen Unterschiede, die diese beiden Arten des Denkens trennen [Piaget verweist auf 'La pensée symbolique et la pensée de l'enfant', Arch. de Psych., Band XVIII (1923); H.K.], hinzuweisen. Versuchen wir also nicht, zu schnell auf diesem gefahrvollen Gelände der vergleichenden Psycho-

60 Dagegen behauptet Linkenbach, daß bei Piaget "der soziale Erkenntnisprozeß (...) ebenfalls der Logik der Äquilibration unterworfen" sei (Linkenbach 1986: 57). Dies ist jedoch bei Piaget allenfalls für den Bereich der rationalen Normen zutreffend, weil dieser eine gerichtete Evolution erlaube (vgl. Piaget 1973: 208). Da diese Evolution der rationalen Normen laut Piaget in den "primitiven" Gesellschaften jedoch nicht stattfindet (vgl. Piaget 1947: 118 ff.), können phylogenetische Prozesse nicht schlechthin durch Äquilibration bestimmt sein.

logie vorzugehen: die geduldige Analyse der kindlichen Mentalität läßt uns in einem Bereich arbeiten, der, obgleich er noch nicht vollständig bearbeitet ist, doch zu sicher ist, als daß es klug wäre, ihn vorschnell aufzugeben" (Piaget 1974a: 251). An anderer Stelle spricht er von augenfälligen Unterschieden zwischen diesen beiden Entwicklungstypen (vgl. Piaget 1974: 72)[61].

Als Resümee der kritischen Auseinandersetzung mit Piagets Positionen kann folgendes festgehalten werden: 1. ist zu bezweifeln, daß Piagets Theorie sich für eine normative Auszeichnung der genetisch spätesten Stufen der kognitiven Entwicklung eignet. Piaget selbst hat ein solches Unterfangen mehrfach abgelehnt. 2. kann die genetische Epistemologie nicht beanspruchen, ein transkulturell gültiges Konzept der Entwicklung kognitiver Kompetenzen geliefert zu haben. 3. ist die Parallelisierung von Onto- und Phylogenese ein "ontogenetischer Fehlschluß".

IV.3.2 Habermas' Konzept der Evolution von Weltbildstrukturen

Nachfolgend soll gezeigt werden, inwieweit sich Habermas' Theorie der sozialen Evolution auf Piagetsche Positionen stützt und wo Unterschiede festzustellen sind. Von besonderem Interesse ist dabei natürlich die Frage, ob Habermas auch die problematischen Bestandteile der genetischen Epistemologie übernommen hat. Dem Aufbau meiner Kritik an Piaget folgend werde ich wieder in den drei Schritten vorgehen: 1. normativer Maßstab, 2. transkulturelle Gültigkeit und 3. Verhältnis von Onto- und Phylogenese.

(1) Für einen Moralphilosophen, der an die kognitive Entwicklungspsychologie anknüpft, ist die normative Auszeichnung von ontogenetisch späteren

61 Wenn ich noch einmal ausgiebig Piaget selbst habe zu Wort kommen lassen, so deshalb, um diesem Autoren bei aller notwendigen Kritik auch Gerechtigkeit widerfahren zu lassen. Es zeichnet sich hier doch zumindest eine gewisse Unentschlossenheit bei Piaget ab, inwieweit und mit welchen Argumenten Rückschlüsse von der Onto- auf die Phylogenese möglich sind. Dieser Sachverhalt wird von Antje Linkenbach übersehen, die sich bei ihrer Auseinandersetzung mit Piagets Positionen fast ausschließlich auf zwei Texte der Sekundärliteratur verläßt (vgl. Linkenbach 1986: 56, Fußnote 1).

Stufen der moralischen Entwicklung als moralisch adäquatere von entscheidender Bedeutung. Habermas begeht nicht den naturalistischen Fehlschluß dergestalt, daß er die genetisch letzten Stufen der moralischen Entwicklung allein aufgrund ihres späteren Auftauchens als moralisch besser deklariert. Vielmehr dienen Habermas seine kommunikationstheoretischen Vorarbeiten der normativen Auszeichnung von Entwicklungsstufen: "Im übrigen kann eine Analyse von Entwicklungslogiken nur dann naturalistischen Fehlschlüssen entgehen, wenn sie die hierarchisch geordneten Strukturmuster nicht induktiv aufliest, sondern wenn sie systematisch rechtfertigt, daß das jeweils höhere Lernniveau dem vorangehenden überlegen ist. Diese systematische Einstufung von Problemlösungsfähigkeiten ist möglich, wenn sich die Leistungen, wie in den Dimensionen objektivierender Erkenntnis und moralisch praktischer Einsicht, an universalen Geltungsansprüchen (hier: an propositionaler Wahrheit und an normativer Richtigkeit) bemessen" (RHM: 249). Ob eine Stufe der moralischen Entwicklung besser als eine andere ist, bemißt sich demnach daran, in welchem Maß sie den Bedingungen kommunikativen Handelns entspricht. Piagets dritte und vierte Stufe der moralischen Entwicklung ist deshalb moralisch angemessener, weil sie den formalpragmatisch rekonstruierten Regeln und Bedingungen des kommunikativen Handelns näher kommen. Die Formalpragmatik stellt laut Habermas den normativen Maßstab zur Bestimmung der Wertigkeit einer moralischen Entwicklungsstufe zu Verfügung. Entgegen dieser Auffassung habe ich in meiner kritischen Darstellung der Formalpragmatik gezeigt (s.o.), daß es nicht möglich ist, einen derartigen normativen Maßstab formalpragmatisch zu begründen. Da Habermas auch von Piaget einen solchen Maßstab nicht übernehmen kann (s.o.), klafft hier in der Theorie eine Lücke, die zugleich Probleme bei der transkulturellen Bewertung gesellschaftlicher Interaktionsformen zeitigt[62].

(2) Darauf, daß die Formalpragmatik keine transkulturelle Gültigkeit beanspruchen kann, weil ihr ein auf die abendländische Kultur zugespitzter und damit verkürzter Lebensweltbegriff zugrunde liegt, wurde bereits hingewiesen (s.o. Seite 133 ff.). Auch bei Habermas' Theorie handelt es sich, wie McCar-

62 Der Frage, ob Habermas in Kohlbergs Theorie der moralischen Entwicklung einen solchen Maßstab der Kritik findet oder finden könnte, werde ich später nachgehen.

thy kritisch zu Piaget anmerkte, um eine "'westliche' Konstruktion" (McCarthy 1989: 554). Weder dient die Formalpragmatik einer korrekten Beschreibung universeller ontogenetischer Strukturentwicklungen, noch gelingt es ihr, einen bestimmten Entwicklungsverlauf (etwa den der westlichen Kulturen) gegenüber anderen Kulturen normativ auszuzeichnen. Da Habermas die Überprüfung des Universalitätsanspruchs der Formalpragmatik direkt an den Universalitätsanspruch der kognitiven Entwicklungspsychologie koppelt[63], bedeutet deren Scheitern auf diesem Gebiet zugleich das Scheitern einer Rekonstruktion verständigungsorientierten Handelns mit universalistischen Ansprüchen. Der Versuch, formalpragmatisch rekonstruierte universale Kompetenzen mit dem Hinweis auf die Ergebnisse der Piagetschen Forschungen empirisch zu belegen, ist nicht geglückt.

(3) Die wohl bedeutsamste Übereinstimmung zwischen Piaget und Habermas besteht in der Parallelisierung von Onto- und Phylogenese. Hier sind einige Behauptungen Piagets direkt in Habermas' Theorie eingegangen: "Wie bei der egozentrischen Weltauffassung des präoperational denkenden Kindes die Erscheinungen auf das Zentrum des kindlichen Ich relativiert werden, so beim soziomorphen Weltbild auf das Zentrum des Stammesverbandes" (RHM: 18)[64]. "Der Konkretismus eines anschauungsverhafteten Denkens und die Herstellung von Ähnlichkeits- und Kontrastbeziehungen sind zwei formale Aspekte, unter denen das wilde Denken mit ontogenetischen Stufen der kognitiven Entwicklung verglichen werden kann" (TKH 1: 77). Wenngleich Habermas sich nicht mit Kritiken an der Piagetschen Theorie auseinandersetzt, so geht er doch in der Begründung des Zusammenhangs von Ontogenese und sozialer Evolution einen eigenen Weg. Er stellt die These auf, daß die Muster der von der kognitivistischen Entwicklungspsychologie beschriebenen Stufen des mora-

63 "Schließlich kann der universalistische Anspruch der Formalpragmatik anhand des Materials geprüft werden, das die Entwicklungspsychologie für den Erwerb kommunikativer und interaktiver Fähigkeiten präsentiert. Die Rekonstruktion verständigungsorientierten Handelns müßte sich zur Beschreibung der Kompetenzen eignen, deren Ontogenese in der Piagettradition bereits unter universalistischen Gesichtspunkten erforscht wird" (TKH 1: 200).

64 Bereits in den "Notizen zum Begriff der Rollenkompetenz" (1972, in: Habermas 1973a, 195-231) stellt Habermas Bezüge zwischen Onto- und Phylogenese her. Auf diese noch sehr vagen und tentativen Bemühungen - Habermas spricht selbst von "ungesicherten Annahmen" (195, Fußnote) - gehe ich hier nicht ein.

lischen Bewußtseins (s.o.) in der sozialen Evolution wiederkehren (vgl. RHM: 13), wobei er allerdings voreilige Schlüsse für die Entwicklungsniveaus von Gesellschaften vermeiden will, denn Gesellschaften können nicht wie Subjekte lernen (vgl. RHM: 169). Der evolutionäre Lernprozeß der Gesellschaften bleibt abhängig von den ontogenetisch erworbenen Kompetenzen ihrer Mitglieder (vgl. RHM: 169 f.): "Der Theorie liegt die Annahme zugrunde, daß ontogenetische Lernprozesse den gesellschaftlichen Evolutionsschüben gleichsam vorauseilen, so daß gesellschaftliche Systeme, sobald ihre strukturell beschränkte Steuerungskapazität durch unausweichliche Probleme überfordert wird, unter Umständen auf überschießende individuelle, über die Weltbilder auch kollektiv zugängliche Lernkapazitäten zurückgreifen können, um diese für die Institutionalisierung neuer Lernniveaus auszuschöpfen" (RHM: 136)[65].

Wenn Habermas sich auf archaische Weltbilder bezieht, so meint er damit relativ geschlossene Deutungssysteme, die mehr oder weniger stark folgende Merkmale aufweisen[66]: Die verschiedenen Realitätsbereiche werden nivelliert. Das von mythischen Weltbildern beeinflußte Denken stellt "zwischen den natürlichen und den kulturellen Erscheinungen Analogien" her (RHM: 97). Die Natur wird anthropomorphisiert und das gesellschaftliche Leben naturalisiert. "Alles hängt mit allem auf eine evidente Weise zusammen" (RHM: 97 f.). Die objektiven, subjektiven und sozialen Realitätsbereiche sind nach Habermas' Vorstellung noch nicht getrennt, die Weltbezüge sind noch nicht - wie im modernen Denken - ausdifferenziert. Kommunikative Vernunft ist demnach noch nicht möglich, da die Konfusion der Realitätsbereiche eine an Geltungsansprüchen orientierte Interaktion verhindert. Indem die mythischen Weltbilder alles Gegebene mit Sinn überziehen, absorbieren sie "die Unsicherheiten einer Gesellschaft, die bei einem niedrigen Entwicklungsstand der Produktivkräfte ihre Umgebung kaum kontrollieren kann" (RHM: 98)[67]. Solche

65 "Die identitätssichernden und sozialintegrativ wirksamen Bestandteile der Weltbilder, also die Moralsysteme und die zugehörigen Interpretationen, folgen mit zunehmender Komplexität einem Muster, das auf ontogenetischer Ebene in der Logik der Entwicklung des moralischen Bewußtseins eine Parallele hat" (Habermas 1973: 24). Individuelle Lernkapazitäten können, "wenn sie sich in Weltbildstrukturen niederschlagen und dadurch überlieferungsfähig und institutionalisierbar werden, gesellschaftlich genutzt und in reifere Formen der sozialen Integration oder in gesteigerte Produktivkräfte umgesetzt werden" (RHM: 134).

66 Zum Folgenden vgl. McCarthy 1989: 549 f.

67 Die Unterstellung einer archaischen Mangelökonomie habe ich bereits zurückgewiesen (siehe

Weltbilder garantieren dem Einzelnen eine Identität, die Habermas mit der natürlichen Identität des Kindes vergleicht. Da auf dieser Stufe die Identität des Einzelnen noch nicht klar von der Identität des Stammes geschieden ist, können Identitätsprobleme noch nicht auftreten (vgl. RHM: 98). Kognitive Dissonanzen und soziale Desintegrationen werden von der einheitsstiftenden Kraft der Weltbilder weginterpretiert bzw. vermieden. Das Deutungssystem ist einheitlich strukturiert und speichert einen harmonisierten Wissensvorrat (vgl. RHM: 17)[68].

Habermas' Kritik am mythischen Weltbild richtet sich insbesondere gegen das solche Weltbilder auszeichnende analogisierende Denken, das "alle Erscheinungen zu einem einzigen Netz von Korrespondenzen" zusammenwebt (TKH 1: 77) und dadurch dem Weltbild eine "totalisierende Kraft" (TKH 1: 76) verleiht. Habermas kritisiert mehrere Konsequenzen dieses Denkens:

1. kommt es zu einer eigentümlichen "*Konfusion zwischen Natur und Kultur*" (TKH 1: 79). "Der Mythos erlaubt keine klare grundbegriffliche Differenzierung zwischen Dingen und Personen, zwischen Gegenständen, die manipuliert werden können, und Agenten, sprach- und handlungsfähigen Subjekten, denen wir Handlungen und sprachliche Äußerungen zurechnen" (TKH 1: 79). Damit fällt die *Schuld* für moralisch-normative Fehler und die *Ungeschicklichkeit*, die für technisch-instrumentelle Mißerfolge verantwortlich ist, unter dieselbe Kategorie (vgl. TKH 1: 79 f.). Es besteht demnach eine "*konzeptuelle Vermengung* von objektiver und sozialer Welt" (TKH 1: 81), die es zugleich verhindert, daß Geltungsansprüche der Wahrheit und der normativen Richtigkeit unabhängig voneinander eingelöst werden können, die kommunikative Vernunft bleibt folglich blockiert.

2. besteht "eine für unser Empfinden [!] mangelhafte Differenzierung *zwischen Sprache* und *Welt*" (TKH 1: 81). *Interne Sinn-* und *externe Sach*zusam-

Seite 140).

68 Die Totalisierung der einheitsstiftenden Kraft der Weltbilder, wie Habermas sie darstellt, läßt m.E. nicht mehr viel Raum für eine Theorie der sozialen Evolution. Wenn das Weltbild die Perspektive aller Subjekte festlegt auf die Reproduktion eines harmonisierten Wissens, kann wohl nur noch eine Katastrophentheorie soziale Evolution erklären. Im übrigen sei noch einmal darin erinnert, daß die "Wilden" ausgezeichnete Naturbeobachter sind und z.T. über Klassifikationssysteme (z.B. für Pflanzen) verfügen, deren Komplexität diejenige der westlichen Wissenschaft übersteigt (vgl. Lévi-Strauss 1973, Kapitel I u. II).

menhänge werden systematisch verwechselt, d.h. daß die uns geläufige Unterscheidung zwischen Signifikat und Signifikantem noch nicht vollzogen ist und dadurch "das sprachlich konstituierte Weltbild so weitgehend mit der Weltordnung selbst identifiziert werden [kann], daß es nicht *als* Weltdeutung, als eine Interpretation, die dem Irrtum unterliegt und der Kritik zugänglich ist, durchschaut werden kann[69]. In dieser Hinsicht gewinnt die Konfusion von Natur und Kultur die Bedeutung einer Reifikation des Weltbildes" (TKH 1: 81 f.).

3. verhindert das analogisierende Denken die Entstehung eines klar abgegrenzten Bereichs der Subjektivität. Die Vermengung von Realitätsbereichen läßt sich laut Habermas "auch für das Verhältnis von Kultur und *innerer* Natur oder subjektiver Welt nachweisen. Erst in dem Maße wie sich das formale Konzept einer *Außenwelt*, und zwar einer objektiven Welt existierender Sachverhalte wie einer sozialen Welt geltender Normen ausbildet, kann sich der Komplementärbegriff der *Innenwelt* oder der Subjektivität ergeben, der alles zugerechnet wird, was der Außenwelt nicht inkorporiert werden kann und wozu der Einzelne einen privilegierten Zugang hat" (TKH 1: 83).

Die von Habermas den mythischen Weltbildern attestierte eigentümliche "*Konfusion zwischen Natur und Kultur*" (TKH 1: 79), wie auch der Vorwurf einer "mangelhaften Differenzierung *zwischen Sprache* und *Welt*" (TKH 1: 81) lassen erkennen, daß mythisch-magische Weltbilder nur in einem formalpragmatischen Sinn relativ geschlossene Systeme sind. Die universale Gültigkeit der formalpragmatischen Annahmen wird dabei unmittelbar vorausgesetzt: Die mangelnde Reflexivität solcher Weltbilder, die Unfähigkeit der Individuen, ihr Handeln an Geltungsansprüchen auszurichten - dies sind von der Universalpragmatik her konstruierte Vorwürfe (vgl. McCarthy 1989: 549; TKH 1: 75 ff.). Nur in formalpragmatischer Hinsicht sind "mythische Weltbilder (...) weit davon entfernt, (...) rationale Handlungsorientierungen zu ermöglichen", und nur aus dieser Perspektive bilden sie "einen Gegensatz zum modernen Weltverständnis" (TKH 1: 73).

---

69 Das "opake" mythische Denken stünde demnach auf der Entwicklungsstufe Polyphems, der von Odysseus durch Nennung eines falschen Namens getäuscht wird. Für Polyphem ist das Wort noch eins mit der Sache, die es bezeichnet. Odysseus hingegen weiß um den Unterschied und kann diesen für sich nutzen (siehe auch die Interpretation von Horkheimer und Adorno, DA: 56).

Da die Universalpragmatik sich nicht als geeignet erwiesen hat, bestimmte Interaktionsformen und Handlungstypen vor anderen normativ auszuzeichnen (s.o.), müssen Habermas' Perspektive der Beurteilung anderer Lebensformen sowie die aus ihr resultierenden Ergebnisse zurückgewiesen werden[70]: Die formalpragmatisch motivierte Kontrastierung in der Dimension Offenheit vs. Geschlossenheit liefert keineswegs, wie Habermas annimmt, "einen *kontextunabhängigen Maßstab für die Rationalität von Weltbildern*" (TKH 1: 96 f.), sondern stellt eine westliche Konstruktion dar. Festzuhalten bleibt, daß Habermas' Rückgriff auf die Formalpragmatik als normativem Deutungsrahmen der Bewertung von in Weltbildern enthaltenen Rationalitätsstrukturen die Gültigkeit seiner Aussagen in Frage stellt. Damit ist freilich noch nicht darüber entschieden, inwieweit seine Anknüpfung an Piagets Konzept der Dezentrierung der egozentrischen Weltauffassung des Kindes das Modell der Dezentrierung von Weltbildern[71] zu stützen vermag. Die Frage ist also, ob es Habermas durch Rekurs auf die Piagetsche Entwicklungspsychologie gelingt, den Universalitätsanspruch seiner Theorie der sozialen Evolution hinreichend zu verteidi-

70 Das bedeutet nicht den Sieg des Relativismus über den Universalismus, das bedeutet lediglich, daß der Universalismus nicht durch die Formalpragmatik begründet werden kann. Insofern mündet meine Kritik in keinen radikalen Relativismus. Gleichwohl bin ich durchaus der Meinung, daß die Pluralität der Lebensformen etwas Schönes und Erhaltenswertes darstellt. Ebensosehr bin ich jedoch davon überzeugt, daß weder Menschenopfer, noch Folter, noch Todesstrafe, noch irgendwelche Auswüchse einer fundamentalislamisch inspirierten Gerichtsbarkeit zu diesen schönen und erhaltenswerten Formen jener Pluralität zählt. So wenig es als angemessen und begründbar erscheint, fremden Rationalitätsformen in toto vom europäischen Aufklärungsgipfel aus eine defizitäre Vernunft zu attestieren, so wenig wäre es zu verantworten, allem Fremden unter dem Siegel einer falsch verstandenen Toleranz die Absolution zu erteilen (vgl. Eickelpasch 1990: 500, 503). Zudem kann die Rationalitätsform unserer Kultur nicht ausgesucht werden, wie man etwa zwischen zwei Automarken wählen kann: "Die Moderne kann und will ihre orientierenden Maßstäbe nicht mehr Vorbildern einer anderen Epoche entlehnen, *sie muß ihre Normativität aus sich selber schöpfen*" (PhDM: 16). Freilich bleibt es uns dabei unbenommen, von fremden Kulturen zu lernen und zu integrieren, was wir für integrierenswert halten. Aber auch dabei bleibt die Selektivität unhintergehbar unseren Maßstäben geschuldet.

71 Es bestehen "Homologien zwischen Ich- und Weltbildstrukturen (...): in beiden Richtungen führt die Entwicklung offenbar zu einer fortschreitenden Dezentrierung (...) des Deutungssystems und zu einer immer eindeutigeren kategorialen Abgrenzung der Subjektivität der inneren von der Objektivität der äußeren Natur, wie auch zur Abgrenzung von der Normativität der gesellschaftlichen und der Intersubjektivität der sprachlichen Realität" (RHM: 20).

gen.

Da Gesellschaften nur in einem übertragenen Sinn lernen können (vgl. RHM: 36, 169), muß Habermas analysieren, in welcher Weise die individuelle Entwicklung, die Piaget untersucht hat, auf die soziale Evolution Einfluß nimmt. Die bloße Annahme, daß die Gesellschaft letztlich aus der Summe ihrer Mitglieder und dem damit verbundenen Handlungsgefüge besteht, würde für eine solche Erklärung freilich viel zu kurz greifen (vgl. McCarthy 1989: 297), denn eine Theorie der gesellschaftlichen Evolution muß zeigen können, daß die Genese des Systems gesellschaftlicher Institutionen einer nachkonstruierbaren Entwicklungslogik folgt. Da Habermas von der Gerichtetheit und Universalität der ontogenetischen Entwicklungsstufen Piagets überzeugt ist, muß er den Weg der Institutionalisierung individueller Lernniveaus beschreiben. Nur so ließe sich eine Homologie zwischen Ontogenese und Phylogenese nachweisen. Weltbildern kommt dabei die entscheidende Funktion eines connecting link zu, die im folgenden dargestellt werden soll. Zuvor jedoch muß noch auf einen wichtigen Unterschied in den Modellen der moralisch-praktischen Entwicklung bei Piaget und Habermas hingewiesen werden.

Während bei Piaget die moralisch-praktische Entwicklungslogik durch die Äquilibration bestimmt wird und so immer höhere Gleichgewichtsniveaus erreicht werden, wird diese Logik bei Habermas als eine "Entbindung des im kommunikativen Handeln angelegten Rationalitätspotentials" konzeptualisiert (TKH 2: 119). Bedenkt man, daß Habermas den Begriff der - lebensweltlichen - kommunikativen Vernunft streng von dem der - systemischen - technisch-instrumentellen Vernunft trennt, so kann es nicht verwundern, daß er die Entwicklungslogik des moralisch-praktischen Lernens nicht mit dem systemtheoretischen Modell Piagets erklären will. Gleichwohl ist, wie Breuer zu Recht feststellt, die "Geburtshelferterminologie (...) verräterisch" (Breuer 1982: 141). Habermas' Idealismus einer sich gleichsam scheibchenweise im kommunikativen Handeln entblätternden Vernunft ist ein Rückfall weit hinter Piaget auf die Ebene einer überwunden geglaubten Geschichtsphilosophie (vgl. Breuer 1982: 141)[72]. Interessanterweise kommt das systemtheoretische Modell

72 Dies ist umso erstaunlicher, als Habermas für sich in Anspruch nimmt, "den Historischen Materialismus von seinem geschichtsphilosophischen Ballast zu befreien" (TKH 2: 562).

Piagets dem Ziel näher, die Genese der Vernunft mit wissenschaftlichen Mitteln zu erforschen und darzulegen.

Die konzeptuell gravierenden Unterschiede zwischen den Theorien von Habermas und Piaget beinhalten eine völlig divergierende Auffassung von der Bedeutung der Sprache für die Genese kognitiver Strukturen: Während Habermas' "Entbindungsmodell" den Primat der Sprache vor den Handlungen behauptet (in der Sprache ist schon angelegt, was durch die Entbindung praktisch wahr wird), erklärt Piaget den Primat der Handlung vor der Sprache: "Wir haben oft auf intellektuellem Gebiet beobachtet, daß das sprachliche Denken des Kindes in einer fortschreitenden Bewußtwerdung der durch die Handlung konstruierten Schemata besteht. In solchen Fällen folgt das sprachliche Denken einfach dem konkreten Denken in einem bestimmten Abstand nach, da es sich darum handelt, auf der früheren Ebene bereits ausgeführte Operationen auf einen (sic!) neuen Plan symbolisch zu rekonstruieren" (Piaget 1954: 128). "Zweifellos findet man schon vor dem Auftreten der Sprache alle Elemente der Rationalität und der Moralität vor" (Piaget 1954: 453, vgl. 130, 199). Piaget wehrt sich explizit gegen soziologische Theorien, die der Sprache eine zu große Bedeutung beimessen: "Der gemeinsame Mangel der großen Mehrheit der soziologischen Erklärung besteht jedoch darin, sofort eine Soziologie des Bewußtseins oder *sogar des Diskurses* anzustreben, obwohl das Denken sowohl im sozialen als auch im individuellen Leben von der Handlung ausgeht. Eine Gesellschaft ist im wesentlichen ein System von Aktivitäten, deren elementare Wechselwirkungen eigentlich in Handlungen bestehen, die sich gegenseitig nach gewissen Organisations- oder Gleichgewichtsgesetzen modifizieren" (Piaget 1973: 189, meine Hervorhebung). Ebenfalls lehnt Piaget eine konzeptuell an Sprache gekoppelte Entwicklungslogik ab, da bei einem System, das wie die Geschichte der Sprache "weder in einer additiven oder logischen Komposition noch in einem reinen Durcheinander besteht, sondern dazwischen hin und her schwankt, (...) das Zufällige den eindeutigen Übergang des Diachronischen zum Synchronischen im einzelnen der Beziehungen" ausschließt (Piaget 1973: 202)[73].

73 Weitere Zitate zur Dokumentation der unterschiedlichen Einschätzung der Bedeutung von Sprache bei Piaget und Habermas (freilich beschränke ich mich an dieser Stelle auf Äuße-

Es zeichnen sich hier Diskrepanzen zwischen Piaget und Habermas ab, die sich nicht mehr in Graden der Abweichung angeben lassen: Habermas' Hinwendung zur Sprache als Motor der Entwicklung weicht in dem wichtigen Punkt der Entwicklungslogik vom Piagetschen Stufenmodell ab. Die in beiden Modellen beschriebene Entwicklung von der Heteronomie zur Autonomie läßt sich demnach nicht auf gemeinsame Grundannahmen und kategoriale Weichenstellungen zurückführen. Die Rekonstruktion verständigungsorientierten Handelns als eine *rationale* Rekonstruktion eines intuitiv bereits beherrschten Regelwissens (vgl. Habermas 1971: 29; McCarthy 1989: 313 f.) folgt einer ganz anderen Logik, als Piagets *empirische* Rekonstruktion moralisch-praktischer Strukturen, die von der Beobachtung ausgeht. Warum aber bezieht Habermas sich trotz dieser Differenzen immer wieder auf Piaget? Er stellt fest, daß rationale Rekonstruktionen "richtige Intuitionen verdunkeln und verzerren und was noch häufiger ist - Einzelfälle zu stark verallgemeinern [können]. Deshalb bedürfen sie weiterer Bestätigungen" (MKH: 41). Diese Bestätigungen sucht Habermas in den Forschungsergebnissen von Piagets ontogenetischen Studien: "Der universalistische Anspruch der Formalpragmatik [kann] anhand des Materials geprüft werden, das die Entwicklungspsychologie für den Erwerb kommunikativer und interaktiver Fähigkeiten präsentiert. Die Rekonstruktion verständigungsorientierten Handelns müßte sich zur Beschreibung der Kompetenzen eignen, deren Ontogenese in der Piagettradition bereits unter universalistischen Gesichtspunkten erforscht wird" (TKH 1: 200). Doch in diesem Punkt irrt Habermas: Die Möglichkeit, mittels formalpragmatischer Kategorien die Stufenabfolge jener ontogenetisch erworbenen Kompetenzen

rungen Piagets, da die Bedeutung der Sprache für Habermas' Kommunikationstheorie bereits in meiner Auseinandersetzung mit der Formalpragmatik dargestellt wurde): "Die Vernunft besteht nicht nur in Kommunikationen, Diskursen und einer Gesamtheit von Begriffen; sie ist vor allem ein System von Operationen; und nur die Zusammenarbeit durch die Handlung führt zur operativen Verallgemeinerung" (Piaget 1973: 227). "Man beobachtet also schon vor der Ausbildung der Sprache - deren Bedeutung für die Strukturierung der Erkenntnisse von gewissen Schulen, wie etwa vom logischen Positivismus, gewaltig überschätzt wurde -, daß sich auf der Ebene der Handlung Strukturen mit ihrer Spannung zwischen dem logisch-mathematischen und dem physikalischen Pol ausbilden" (Piaget 1974b: 39). "Der entscheidende Punkt, den ich an Chomskys Theorie hervorheben möchte, ist der, daß sie die klassische Ansicht, Logik leite sich von der Sprache ab, umkehrt und behauptet, Sprache beruhe auf intellektuellen Strukturen" (Piaget 1981: 57).

(wie sie von der kognitivistischen Entwicklungspsychologie erforscht werden) zu beschreiben, ist bereits durch die Komplementarität der dargestellten Entwicklungsrichtung (von der Heteronomie zur Autonomie) in beiden Theorien gewährleistet. Auf dieser Ebene kann Habermas weder den universalistischen Anspruch der Formalpragmatik, noch die Berechtigung der Annahme, daß die Sprache der Motor der Entwicklung sei, beweisen[74].

Ein weiteres Problem besteht darin, daß eine empirisch verfahrende Rekonstruktion der Entwicklungsstufen kommunikativen Handelns Habermas' Charakterisierung des strategischen Sprachgebrauchs als parasitär (s.o.) nicht trägt. Entwicklungslogisch betrachtet kann die Stufe des strategischen Sprachgebrauchs erst nach der Stufe des verständigungsorientierten Sprachgebrauchs auftreten (vgl. Habermas 1988: 132 f.). Ein Sprecher muß erst wissen, wie Sprache funktioniert, um sie hernach strategisch einsetzen zu können. Die Stufe des strategischen Sprachgebrauchs beinhaltet deshalb gewissermaßen die Stufe des verständigungsorientierten Sprachgebrauchs. In einer Stufenhierarchie ist demnach die Stufe des strategischen Handelns über der des verständigungsorientierten Sprechens anzusiedeln: Auch das ist ein Beispiel einer gelungenen Rekonstruktion kognitiver Entwicklungsstufen.

Wie bereits erwähnt, stellen Weltbilder für Habermas ein wichtiges Verbindungsstück zwischen individueller Entwicklung und sozialer Evolution dar. Da Weltbilder eine einheitsstiftende Kraft besitzen (vgl. McCarthy 1989: 550), wirken sie auf die normative Struktur der Lebenswelt festigend ein, d.h. sie verhindern zunächst die "Entbindung" des im kommunikativen Handeln angelegten Rationalitätspotentials (vgl. RHM: 17, 98)[75]. Die erste Funktion von Weltbildern ist demnach eine restriktive. Andererseits kann individuelles Wissenswachstum das Rationalitätspotential und damit die Struktur von Weltbildern verändern: Individuelle Lernkapazitäten können, "wenn sie sich in Weltbildstrukturen niederschlagen und dadurch überlieferungsfähig und institutionalisierbar werden, gesellschaftlich genutzt und in reifere Formen der sozialen

74 So könnte Piaget gegen Habermas behaupten, daß die Forschungsergebnisse die Logik der Äquilibration beweisen.

75 Entgegen dieser Auffassung weist Linkenbach darauf hin, daß in Jäger- und Sammlergesellschaften Entscheidungsfindungen und Konfliktlösungen gemeinsam und gleichberechtigt in Diskussionen geleistet werden (vgl. Linkenbach 1986: 197 f.).

Integration oder in gesteigerte Produktivkräfte umgesetzt werden" (RHM: 134). Die Dezentrierung der Weltbilder bleibt abhängig von einer ontogenetischen - kommunikationstheoretisch gesprochen - "Ausdifferenzierung von Sprecher- und Weltperspektiven" (MKH: 151). Durch diesen ontogenetischen Lernprozeß entstehen "überschießende individuelle (...) Innovationspotentiale" (RHM: 235), die in Weltbildern abgespeichert werden können und somit im Falle evolutionärer Herausforderungen als Problemlösungskapazität zur Verfügung stehen. Weltbilder sind demnach durch eine eigentümliche Janusköpfigkeit charakterisiert: Vordergründig betrachtet stiften sie eine Einheit, die Entwicklungen verhindert, während sie hintergründig bereits Innovationspotentiale bereitstellen. Möglicherweise kommt in dieser Doppelstruktur eine gewisse Unentschlossenheit in der Konzeption von Habermas zum Ausdruck. Andererseits löst - oder umgeht - diese Annahme einer Doppelstruktur von Weltbildern das Problem, soziale Evolution unter Bedingungen einer ausschließlich einheitsstiftenden Kraft von Weltbildern erklären zu müssen, was zweifellos das Modell mit neuen Schwierigkeiten konfrontieren würde.

Der entscheidende Schritt in der Theorie der sozialen Evolution steht allerdings noch aus. Dabei geht es um das Problem, unter welchen Voraussetzungen die einheitsstiftende Kraft der Weltbilder erlahmt und so deren subkutanes Rationalitätspotential für die Institutionalisierung neuer Formen der Sozial- und Systemintegration freigesetzt wird. Habermas geht davon aus, daß "die Hülle der normativ strukturierten Lebenswelt, die in den Hochkulturen über Religion, Recht und politische Institutionen geformt und zusammengehalten worden ist, (...) von wachsenden Systemproblemen aufgesprengt" wird (RHM: 112). Das in den Weltbildern enthaltene Rationalitätspotential kann für die Reorganisation von Handlungssystemen genutzt werden, deren Steuerungskapazität vor neu auftretenden Anforderungen zu versagen droht[76]. Da es sich hierbei um eine gesellschaftliche Aneignung eines Innovationspotentials handelt, das sich letztlich auf individuelle kognitive Strukturen zurückführen läßt, die von der genetischen Erkenntnistheorie aufgrund der durch sie ermöglichten

76 Habermas beschreibt diesen Prozeß auch als "Ausschöpfung der Lernkapazitäten vergesellschafteter Subjekte", die es dem Gesellschaftssystem ermöglicht, neue Strukturen zu bilden, "um bestandsgefährdende Steuerungsprobleme zu lösen" (RHM: 169).

größeren Dezentriertheit der Weltauffassung als höherstufig bestimmt werden, kann Habermas davon ausgehen, daß die neu implementierte Stufe der Sozialintegration faktisch eine höhere Stufe als die vorangegangene darstellt. Damit wäre die auf ontogenetischer Ebene - angeblich (Kritik s.o.) - empirisch wie theoretisch abgesicherte Entwicklungslogik auf die Ebene der gesellschaftlichen Evolution gerettet.

Gegen Habermas' Theorie der sozialen Evolution können einige Einwände erhoben werden. Zunächst einmal führt die behauptete Isomorphie in der Entwicklung von Onto- und Phylogenese (vgl. RHM: 17) dazu, daß meine Kritik an der Formalpragmatik, an Piagets Theorie und an deren Implementierung in Habermas' kommunikationstheoretischer Reformulierung ontogenetischer Stufen bis in die Theorie gesellschaftlicher Evolution hinein gültig bleibt: Alle ungelösten Probleme ontogenetischer Stufentheorien werden bis in die Habermassche Evolutionstheorie mitgeschleppt. Damit sind allerdings noch keineswegs alle Probleme benannt.

Die Vorstellung eines in Weltbildern enthaltenen "kognitiven Potentials" ist zu ungenau, als daß sie umstandslos mit einer ontogenetischen Stufentheorie verbunden werden könnte. Die Genese solcher Stufen folgt - der Theorie nach - einer eigenen Logik. Hingegen ist die Nutzbarmachung jenes kognitiven Potentials auf gesellschaftlicher Ebene von einer Reihe letztlich kontingenter Umstände abhängig (wofür Webers Religionsstudien ein Beispiel sind). So können jene Krisen, die die Steuerungskapazität gesellschaftlicher Handlungssysteme überfordern, ganz unterschiedlichen Ursprungs sein. Sie können durch eine Legitimationskrise des politischen Systems hervorgerufen werden (die selbst wieder viele Ursachen haben kann), durch ökonomische oder ökologische Krisen, durch Probleme, die einer Gesellschaft von außen aufgebürdet werden (z.B. Krieg oder Kolonialismus) usw. Die damit verbundene Fülle unterschiedlicher Anforderungen an ein Gesellschaftssystem erfordern den jeweiligen Umständen entsprechende Lösungen - wobei von diesen wahrscheinlich mehr als eine zum Ziel führen kann. Wie sollte eine Evolutionstheorie mit universalistischem Anspruch, die eine gerichtete Entwicklung letztlich für alle Gesellschaften behaupten muß[77], angesichts einer solch komplizier-

77 Genau aus diesem Grund müssen sich "die opaken Gestalten des mythischen Denkens

ten Situation, deren Komplexität schon das Erheben von Daten nicht nur heutiger, sondern auch ur- und frühgeschichtlicher Gesellschaften unmöglich macht, den Beweis für ihren Anspruch antreten?

Ein weiteres Problem besteht darin, daß Habermas keine Beschreibungen der Struktur jenes "kognitiven Potentials" gibt. Da es sich jedoch um ein Abbild der kognitiven Stufen von Individuen handelt, ist davon auszugehen, daß die Struktur dieses in Weltbildern *auch* abgespeicherten Wissens der Struktur der für die Ontogenese beschriebenen gleicht. Andererseits sind "nicht alle Individuen (...) für den Entwicklungsstand ihrer Gesellschaft gleichermaßen repräsentativ" (RHM: 16). Es bleibt bei Habermas ganz ungeklärt, auf welche Weise und durch welche Individuen das "kognitive Potential" gebildet wird. Repräsentiert dieses Potential den höchsten individuell erreichten Entwicklungsstand oder vielleicht nur einen mittleren? Sind bestimmte Individuen - vielleicht aufgrund ihrer besonderen sozialen Stellung oder Funktion - prädestiniert, einen stärkeren Einfluß auf das Potential zu haben als andere oder nicht? Obwohl diese Fragen keineswegs banal sind, können in Habermas' Evolutionsmodell keine Antworten gefunden werden. Dabei wäre es wichtig zu wissen, um wieviele Stufen das in Weltbildern enthaltene Rationalitätspotential über die Stufe des gesellschaftlich bereits in Handlungssystemen verwirklichten Potentials hinausgeht. Wenn "es in archaischen Gesellschaften Individuen gegeben [hat], die formale Denkoperationen beherrschten, obgleich das kollektiv geteilte mythische Weltbild einer niedrigeren Stufe der kognitiven Entwicklung entsprochen hat" (RHM: 16), so sagt das noch nichts über die Möglichkeiten aus, die in diesem Weltbild neben seiner stabilisierenden Funktion auch enthalten sind. Wenn dieses "kognitive Potential" um mehr als eine Stufe über die Stufe der gesellschaftlich bereits institutionalisierten Art der Sozialintegration hinausgeht, bestünde die Möglichkeit, eine systemische Steuerungskrise mit der Ausschöpfung und Institutionalisierung eines Potentials zu

---

lichten, die bizarren Äußerungen fremder Kulturen aufklären" (TKH 2: 588). Solange dieses "opake" Denken die Entbindung des im kommunikativen Handeln enthaltenen Rationalitätspotentials verhindert, ist der empirische Nachweis für Habermas' Evolutionstheorie nicht erbracht. Derweil müssen wir uns damit zufrieden geben, "mit unserem *okzidentalen Weltverständnis* (...) implizit einen Anspruch auf *Universalität*" zu verbinden (TKH 1: 73), d.h. unsere Überlegenheit wenigstens zu glauben.

beantworten, das zum Überspringen einer Stufe führen könnte. Dergleichen ist jedoch in einer ontogenetischen Stufentheorie ausgeschlossen. Wenn die Phylogenese tatsächlich eine Isomorphie zur Ontogenese aufweist, müßte Habermas hier zusätzliche Sicherungen in Form von Sperreffekten einbauen. Da er jedoch keine weiteren Anstrengungen unternimmt, die Genese und Struktur des "kognitiven Potentials" zu erhellen, bleibt auch der Vorgang der Ausschöpfung dieses Potentials beim Entstehen neuer Gesellschaftsstrukturen unverständlich. Aufgrund der manifesten Probleme und vieler ungeklärter Fragen muß man letztlich Michael Schmid zustimmen, der erklärt: "In fact, I can find no detailed argument for what the connection between ontogenesis and the developmental logic of worldviews should look like" (Schmid 1982: 173)[78].

IV.3.3 Die Krise an der empirischen Basis: das Verschwinden der Stufe 6 und seine Folgen

Als zweiten empirischen Beleg zur Stützung des Universalitätsanspruchs des modernen, dezentrierten Weltverständnisses führt Habermas Kohlbergs Untersuchungen zur moralischen Entwicklung von Kindern und Jugendlichen an. Ähnlich wie Piaget behauptet auch Kohlberg eine invariante, universelle Stufenabfolge der moralischen Entwicklung. Im Unterschied zu Piaget weist Kohl-

78 An anderer Stelle schreibt Schmid, daß nicht mit Bestimmtheit vorherzusagen ist, welche Formen der Sozialstruktur sich einstellen werden. Der Ereignisverlauf kann erst dann geklärt werden, "wenn bestimmte Variationen bereits vorliegen (...). Dieser Mangel ist unbehebbar und grundsätzlich. Er kann auch durch das Postulat einer Entwicklungslogik nicht beseitigt werden (...), wie dies von einer Reihe von Theoretikern in Aussicht gestellt wurde (Eder 1976, 1981, Habermas 1976, Schluchter 1979). 'Entwicklungslogik' meint dabei die Idee, daß sich grundsätzlich voneinander unterscheidbare Entwicklungsniveaus auffinden und rekonstruieren ließen, die die Organisation von sozialen Systemen auf fortschreitend höherer Reflexionsstufe erlaubten, was am Ende auch allein die Berechtigung verschafft, gesellschaftliche Entwicklung als 'Evolution', d.h. als 'gerichtete Entfaltung von Entwicklungspotentialen' zu begreifen. (...) Es ist richtig, daß immer komplexere Systeme de facto entstanden sind, was aber in keinem Falle allein einem inhärenten Entwicklungspotential sozialer Strukturen zuzuschreiben ist, sondern nachdrücklich auch der Tatsache, daß Umweltfaktoren eine Komplexitätssteigerung sozialer Systeme tatsächlich begünstigt und anders geartete soziale Strukturen ebenhierdurch einem Selektionsdruck unterworfen haben" (Schmid 1982a: 205 f.).

bergs Modell sechs Stufen der moralischen Entwicklung auf[79], die er zu jeweils zwei zusammenfaßt[80]:

I. präkonventionelles Niveau

Stufe 1: "The punishment and obedience orientation".

Stufe 2: "The instrumental relativist orientation".

II. konventionelles Niveau

Stufe 3: "The interpersonal concordance or 'good boy- nice girl' orientation".

Stufe 4: "The 'law and order' orientation".

III. postkonventionelles Niveau

Stufe 5: "The social-contract legalistic orientation".

Stufe 6: "The universal ethical principle orientation".

Auch in Kohlbergs Stufen ist, wie schon bei Piaget und Habermas, eine Entwicklung von der Heteronomie zur Autonomie zu erkennen. Anders als Piaget jedoch geht Kohlberg nicht von einer Handlungsbeobachtung aus, sondern er konfrontiert seine Probanden mit erzählten moralischen Dilemmata, die *begründet* zu entscheiden sind. In dem bekanntesten Dilemma muß ein Mann namens Heinz entscheiden, ob er für seine krebskranke Frau in einer Apotheke das einzige helfende Medikament stehlen soll, weil er den überhöhten Preis des Apothekers nicht bezahlen kann (vgl. Garz 1984: 215; MKH: 49). Die meisten mit diesem Dilemma konfrontierten Befragten antworteten, daß sie das Medikament stehlen würden. Entscheidend für die Zuordnung zu einer der Stufen ist jedoch die Art, wie der Entschluß begründet wurde (vgl. Eckensberger u. Reinshagen 1980: 71). Dieser Prozeß der Auswertung ist kompliziert und hier nicht von Interesse. Wichtig hingegen ist, daß Kohlbergs

79 Tatsächlich ist das Stufenmodell immer wieder verändert worden. So verschwand die sechste Stufe Anfang der achtziger Jahre (vgl. Kohlberg u.a. 1983: 60) und wurde Mitte der achtziger Jahre wieder eingeführt (vgl. Kohlberg u.a. 1986: 205-240). Die Stufen sind inhaltlichen Veränderungen unterworfen gewesen, wie auch das "scoring manual", das die Zuordnung der Antworten von Probanden zu den Stufen regelt (vgl. Eckensberger u. Reinshagen 1980: 71). Ich werde in meiner kurzen Darstellung diese Variationen unberücksichtigt lassen, sofern sie nicht für die Habermassche Theorie von Bedeutung sind.

80 Meine Darstellung stützt sich auf Kohlberg 1971: 164 f. (vgl. Garz 1984: 135-141: RHM: 73 ff.; MKH: 134 f.; Colby u. Kohlberg 1986: 146 f.). Die genauen Beschreibungen der einzelnen Stufen werden hier vernachlässigt. Eine Ausnahme dabei bildet die für Habermas wichtige Stufe sechs der Kohlbergschen Klassifizicrung, die Stufe der universellen ethischen Prinzipien.

Stufen nicht wie bei Piaget auf konkrete Handlungen zurückzuführen sind, sondern sie "basieren nur auf *verbalen Äußerungen zu hypothetischen Konfliktsituationen*" (Eckensberger u. Reinshagen 1980: 69)[81]. Was den Stellenwert der Sprache angeht, sind Kohlbergs und Habermas' Moraltheorien offensichtlich ähnlich, und sie sind in diesem Punkt beide von Piagets Konzept der kognitiven Entwicklung verschieden.

Kohlbergs Stufen sind für Habermas von besonderer Bedeutung, weil sie "die formalen Bedingungen einer Entwicklungslogik erfüllen" (RHM: 74) und diese Logik in empirischen Untersuchungen bis hin zur Stufe universeller ethischer Prinzipien nachgewiesen worden ist. Daß Kohlbergs Theorie diesem emphatischen Anspruch nicht gerecht wird und welche Auswirkungen das auf Habermas' Konzeption der kommunikativen Vernunft hat, soll im folgenden gezeigt werden.

In der "Rekonstruktion des Historischen Materialismus" reformuliert Habermas Kohlbergs "Stufen in einem allgemeinen handlungstheoretischen Rahmen" (RHM: 74). Dabei lehnt er sich bis Stufe sechs stark an Kohlbergs Modell an, stellt dann jedoch fest, daß diese Stufe lediglich monologisch anwendbare Prinzipien umfaßt (im Sinne des Kantschen Kategorischen Imperativs), was für eine kommunikative Handlungstheorie freilich unzureichend ist. Habermas konstruiert nun auf Kohlbergs Stufe sechs noch eine siebte Stufe des praktischen Diskurses, die das monologische Prüfverfahren durch das "*Verfahren* der diskursiven Einlösung von normativen Geltungsansprüchen" ersetzt (RHM: 85). Kohlbergs Stufenschema ist für Habermas demnach unvollständig.

Kohlberg hat versucht, die Stufen eins bis sechs empirisch nachzuweisen. Wenn Habermas nun auf diese sechs empirischen Stufen eine siebte konstruiert, verläßt er freilich den Boden der Empirie: Diese Stufe des Diskurses ist eine reine philosophische Konstruktion, die aus der Perspektive einer empirischen Stufentheorie nur als Science-fiction - im genauen Sinn des Wortes -

81 Diese Konzentration auf das verbale moralische Urteil hat Kohlberg einige Kritik eingetragen. "Moralisches *Urteil* und moralisches *Handeln* können so weit auseinanderklaffen, daß eine Untersuchung nur des Urteils allein zur Beschreibung der moralischen Entwicklung nicht hinreicht" (Schweitzer 1987: 120).

bewertet werden kann. Gleichwohl verhilft Kohlberg Habermas in einer Antwort auf dessen Vorwürfe a posteriori doch noch zu einer empirischen Grundlage: Kohlberg stellt fest, daß Habermas' siebte Stufe überflüssig sei, weil die für die Stufe sechs (des Kohlberg-Modells) charakteristische Achtung vor anderen Personen vollständige Reversibilität aller Operationen erfordert und damit unmittelbar eine Verpflichtung zum Diskurs enthält[82]. Als Reaktion auf Kohlbergs Antwort hebt Habermas seine siebte Stufe wieder auf und verlegt den Diskurs auf die postkonventionellen Stufen fünf (Orientierung an Gerechtigkeitsprinzipien) und sechs (Orientierung an Verfahren der Normenbegründung) zurück (vgl. MKH: 176 f.). Damit scheint zunächst die Diskurstheorie wieder auf empirischem Boden zu stehen.

Gleichzeitig wird bei Kohlberg jedoch die sechste Stufe als empirische

82 Aufgrund der Bedeutung von Kohlbergs Antwort auf Habermas gebe ich sie hier vollständig wieder: "We will now address Habermas's claim to have discovered a seventh hard stage of moral reasoning. (...) In arguing for the principle of dialogue, for a 'communically-followed procedure for redeeming normative validity claims discursively', Habermas is defining and defending a universal speech ethic as the basis of an evolving, unconstrained, and autonomous ego. (...) While Kohlberg's theory has not explicitly addressed the topics of ego identity or the development of communicative competence, we understand Habermas's treatment of these subjects as being consistent with our conception of human development generally, as well as with our conception of moral development specifically. We also appreciate the contribution Habermas's analysis is likely to have on subsequent research in the areas of ego and moral development. However, we believe that Habermas's derivation of Stage 7 of justice reasoning is unnecessary since we understand our conception of Stage 6 as being consistent with his writing. It appears that Habermas argues in favor of a seventh stage because he reasons that Kohlberg's conception of a sixth stage overlooks the principle of dialogue. However, in *Justice as Reversibility*, Kohlberg (...) attempted to include a process of dialogue in moral judgment-making via the introduction of his concept 'moral musical chairs' (i.e. ideal reversible role-taking). Though this process was primarily expressed in reference to a cognitive-moral structure we call Stage 6, it is based upon principles of respect for persons which are perfectly consistent with the notion of actually engaging in dialogue. Thus, we consider this aspect of Kohlberg's writings to be equivalent to Habermas's emphasis on the notion of 'discursive willformation'. (...) Kohlberg believes that his Stage 6 reasoning procedure logically requires dialogue in actual, real-life moral conflicts, otherwise its intention to achieve fairness could be easily subverted by an egocentric interpretation of the needs and perspectives of self and other. Thus, we disagree with Habermas's conception of Stage 6 as employing a 'monological' procedure. However, in closing this review, we may note that Habermas (...) has come to agree with Kohlberg. He now understands monologic 'moral musical chairs' and dialogic discursive willformation protected by a universal speech ethic as similar conceptions of a sixth stage of justice reasoning" (Kohlberg u.a. 1983: 164 f.; vgl. Kohlberg u.a. 1986: 216).

Stufe selbst fraglich. Nach der Veröffentlichung mehrerer Forschungsergebnisse aus Langzeituntersuchungen in verschiedenen Ländern sehen Kohlberg und seine Mitarbeiter sich genötigt, einzuräumen: "We no longer claim that our empirical work has succeeded in defining the nature of a sixth and highest stage of moral judgment. The existence and nature of such a stage is, at this moment, a matter of theoretical and philosophic speculation" (Kohlberg u.a. 1983: 8). Damit bricht die empirische Basis der Diskursebene zusammen. Gleichzeitig - und das ist entscheidend - wird das gesamte Stufenmodell fraglich. Als ein Kriterium der größeren Adäquatheit der moralischen Urteile auf höheren Stufen führt Kohlberg an: "The second criterion is the increasing degree of reversibility of the justice structure of each higher stage, as seen from the vantage point of the highest stage of justice reasoning, Stage 6" (Kohlberg u.a. 1983: 103). Alle Stufen werden demnach nach ihrer Nähe oder Distanz zur Stufe sechs beurteilt[83]. Aber auch die größere Generalisierbarkeit und Einschließung (inclusivity) der höheren Stufen gegenüber ihren Vorgängerinnen, die Kohlberg als erstes Kriterium der moralischen Wertigkeit von Stufen anführt (vgl. Kohlberg u.a. 1983: 103), ist von ihm niemals nachgewiesen worden (vgl. Puka 1986: 270).

Die Stufe sechs hat sich also "auf leisen Sohlen davongemacht" (Puka 1986: 243)[84]. Kaum jemand hat ihr Verschwinden registriert, "obwohl angeb-

---

83 "It is true that the idea of a rational reconstruction *requires* that we hypothesize a sixth or highest stage, but we cannot say we have yet empirically evidenced it" (Kohlberg u.a. 1983: 16 f.).

"Kohlberg behauptet (...), keine einzige Stufe könne ohne eine vorhergehende Definition der Stufe 6 definiert werden. Da Stufe 6 durch das Konzept der Gerechtigkeit definiert ist, sind alle Stufen Formen der Gerechtigkeit: Moralische Stufen sind *Gerechtigkeitsstufen*. Eine Stufe wird im Vergleich zu einer anderen insofern als höher beurteilt, als sie die spezielle Art von Gerechtigkeit imitiert, die die Stufe 6 vorzieht - allgemein, abstrakt, formal, egalitär, orientiert an Prinzipien und Rechten" (Puka 1986: 241). Während die Stufe 6 "die einzig wahrhaft adäquate und prinzipielle Stufe des moralischen Urteilens ist, die einzige, die der Gerechtigkeit Gerechtigkeit widerfahren läßt, ist sie auch die einzige Stufe, die nicht wirklich existiert" (Puka 1986: 243).

84 Kohlberg, Boyd und Levine versuchen 1986 die sechste Stufe als empirische wiedereinzuführen (vgl. Kohlberg u.a. 1986: 205-240). Dabei berufen sie sich auf einige wenige Stufe-6-Fälle, die keineswegs geeignet sind, diese Stufe als universelle empirische Stufe abzusichern. Die Beispiele dokumentieren durchweg ein Stufe-6-Denken, das auf einen direkten Einfluß des westlichen Bildungssystems zurückzuführen ist. Das gilt ebenfalls für das von Kohlberg bereits früher angeführte Beispiel Gandhis, der an der juristischen Fakultät in

lich alle Stufen auf Stufe 6 beruhen" und es für "eine empirische Stufentheorie nur empirische Stufen" geben kann (Puka 1986: 243). Selbst wenn man einräumt, daß die Annahme einer sechsten Stufe eine notwendige Bedingung für Kohlbergs Stufenmodell darstellt, ist dennoch nicht einzusehen, warum sie in *dieser* Weise konzeptualisiert wurde. Kohlberg stellt dazu fest: "Zur Beantwortung der Frage, ob eine spätere Stufe eine bessere Stufe ist, muß man sich (auch) an die Moralphilosophie wenden. (...) Die Tradition der Moralphilosophie, auf die wir uns berufen, ist die liberale und rationale, insbesondere die 'formalistische' und 'deontologische' Tradition, die von Immanuel Kant ausgeht und bis John Rawls und Jürgen Habermas reicht. Im Mittelpunkt dieses Denkansatzes steht die Behauptung, eine angemessene Moral sei *prinzipienorientiert*, derartige Moralurteile erfolgten also unter Verwendung *universeller* Prinzipien, welche auf die ganze Menschheit anwendbar sind" (Kohlberg 1987: 31). "Die Vorstellung, daß eine im eigentlichen Sinne moralische Entscheidung eine in Begriffen von Moralprinzipien getroffene Entscheidung ist, steht in einem Zusammenhang mit der Behauptung liberaler Moralphilosophie, moralische Prinzipien seien letzten Endes Prinzipien der Gerechtigkeit" (Kohlberg 1987: 32)[85].

London studiert hat (vgl. Puka 1986: 246 ff.). Habermas' Bewertung dieses Versuchs der Wiedereinführung der Stufe sechs läßt denn auch keinen Zweifel daran, daß die Stärken des Artikels von Kohlberg u.a. (1986) genau *nicht* dort liegen, wo sie liegen sollten: "Ich verstehe diese Explikation als einen anregenden, außerordentlich lehrreichen Beitrag zu einer moralphilosophischen Diskussion, die auch nach Kohlbergs Auffassung über die Wahl der richtigen Moraltheorie und damit über die richtige Beschreibung des normativ ausgezeichneten Zielzustandes der Moralentwicklung entscheidet" (Habermas 1986c: 294 f.). Und in einer Endnote zu dieser Stelle fügt Habermas hinzu: "Aus dieser Sicht muß es dann auch als unproblematisch erscheinen, daß sich die Diskussion über die Stufen 5 und 6 nur auf je zwei Interviewprotokolle stützt. Die Frage des empirischen Nachweises einer 'höchsten Reflexionsstufe' wird nicht ganz gegenstandslos, verliert jedoch an Gewicht" (Habermas 1986c: 317).

85 "Es ist vielen aufgefallen, wie ideologisch Kohlbergs Behauptungen erscheinen, Gerechtigkeit und gleichen Rechten kämen in der moralischen Entwicklung eine zentrale Stellung zu. Besonders an der angeblich interkulturellen Vorherrschaft vornehmlich der liberalen Gerechtigkeitsauffassung entzündete sich Verärgerung" (Puka 1986: 246). "Der Ideologievorwurf wäre (...) nur dann entkräftet, wenn (...) [die] Unabhängigkeit [der Stufe 6] von der kulturellen Vorurteilsstruktur demonstrierbar wäre. Die meisten Gerechtigkeitstheoretiker, wie etwa Rawls, gründen ihre Konzeptionen aber im Gegenteil auf sogenannte Intuitionen oder wohlerwogene Urteile. Dabei handelt es sich um moralische Überzeugungen, über die in einer Gesellschaft weitgehend Einigkeit herrscht und die dort Bestandteil der

Kohlberg beruft sich auf Habermas als Moralphilosophen zur Absicherung der Behauptung, daß moralisch höhere Stufen zugleich moralisch besser seien. Habermas beruft sich auf Kohlberg als Entwicklungspsychologen zur Absicherung der Behauptung, daß es eine universelle moralische Entwicklung gibt. Der Eindruck scheint berechtigt, daß hier eine Art "Schwarze-Peter-Spiel" mit Begründungslasten gespielt wird. Freilich gehört Habermas zu denjenigen, denen der Wegfall der Stufe 6 aufgefallen ist[86]. Er antwortet darauf: "Im Lichte der Diskursethik habe ich bereits stillschweigend eine *andere* Interpretation der beiden letzten Moralstufen vorgenommen und zwischen der Orientierung an allgemeinen Prinzipien einerseits [Habermas' Stufe 5; H.K.], der Orientierung an Verfahren zur Begründung möglicher Prinzipien [Stufe 6; H.K.] andererseits unterschieden" (MKH: 184; vgl. 176 f.). Dieser Einwand von Habermas kann nicht akzeptiert werden, denn sein Ausgangspunkt und Anspruch war eine handlungstheoretische Reformulierung von Kohlbergs Stufen. Der Wert des Kohlbergschen Stufenschemas besteht für Habermas ja gerade in der "empirisch gestützten Klassifikation von Ausprägungen des moralischen Urteils" (RHM: 76). Ist eine von Kohlbergs Stufen nicht mehr nachzuweisen, so kann Habermas dieses Nichts weder in ein handlungstheoretisches Etwas umformulieren, noch läßt sich die verlorengegangene Stufe durch Uminterpretation wiedergewinnen. Zudem wurde gezeigt (s.o.), daß der Wegfall der sechsten Stufe das ganze Stufenmodell in Frage stellt. Gleichwohl räumt Habermas ein, daß sich der Diskursethik keine Gründe entnehmen lassen, die beweisen könnten, daß den "Reflexionsstufen" (wie Habermas seine Stufen fünf und sechs heute nennt) der Status natürlicher Stufen im Sinne Kohlbergs zukommt (vgl. MKH: 185). Hatte Habermas sich 1976 noch darauf verlassen, seiner eigenen rationalen Rekonstruktion der Bedingungen kommunikativen Handelns durch eine handlungstheoretische Reformulierung von Kohlbergs Stufen ein empirisches Fundament zu verleihen, so steht er kaum sieben Jahre später vor der

Logik des üblichen moralischen Diskurses sind. Wie kann man der Ideologie besser in die Hände spielen?" (Puka 1986: 249)

86 Habermas hatte mehrfach Gelegenheit, sich mit Kohlbergs Positionen in Gesprächen mit ihm auseinanderzusetzen: Kohlberg gehörte zu den regelmäßigen Besuchern des Max-Planck-Instituts zur Erforschung der Lebensbedingungen der wissenschaftlich-technischen Welt in Starnberg (vgl. TKH 1: 11).

Aufgabe, nach dem Bröckeln der Stufentheorie seines einstigen Gewährsmannes, die eigenen Rekonstruktionen von den Anteilen der Kohlbergschen Theorie sukzessive zu säubern. In einer letzten Auseinandersetzung um das Problem der Existenz oder Nicht-Existenz der Stufe sechs verläßt sich Habermas in Begründungsfragen nunmehr ausschließlich auf seinen eigenen Ansatz (vgl. Habermas 1986c: 302 f., 310 ff.).

Mit dem Verschwinden der Stufe sechs verliert die Diskursethik eine ihrer wichtigsten empirischen Grundlagen. Damit hat allerdings zugleich Habermas gegenüber Kohlberg in einem Punkt recht behalten: Kohlberg ist gezwungen, den Universalitätsanspruch seines Stufenmodells auf empirischer Ebene zu verteidigen, d.h. durch Langzeituntersuchungen alle Stufen in allen Kulturen nachzuweisen. Das jedoch ist ihm nicht gelungen. Demgegenüber hat Habermas bereits 1976 festgestellt, daß die totalisierende Kraft der mythischen Weltbilder Diskurse (im Sinne der kommunikativen Vernunfttheorie) systematisch verhindert (vgl. RHM 16 f., 98, 186). Hier deutet sich an, daß die Begründungslasten einer *empirisch rekonstruktiven* Wissenschaft (Kohlberg, Piaget) grundsätzlich andere sind, als die einer *rational rekonstruierenden* Wissenschaft. Die empirische Rekonstruktion von Strukturen muß folgendes berücksichtigen: "Um glaubwürdig zu bleiben, muß der Strukturalist auf umsichtige Weise sicherstellen, daß empirische Befunde nicht durch konzeptuelle Annahmen prädeterminiert werden. Wenn Kohlbergs Ansatz jedoch die Stufe 6 explizit als eine formale Hypothese in der Suche nach formalen (strukturellen) Daten benutzt, dann verkehrt er hier die Rollen von Form und Datum [sic! Daten?]. Sobald aber die Form in die Daten hineingelesen werden muß, wo bleibt dann der Schutz gegen eine sich selbst bestätigende Hypothese?" (Puka 1986: 246) Der Einwand von Puka scheint berechtigt: Kohlberg wird dem Anspruch nicht gerecht, empirisch rekonstruktive Wissenschaft zu betreiben. Seine explizite Anlehnung an Kant, Rawls und Habermas zeigt, daß auch Kohlbergs Stufentheorie von Anfang an eine westliche Konstruktion ist, deren normativer Bezugspunkt für die Bewertung der späteren Stufen als moralisch bessere oder angemessenere in der abendländischen Philosophietradition wurzelt mit allen Konsequenzen für den kategorialen Zugriff auf den Forschungsgegenstand: Kohlbergs Stufentheorie ist eine rationale Rekonstruktion von Kompetenzen, wie sie für die Ontogenese in westlichen Gesellschaften charakteristisch ist[87]. In dieser Hinsicht besteht zwischen der Theorie Kohlbergs und der Habermas' kein Unterschied. Alle in diesem Zusammenhang bereits an Piaget und Habermas gerichteten Einwände sind auch gegenüber Kohlberg zu erheben.

Habermas hingegen glaubt, mit einer rationalen Rekonstruktion der universalen Bedingungen möglicher Verständigung einen Maßstab in die Hände zu bekommen, mit dem die Rationalität von Handlungen beurteilt werden kann. Dieser Maßstab findet ebenfalls Anwendung in allen Analysen der Rationalität fremder Lebensformen (meine Kritik dazu s.o.). Bereits 1976 hätte Habermas erkennen können, daß seine abwertenden Beurteilungen über fremde Lebensformen anhand des formalpragmatischen Maßstabs sich alle als falsch herausgestellt hätten (samt dem zugrundeliegenden Maßstab), wenn es Kohlberg gelungen wäre, die transkulturelle Gültigkeit seines Stufenmodells empirisch nachzuweisen. Ließen sich alle Stufen des moralischen Urteils in allen Kulturen belegen, könnte Habermas' formalpragmatisch inspirierte Behauptung eines geringeren Vernunftniveaus in archaischen Gesellschaften nicht aufrechterhalten werden. Mit anderen Worten: Die empirischen Daten, so sie vorhanden gewesen wären (wovon Habermas damals offensichtlich ausging, vgl. RHM: 76), hätten Habermas' Theorie nicht gestützt, sondern in Frage gestellt. Gleichwohl hat die "Gefahr" nie bestanden, daß empirische Befunde einen solchen "Schaden" hätten anrichten können: Die Fixiertheit aller Kategorien im westlichen Denken hat dies von vornherein und dauerhaft verhindert. Dieses *zwischen* der Kohlbergschen und Habermasschen Theorie existierende Problem besteht zugleich *innerhalb* der Kohlbergschen Theorie: Daß es dem Entwicklungspsychologen Kohlberg nicht gelingt, die Universalität seiner Stufentheorie nachzuweisen, liegt an den normativen Vorgaben, die diesem Modell seitens des Moralphilosophen Kohlberg vorab gemacht worden waren:

87 Selbst in westlichen Gesellschaften erreichen bei weitem nicht alle Menschen die höchsten Stufen der Moral: "Trotz unseres beharrlichen Voranschreitens entlang der Stufensequenz scheitert jeder von uns, einer nach dem anderen, auf mysteriöse Weise daran, das uns bestimmte Schicksal zu verwirklichen und die Stufe 6 selbst zu erreichen. Dies zeigen Kohlbergs Daten. Selbst die Feinfühligsten unter uns ersteigen gerade den Gipfel der Stufe 5. Weitaus mehr lungern im moralischen Konventionalismus der Stufe 4 herum, und dies ungeachtet der großzügigen und reichlichen Dienste eines moralisch stimulierenden sozialen Lebens in hochkomplexen Demokratien" (Puka 1986: 243).

Kohlberg steht sich gleichsam selbst im Weg. Insofern kann von einer - wie Habermas für Kohlbergs Theorie feststellt - "ganz eigentümlichen Arbeitsteilung zwischen der rationalen Rekonstruktion moralischer Intuitionen (Philosophie) und der empirischen Analyse von Moralentwicklungen (Psychologie)" (MKH 42) nur dann die Rede sein, wenn man "eigentümlich" mit "merkwürdig" übersetzt und die "Arbeitsteilung" im Hinblick auf das Ergebnis als ineffektiv beurteilt. Es handelt sich hier keineswegs, wie Habermas annimmt, um ein "delikates (...) *Ergänzungs*verhältnis" (MKH: 43, meine Hervorhebung), sondern um den einmal mehr gescheiterten Versuch, moralphilosophische Aussagen auf eine empirische Theorie zu pfropfen, wobei letztere nach nunmehr jahrzehntelanger Forschung nur die Daten gebracht hat - und auch nur solche bringen konnte -, die der aus moralphilosophischen Systemen stammende, diktierte kategoriale Rahmen erlaubt. Daß es bei einer auf diese Weise angeleiteten empirischen Forschung unwahrscheinlich ist, Ergebnisse zu erhalten, die einen Universalitätsanspruch stützen könnten, versteht sich von selbst. Kohlbergs Scheitern ist ein Beispiel dafür. Für Habermas bleibt eine Formalpragmatik zurück, die auf metaphysische Rückendeckung bereits glaubt verzichten zu können, wo sie noch nicht einmal empirischen Boden unter den Füßen hat.

IV.3.4 Von der bannenden Kraft des Heiligen zur Autorität des begründeten Konsenses

Während das mythische Denken noch "das kritische Potential verständigungsorientierten Handelns" bindet und so "gleichsam die Quelle innerer, der Kommunikation selbst entspringender Kontingenzen" verstopft (TKH 2: 238), führt der Prozeß der Dezentrierung der Weltbilder schrittweise zu einer Versprachlichung des Sakralen - ein Modell, das Habermas im Anschluß an Durkheim entwickelt. Dabei wird den Weltbildern eine wichtige Rolle im gesellschaftlichen Evolutionsprozeß zuerkannt. Auch diese Ebene des Evolutionsmodells ist nicht frei von Widersprüchen und Problemen, die nachfolgend dargestellt werden sollen.

In archaischen Gesellschaften bilden "die Strukturen sprachlich vermittelter normengeleiteter Interaktionen zugleich die tragenden Sozialstrukturen" (TKH 2: 233). Die totalisierende Kraft des mythischen Weltbildes legt dem Einzelnen via kollektiv verfügbare Situationsdeutungen (vgl. TKH 2: 234) die den Situationen angemessenen Verhaltens- und Interaktionsformen auf. In allen Dimensionen der Lebenswelt ist die Gesellschaft omnipräsent, d.h. "sie reproduziert sich in jeder einzelnen Interaktion als ganze" (TKH 2: 234).

Es dürfte schwierig sein, mit einem derartig totalisierend verfahrenden Reproduktionsmodell Entwicklungen überhaupt noch erklären zu können. Wenn jede Interaktion das Ganze reproduziert und zugleich das Ganze allen Elementen des Gesellschaftssystems einen definierten Platz zuweist, so bleibt in einem solchen Modell kaum noch Spielraum für die Entstehung des Neuen. Die These, daß unter Bedingungen systemischer Steuerungskrisen (siehe S. 175 f.) ein im kommunikativen Handeln enthaltenes Rationalitätspotential freigesetzt und für die Evolution des gesellschaftlichen Institutionensystems genutzt werden kann, ist freilich viel zu schwach, als daß sie das Ausscheren von Handlungsbereichen aus diesem Reproduktionsprozeß erklären könnte. Habermas versucht nun, für den profanen Handlungsbereich die behauptete totalisierende Kraft des mythischen Weltbildes einzuschränken. Während in den Grundbegriffen des Mythos "Geltungs- und Wirkungszusammenhänge noch konfundiert" sind, beruht die Alltagspraxis "schon auf der Differenzierung zwischen Geltungs- und Wirkungsaspekten"[88]. "Vor allem in den Bereichen der

88 Zu diesem Punkt bringt Linkenbach eine m.E. falsch gelagerte Kritik an. Sie fragt: "Wieso können ausgerechnet Weltbilder, die weniger rational sind als das Alltagshandeln (und deshalb das auf ihrer gesellschaftlichen Stufe existierende Systemproblem weitgehend zu neutralisieren in der Lage sind), Schrittmacherfunktion übernehmen für die Überwindung der Systemprobleme? Wieso hat das rationale Verhalten im profanen Bereich keinen entscheidenden Einfluß auf den evolutionären Rationalisierungsprozeß?" (Linkenbach 1986: 91) Ich hatte bereits deutlich gemacht, daß für Habermas Weltbilder sowohl eine rationalitätsblockierende Funktion haben als auch (über die individuellen Lernvorgänge) ein Rationalitätspotential enthalten, das in Krisensituationen angezapft werden kann. Insofern hat "das rationale Verhalten im profanen Bereich" tatsächlich einen Einfluß auf den evolutionären Rationalisierungsprozeß, da dieses Verhalten als ontogenetische Entwicklung Einfluß auf die Weltbilder nimmt und somit deren Rationalitätspotential speist. Die Schrittmacherfunktion der Weltbilder bleibt immer abhängig von lernenden Individuen (insofern könnte man feststellen, daß der Begriff Schrittmacherfunktion der Weltbilder etwas irreführend ist): "Für die soziale Evolution haben (...) Lernprozesse im Bereich des moralisch-praktischen Bewußtseins Schrittmacherfunktion" (RHM: 176). Die rationalitäts-

Produktion und der Kriegführung entwickelt sich eine arbeitsteilige Kooperation, die erfolgsorientiertes Handeln verlangt" (TKH 2: 288)[89]. Dieses technische und strategische Know-how kann allerdings "noch nicht die Form eines expliziten Wissens annehmen, solange auf der Stufe kommunikativen Handelns Wahrheitsansprüche kaum isoliert werden können" (TKH 2: 289).

Dieses Rationalitätsgefälle zwischen dem sakralen und profanen Handlungsbereich führt zu konzeptuellen Schwierigkeiten. Wenn Weltbilder tatsächlich eine totalisierende Kraft besitzen, die sowohl die Sozialstruktur als auch die alltäglichen Handlungsroutinen formt und somit gleichsam blind das Faktische reproduziert wird, in dem alles mit allem zusammenhängt (s.o.), wie sollte es dann möglich sein, überhaupt einen profanen von einem sakralen Bereich abgrenzen zu können? Und selbst wenn dies möglich wäre: Wieso hängt der profane Handlungsbereich weniger von dem totalisierenden Weltbild ab als der sakrale? Solange keine systemische Steuerungskrise auftritt, bleibt das Rationalitätspotential im Weltbild eingekapselt. Entweder das mythische Weltbild wirkt in krisenfreien Zeiten totalisierend, dann bleiben alle Handlungsbereiche direkt von ihm abhängig, oder es ist nicht totalisierend, dann bilden mythische Weltbilder entgegen Habermas' Behauptung (vgl. TKH 1: 73) nicht den schärfsten Kontrast zur modernen Weltauffassung. Ein weiteres Problem betrifft den Motor der von Habermas angenommenen Entwicklungslogik:

---

blockierende Funktion der Weltbilder kann die Systemprobleme eben nur *weitgehend* neutralisieren, wie Linkenbach richtig feststellt. Im Moment der Überforderung durch eine systemische Steuerungskrise funktioniert diese Neutralisierung nicht mehr, und dann können die in Weltbildern *auch* enthaltenen Rationalitätspotentiale für die Lösung der Krise genutzt werden. Die Weltbilder können ihre rationalitätsblockierende Funktion überhaupt nur deshalb ausüben, weil sie, trotz ihrer - verglichen mit dem Alltagsbewußtsein - geringeren Rationalitätsstufe, "intellektuell besser durchgearbeitet und artikuliert" sind (TKH 2: 518 f.). Ich stimme mit Linkenbach darin überein, daß dieses Modell kritisiert werden muß, wenngleich meine Kritik in eine andere Richtung zielt (s.o.). Als besonders befriedigend ist der Erklärungswert der Doppelstruktur der Weltbilder indes sicherlich nicht anzusehen.

89 Es ist sehr erstaunlich, daß Habermas unter zwei Bereichen, die für die Evolution der Gesellschaft und als erste Anzeichen einer auf Effizienz basierenden "Handlungsrationalität" (TKH 2: 288 f.) seiner Meinung nach von entscheidender Bedeutung waren, den der Kriegführung nennt. Was bei Adorno Inbegriff der Fehlentwicklung der Vernunft war ("von der Steinschleuder zur Megabombe"; ND: 314), wird für Habermas zu einem Ausgangspunkt seines Vernunftkonzepts. Ich halte diese Interpretation von Habermas für - gelinde gesagt - gewagt.

Wenn die "triviale Alltagspraxis (...) intellektuell nicht durchgearbeitet" ist (TKH 2: 282) und die in den Bereichen der Produktion und der Kriegführung zur Anwendung kommenden "technischen und strategischen Regeln (...) noch nicht die Form eines expliziten Wissens annehmen" (TKH 2: 289), wie kann Habermas dann noch davon ausgehen, daß die Entbindung eines kommunikativen Rationalitätspotentials der Motor der Entwicklung sei? Vielmehr liefert er hier die Bestätigung für Piagets These, daß die Regelanwendung in der Handlung der Sprache vorhergeht.

Habermas beschreibt die Dezentrierung der Weltbilder als einen Prozeß der Ersetzung "narrativer Erklärungen der mythischen Erzählungen durch argumentative Begründungen" (RHM: 19). Damit verlagert "sich die Geltungsbasis der Überlieferung vom rituellen aufs kommunikative Handeln" (TKH 2: 136), die Glaubensgemeinschaft wird zur Kooperationsgemeinschaft säkularisiert (vgl. TKH 2: 137). Dabei ersetzt "die Geltungsbasis verständigungsorientierten Handelns die sakralen Grundlagen der sozialen Integration" (TKH 2: 486). Die Rationalisierung der Weltbilder führt zu einer Erlahmung ihrer totalisierenden Kraft und schließlich zu ihrer Auflösung: Moderne Gesellschaften konstituieren ihre Einheit nicht mehr in Form von Weltbildern (vgl. RHM: 107). In letzter Instanz tritt die Diskursethik das Erbe dieser "Versprachlichung des Sakralen" (TKH 2: 139) an: Die Autorität des Heiligen wird durch eine "kommunikativ verflüssigte Moral" substituiert (TKH 2: 140). Tatsächlich muß Habermas, wenn er weiterhin in der Tradition der kognitivistischen Entwicklungspsychologie argumentieren will (die ihm als empirische Grundlage dienen soll), für die Entwicklungsstufen der sozialen Evolution das behaupten, was bereits für die ontogenetischen Stufen gilt: daß nämlich spätere Stufen die vorhergehenden nicht einfach ersetzen, sondern daß deren Potential transformiert und auf einem höheren Niveau neu integriert wird (vgl. McCarthy 1989: 281). Für den Prozeß der Versprachlichung des Sakralen bedeutet dies, daß das gesamte sozialintegrative Potential des mythischen Weltbildes ohne "Transportschwund" den Transfer zum kommunikativen Handeln übersteht, und das heißt letztlich, daß dieses Potential sich ohne Rest auf die sich an Geltungsansprüchen orientierte Rede übertragen läßt. Die derart rationalisierte Lebenswelt soll "die Kontinuität von Sinnzusammenhängen mit den diskontinuierenden Mitteln der Kritik" sichern (PhDM: 400). Davon können wir jedoch nicht ausgehen.

Die sinnstiftende Einheit der Weltbilder zerfällt (vgl. TKH 1: 333). Die Entzauberung der Welt, die die Kommunikationstheorie als den Übergang von narrativen Erzählungen zur argumentativen Einlösung von Geltungsansprüchen beschreibt, führt zu jenem Sinnverlust, auf den bereits Weber aufmerksam gemacht hat. Sprachanalytisch läßt sich dieser Sinnverlust als Prozeß der Abspaltung der mythischen oder religiösen Symbolik von den sprachlichen Zeichen verstehen[90]. Dieser Verlust des Sinnhaften wird durch die formale Struktur der argumentativen Rede nicht ausgeglichen oder gar ersetzt[91]. Habermas' Satz vom "eigentümlich zwanglosen Zwang des besseren Argumentes" (Habermas 1972a: 137) kann dafür als Beispiel dienen: Zunächst einmal ist dieser Satz kaum mehr als eine Phrase, eine inhaltslose Formel. Stellt man die Frage, was ein Argument besser macht als ein anderes, sind unlösbare Probleme die Folge. Die Höherwertigkeit eines Argumentes läßt sich nämlich nicht aus den Strukturen des kommunikativen Handelns an sich herauslesen. Andererseits bringt kein Argument seine Höherwertigkeit sozusagen von Haus aus mit[92]. Daß ein Argument, das in moralischen Diskussionszusammenhängen angeführt wird, primär mit dem Anspruch der normativen Richtigkeit auftritt, sagt alleine noch nichts über sein mögliches Gewicht in der Auseinandersetzung aus. Ein formales Verfahren kann prinzipiell keine Kriterien bereitstellen, anhand

90 Mit dieser Form der Säkularisierung beschäftigt sich Benjamin im "Ursprung des deutschen Trauerspiels".

91 Das bedeutet freilich nicht, daß eine Sehnsucht nach vergangenen sinnerfüllten Weltbildern wünschenswert wäre. Außerdem lassen sich "die realen geschichtlichen Tendenzen" nicht rückgängig machen (KiV: 158). "Die älteren Systeme waren zergangen, weil die von ihnen geforderten Formen der Solidarität sich als trügerisch erwiesen und die mit ihnen verbundenen Ideologien hohl und aporetisch wurden" (KiV: 139).

92 Kolakowski vertritt die These, daß "Werte (...) stets in ihrer mythischen Form ererbt [werden], d.h., sie werden nicht ererbt als Informationen über soziale Fakten oder psychische Fakten ('dies oder jenes gilt als Wert'), sondern eben als Informationen darüber, was einen Wert darstellt oder nicht. Die Idola tribus üben eine Herrschaft aus, der man sich nicht entziehen kann; die völlige Emanzipation von ihnen ist die Tyrannei einer anderen Illusion. Die universelle Gottlosigkeit ist eine Utopie. Die Mythen, die uns lehren, was ganz einfach einen Wert darstelle, sind unvermeidlich, wenn die menschliche Gesellschaft existieren soll" (Kolakowski 1984: 40). Mit diesen Sätzen über "die Tyrannei einer anderen Illusion" ist Kolakowski vielleicht einer der stärksten Antipoden Habermas'. Im "Nachmetaphysischen Denken" werden Kolakowskis Ausführungen als "Wendung ins Irrationale" kritisiert (Habermas 1988: 45).

derer zu entscheiden wäre, in welchem Sinne ein Argument als gutes oder schlechtes Argument zu gelten hätte. Für die Sinndimension bleibt dem formalpragmatischen Kategorienapparat jedoch jeglicher Zugang versperrt[93]: Die Differenz zwischen Sinn und Geltung wird kassiert[94]. Zugleich betont Habermas, daß die Alltagspraxis auf "sinnstiftende Traditionen angewiesen" bleibt (TKH 2: 484) - eine Quelle, die durch die diskursive Verflüssigung der Weltbilder zu versiegen droht[95]. Was bleibt ist ein Projekt der Moderne, das sich durch Rationalitätssteigerungen bei zunehmender Sinnlosigkeit auszeichnet. "Halbherzig auf das Fortbestehen von Traditionen zu spekulieren, ist nicht Habermas' Sache; wir können nicht ewig auf Zinsen leben. Was aber bleibt dann noch, um den Hohlraum zu füllen, den die Rationalisierung der Lebenswelt hinterläßt?" (Waldenfels 1985: 108)

Habermas, der die traditionalen Lebensformen sehr kritisch beurteilt (vgl. TKH 2: 487), kann nun freilich andererseits den Sinnverlust nicht als eine unvermeidliche Folge der Versprachlichung des Sakralen konzeptualisieren. Seine Antwort lautet: "Weder die Säkularisierung der Weltbilder noch die strukturelle Differenzierung der Gesellschaft haben per se unvermeidliche pathologische Nebenwirkungen. Nicht die Ausdifferenzierung und eigensinnige Entfaltung der

93 Arnason stellt daher zu Recht fest, "daß die theoretische Konstruktion der modernen Verständigungsform auf einer Vereinfachung und Verharmlosung des modernen Konflikts der Interpretationen basiert" (Arnason 1988: 280). Gamm kritisiert, daß Habermas die welterschließenden Elemente von Sprache unterschätzt (vgl. Gamm 1987, insbesondere Kapitel I, 11-40).

94 Wenn sich Sinn tatsächlich vollständig auf die Geltungsebene verflüchtigt hätte, müßte man Horkheimer recht geben, der schreibt: "Die Feststellung, daß Gerechtigkeit und Freiheit an sich besser sind als Ungerechtigkeit und Unterdrückung, ist wissenschaftlich nicht verifizierbar und nutzlos. An sich klingt sie mittlerweile gerade so sinnlos wie die Feststellung, Rot sei schöner als Blau oder ein Ei besser als Milch" (KiV: 33). Nur weil es so ungeklärt bleibt, was einen Grund zu einem guten Grund macht, kann Luhmann in Anlehnung an Utter und Needham zynisch-ironisch schreiben: "Die Moral wird auf Sachverhalte eingespielt, die in der Kommunikation sich selbst ein Bein stellen und dann mit Zusatzbeteuerungen versehen werden müssen, die die Glaubwürdigkeit noch mehr in Frage stellen: 'Gründe', 'gute Gründe', 'überzeugende Gründe'; wie 'Eier', 'frische Eier', 'echt frische Eier'" (Luhmann 1982: 373).

95 Dagegen stellt Alexander fest, "daß auch moderne Menschen die Kontingenzen des Alltagslebens in Begriffen narrativer Traditionen zu verstehen suchen, deren Einfachheit und Widerstand gegen Veränderungen sie von Mythen nur schwer unterscheiden lassen" (Alexander 1986: 105).

kulturellen Wertsphären führen zur kulturellen Verarmung der kommunikativen Alltagspraxis, sondern die elitäre Abspaltung der Expertenkulturen von den Zusammenhängen kommunikativen Alltagshandelns" (TKH 2: 488). Wie das Problem dieser elitären Abspaltung der Expertenkulturen - die ja als Expertenkulturen Bestandteil jener "großartigen Vereinseitigungen [sind], die die Signatur der Moderne ausmachen" (TKH 2: 584) - gelöst werden kann, darüber schreibt Habermas in der "Theorie des kommunikativen Handelns" wenig. Als Fluchtpunkt der Kultur sieht er einen Zustand "der Dauerrevision verflüssigter, reflexiv gewordener Traditionen" (TKH 2: 219). Was das inhaltlich und praktisch bedeutet, bleibt ein Rätsel (vgl. Waldenfels 1985: 109 f.).

Im "philosophischen Diskurs der Moderne" nimmt Habermas das Problem der von der Lebenswelt abgespaltenen Expertenkulturen wieder auf und schlägt nunmehr vor, daß die Philosophie und die Literaturkritik je auf ihre Weise einen Vermittlerstatus "zwischen den Expertenkulturen und der Alltagswelt einnehmen" (PhDM: 243). Da nach der Dezentrierung und Überwindung der Weltbilder "in den Routinen der Alltagspraxis (...) der weltkonstituierende sprachliche Rahmen beinahe erstarrt" ist (PhDM: 245), kann dem Alltagsmenschen nur noch auf diesem "mäeutischen Wege" (PhDM: 244) der Erfahrungsgehalt der in der Expertenkultur der Kunstschaffenden hergestellten esoterischen Werke zugänglich und verstehbar gemacht werden. Daß es sich hierbei um einen zutiefst elitären und undemokratischen Prozeß einer "Bildung von oben" handelt, scheint Habermas dabei nicht zu stören: Eine Expertenkultur läßt über eine weitere Expertenkultur dem Patienten Alltagsmensch vermitteln, was dieser braucht, aber aus eigener Kraft zu verstehen nicht mehr in der Lage ist. Dubioser kann eine kritische Theorie der Gesellschaft m.E. kaum noch werden.

IV.3.5 Von der Abwehr zur Aneignung: die Rettung der semantischen Potentiale des Mythos

Im "Nachmetaphysischen Denken" korrigiert Habermas seine bisherigen Auffassungen des Verhältnisses von Mythos und Moderne, das als eines der wechselseitigen Ausschließung dargestellt wurde: Religion und Mythos enthalten, so die neue Einsicht, "inspirierende, ja unaufgebbare semantische Gehalte" (60; vgl. 22 ff., 275). Solange die kommunikative Vernunft "im Medium begründeter Rede für das, was Religion sagen kann, keine besseren Worte findet, wird sie sogar mit dieser, ohne sie zu stützen oder zu bekämpfen, enthaltsam koexistieren" (185; vgl. 60). Freilich sieht Habermas sich durch diese neuen Erkenntnisse nicht veranlaßt, vom Projekt der Moderne (vgl. Habermas 1981: 444-464) Abschied zu nehmen. Ohne eine kritische Durchsicht der in mythischen und metaphysischen Weltbildern enthaltenen semantischen Potentiale sollen diese das Tor zur Moderne nicht passieren dürfen: Nach wie vor stellt sich dem philosophischen Denken "die Aufgabe, sich die Antworten der Tradition, nämlich das in den Hochkulturen entwickelte Heilswissen der Religionen und das Weltwissen der Kosmologien, im schmaler und schärfer gewordenen Lichtkegel dessen anzueignen, was davon den Töchtern und Söhnen der Moderne mit guten Gründen noch einleuchten kann" (22 f.)[96]. Der Streit geht "über Bestand und Umfang jener alten Wahrheiten, die einer kritischen Aneignung fähig sind, aber auch um die Art und Weise der Transformation des Sinnes, der alte Wahrheiten im Falle einer kritischen Aneignung unterliegen müssen" (22 f.). Jede Generation muß sich diese semantischen Potentiale neu erschließen, "wenn nicht noch der Rest des intersubjektiv geteilten Selbstverständnisses, *welches einen humanen Umgang miteinander ermöglicht*, zerfallen soll[97]. Jeder muß in allem, was Menschenantlitz trägt, sich wiedererkennen können" (23, meine Hervorhebung). Diese Aufgabe sieht Habermas als so wichtig an, daß die Philosophie seiner Meinung nach selbst vor der zweifelhaften Rolle eines "Sinnvermittlers" nicht ausweichen darf (vgl. 23). Geradezu en passant, so als hätte dies schon immer seiner Auffassung entsprochen, streicht Habermas den Superioritätsgestus der abendländischen Philosophie gegenüber den "opaken Gestalten des mythischen Denkens" (TKH 2: 588): Die

96 Auch hier ist wiederum nicht klar, was einen guten Grund vor einem schlechten auszeichnet. Probleme bei der Auswahl dessen, was angeeignet werden soll und was nicht sind damit vorgezeichnet.
Seitenzahlen ohne weitere Angaben beziehen sich in diesem Kapitel auf das "Nachmetaphysische Denken" (Habermas 1988).

97 Interessanterweise entspricht diese Auffassung der von Kolakowski (siehe Fußnote 92), dem Habermas kaum zwanzig Seiten später eine Wendung ins Irrationale vorwirft (vgl. 45).

Philosophie kann "die im Plural auftretenden Totalitäten der verschiedenen Lebensformen auch nicht mehr in eine Hierarchie des mehr oder minder Wertvollen bringen; sie beschränkt sich auf die Erfassung allgemeiner Strukturen von Lebenswelten überhaupt" (26). Gleichwohl bleibt die abendländische Philosophie an die Bedingungen moderner Rationalität gekoppelt: Sie muß unter diesen Konditionen operieren, es steht ihr nicht frei, andere zu wählen (vgl. 26). Damit kann die Philosophie sich sorglos mit den mythischen und metaphysischen Potentialen auseinandersetzen, ohne daß die Gefahr ihres Ausscherens aus der (kommunikativen) Vernunftstruktur der Moderne besteht. Wer mit "seiner" Philosophie glaubt unter anderen Bedingungen der Rationalität arbeiten zu können, hat schlicht nicht begriffen, daß ihm diese Wahl nicht zusteht: Die moderne Vernunft ist eine geschlossene Totalität.

Habermas' Einsicht, daß wir Gefahr laufen "des Lichts der einmal im Mythos aufbewahrten semantischen Potentiale (...) verlustig zu gehen" (275), ist ein beeindruckender Wandel in seiner Bewertung des Mythos, die bisher zu einer Einstufung am unteren Ende der Vernunft geführt hat. Dabei bleibt Habermas dem Projekt der Aufklärung insofern verbunden, als er eine *kritische* Aneignung der bedrohten semantischen Potentiale des Mythos fordert, d.h. eine Aneignung, die den "Bedingungen einer entzauberten und entmythologisierten Welt" (275) entspricht. Uns rationalen Menschen bleibt nichts anderes als eine rationale Aneignung übrig. Wie andere Lebensformen beschaffen sind, soll und kann nicht mehr beurteilt werden. Was bleibt ist ihre Andersartigkeit, die *sie* sich möglicherweise ebenso wenig ausgesucht haben wie *unsere* Philosophie sich ihre Rationalitätsbedingungen. Habermas' neue Botschaft scheint zu lauten: Niemand kann aus seiner Haut heraus. Die Rationalitätsformen unterliegen einer normativen Kraft des Faktischen (sie sind ja auch die faktische normative Kraft), die von Lebensform zu Lebensform verschieden ist. Einen emphatischen Universalitätsanspruch wird man bei dem Habermas des "Nachmetaphysischen Denkens" - so scheint es jedenfalls zunächst - nicht mehr finden. Gleichwohl tauscht Habermas diesen keineswegs gegen ein "anything goes" ein: Es ist nicht alles kontingent. Behauptet wird lediglich, daß *wir* angesichts der Pluralität der Lebensformen nicht mehr die *ihre* als minder wertvoll ansehen können. Nicht mehr *sie* sind das Problem, auch nicht unsere eigenen metaphysischen und mythischen kulturellen Grundlagen, sondern ob es *uns* gelingt, die für einen - nach unseren heutigen Vorstellungen - "humanen Umgang" notwendige rationale Aneignung eines gemeinsamen kulturellen Erbes von Generation zu Generation zu bewerkstelligen. Dabei sind bestimmte vergangene oder heute in anderen Kulturen noch existierende Formen der Sozialintegration *für uns heute* nicht mehr denkbar. Wir haben uns unsere Rationalitätsform, die durch eine Dezentrierung von Weltbildern entstanden ist, nicht ausgesucht, aber sie ist die einzige, von der wir ausgehen können. Den damit verbundenen Kulturrelativismus scheint Habermas in Kauf zu nehmen. In der Moderne jedenfalls kann jeder Versuch aus "schlecht-spekulativen (...) wissenschaftlichen Theoriestücken" (Habermas verweist auf die New-Age-Bewegung) wieder geschlossene Weltbilder zu zimmern, "sich im Meer eines dezentrierten Weltverständnisses nur auf abgeschirmten subkulturellen Inseln stabilisieren" (35).

Trotz Habermas' "Gesinnungswandel" bleibt ein universalistischer Rest in der Theorie enthalten. Mit Bezug auf Humboldt schreibt Habermas: "Sprachen drücken einerseits Weltbildern und Lebensformen ihren individuellen Stempel auf und erschweren so Übersetzungen aus der einen in die andere Sprache; gleichwohl laufen sie wie konvergierende Strahlen auf das gemeinsame Ziel universaler Verständigung zu" (202). Was für einen Sinn macht dann aber noch der Satz, daß die Philosophie sich der Bewertung anderer Lebensformen enthalte? Fühlt sie sich nicht mehr imstande, Kommunikationsformen aufgrund ihrer Nähe oder Distanz zum Ziel universaler Verständigung einzuschätzen, oder ist ihr Schweigen eine Form der Höflichkeit?

Aber auch im "Nachmetaphysischen Denken" bleibt Habermas dieser selbst verordneten Wertfreiheit fremden Lebens- und Rationalitätsformen gegenüber nicht treu. So werden der mythischen Weltsicht "kognitive Schranken" bescheinigt (156), die Habermas noch immer, wie schon in der "Rekonstruktion des Historischen Materialismus", durch einen Konkretismus bedingt sieht, der "das Besondere unvermittelt mit dem Besonderen vernetzt, eins im anderen spiegelt und alles ein flächiges Gewebe von Oppositionen und Ähnlichkeiten bildet[98]. Mit Nietzsche könnte man sagen, daß der Mythos nur

98 Matthiesen, der das aufklärerische Mythenverständnis kritisiert, spricht plastisch von der Vorstellung eines "mythischen Kategorienbreis" (Matthiesen 1985: 37).

Oberfläche, nur Schein und kein Wesen kennt" (157). Es existiert eine "Unmittelbarkeit des narrativen Geflechts konkreter Erscheinungen" (157). Nach wie vor geht Habermas davon aus, daß "die Angst vor den unkontrollierten Gefahren (..) sich in Mythen und magischen Praktiken" verrät (158). Abgesehen davon, daß Nietzsche kaum als Vertreter aktueller ethnologischer Forschungsergebnisse anzusehen ist, wird deutlich, wie breit das Spektrum der philosophischen Aufsätze - bis hin zu widersprüchlichen Positionen - angelegt ist. Vor dem Hintergrund dieser erneuerten Mythoskritik erscheint es unverständlich, wie dieses anschauungsverhaftete, konkretistische Denken noch "semantische Potentiale" enthalten kann, die rational angeeignet werden sollen.

Ungelöst bleibt zudem das Problem, wie eine rationale Aneignung - einmal mehr "mit guten Gründen" (23) - religiösen Heilswissens und der semantischen Potentiale des Mythos konkret vorzustellen ist. Die Feststellung, daß es sich hier um ein Potential handelt, das vergessen und damit verlorengehen kann - mit sogar bedrohlichen Konsequenzen für den humanen Umgang der Menschen untereinander (vgl. 23) und deshalb durch eine kritische Aneignung ausgeschöpft werden sollte - verleugnet den Sachverhalt, daß die Moderne keineswegs von allem Narrativen - sei es "gut" oder "böse" - gesäubert ist. Es verhält sich doch nicht so, daß wir dem Mythos hinterherlaufen müssen und nach einer Phase kritischen Befragens im "schärfer gewordenen Lichtkegel" (22) argumentativer Begründbarkeit jene semantischen Potentiale im Keller des Hauses der Moderne einlagern, in der Hoffnung, daß sie nicht "verlustig (...) gehen" (275). Vielmehr sind wir - allen Rationalisierungsschüben zum Trotz - immer schon und immer noch "in Geschichten verstrickt" (Schapp 1976: 1). Zudem ist, wie Habermas selbst feststellt, "die normale Sprache des Alltags (...) unausrottbar rhetorisch" (PhDM: 245). Die "narrativen Traditionen" (Alexander 1986: 105) haben sich verändert, aber im Aussterben begriffen sind sie nicht. Wohl ist ihnen die Kraft abhanden gekommen, den wachsenden Sinnverlust in einer zunehmend kognitiv vereinseitigten, sterilen und entkörperlichten Moderne auszugleichen. Aber eine solche Kraft ist einer rationalen Aneignung semantischer Potentiale des Mythos - was immer damit gemeint sein mag - ebenfalls nicht zuzutrauen.

Wie die Philosophie die Bedingungen der Rationalität, unter denen sie operieren muß, nicht auswählen kann (vgl. 26), so kann auch "die Moderne" sich die Reichweite des Horizonts ihrer Problemlösungspotentiale nicht aussuchen. *Unsere* Probleme sind spezifisch moderne Probleme, und sie werden mit ebensolchen Mitteln oder gar nicht gelöst. Es muß sich erst herausstellen, ob die Weiterführung jenes "Projekts der Moderne" an den Problemen scheitert, die mit diesem Projekt verbunden sind und ob zugleich die zur Verfügung stehenden Problemlösungskapazitäten überfordert werden. Vielleicht wären wir dann tatsächlich gezwungen, eine - aus unserer Sicht - Flucht nach hinten anzutreten und möglicherweise in den geöffneten Armen eines Neoaristotelismus Zuflucht finden (z.B. MacIntyre 1987). Wenn die Moderne tatsächlich Gefahr läuft, ihre Sinnvorräte zu verbrauchen, muß sie aus sich selbst heraus neue schaffen, statt - wie auch Habermas es ablehnt - sich "ein traditionalistisches Wämschen [zu] stricken" (Habermas 1985a: 183). Auch scheint es *für uns* unmöglich zu sein, die Mythen der heute lebenden Stammesgesellschaften in irgendeiner Weise zu beerben: Sinn ist eine Immobilie, sie läßt sich nicht importieren.

Die uneinheitlichen und z.T. sich widersprechenden Thesen im "Nachmetaphysischen Denken" zeigen einerseits, daß Habermas bemüht ist, auf Kritik, die er offensichtlich für berechtigt hält, Änderungen in der Theorie folgen zu lassen, deuten aber andererseits auch darauf hin, daß es zunehmend schwieriger wird, solche Änderungen noch in dem durch die "Theorie des kommunikativen Handelns" vorgegebenen Rahmen unterzubringen. Habermas' Schwierigkeit, dem Mythos auch Gerechtigkeit widerfahren zu lassen, kann als Indiz dafür angesehen werden, daß hier die Grenze der Explikationsfähigkeit kommunikationstheoretischer Kategorien erreicht oder deren Möglichkeiten gar überfordert werden.

V. Schlußbetrachtung

Die Abwehr der fusionierenden Weltauslegungen mythischer Weltbilder begleitet die Kritische Theorie seit ihren Anfängen. Warnungen vor einem "Rückfall in den Mythos", Distanzierungen von den mythischen Schreckbildern des Irrationalen tauchen als geradezu schulenbildendes Stereotyp immer wieder auf. Diese durchgängige Abwertung mythischer Denkformen ist umso überraschender, als der Mythosbegriff in der alten und neuen Kritischen Theorie in höchst divergierende Geschichtskonstruktionen eingelassen ist. Während Horkheimer und Adorno den Mythos als Beginn einer Aufklärung begreifen, in der ein archaischer Herrschaftswille zur Totalität gelangt, die Moderne demnach noch immer "aktuelle *Urgeschichte*" (Schnädelbach 1989: 19) ist, konstruiert Habermas das mythische Denken als Gegenmodell zur Vernünftigkeit des kommunikativen Handelns. Damit wird das Verhältnis von Mythos und Moderne umgekehrt: Das für die dialektische Geschichtskonstruktion der "Dialektik der Aufklärung" zentrale Konstrukt einer *Konvergenz von Mythos und Moderne* weicht in der revidierten Kritischen Theorie von Habermas der Annahme einer radikalen *Divergenz von Mythos und Moderne*. Der Mythos erscheint jetzt als "ein Negativ des gegenwärtig Wahren" (Kimmerle 1986: 185). Damit verschieben sich zugleich die utopischen Horizonte der Theorien. Adornos - sehr vager - utopischer Entwurf zielt auf eine zweck- und damit herrschaftsfreie mimetische Anschmiegung des Subjekts an das Objekt, um dessen qualitativen Momenten gerecht zu werden. Dem ästhetischen Verhalten kommt in diesem Zusammenhang eine zentrale Bedeutung für eine herrschaftsfreie Wirklichkeitserfahrung zu. Angesichts der von Horkheimer und Adorno der Moderne attestierten vollständigen Herrschaftsverfallenheit bleibt unklar, in welcher Weise diese schwache Hoffnung sich in der Wirklichkeit durchsetzen könnte. Der Spielraum für Veränderungen im Rahmen einer in toto dem "mythischen Bann" des Herrschaftsprinzips verfallenen Geschichte scheint gering. Demgegenüber bleibt Habermas' Vorstellung einer von der mythischen Denkweise strukturell und substantiell verschiedenen herrschaftsfreien Kommunikation ein Stück konkrete Utopie.

Die extreme Abwertung mythischer Denkformen durch die Kritische Theorie verdankt sich den klassischen Denkmustern der europäischen Aufklärung und des neuzeitlich-wissenschaftlichen Denkens, die den jeweiligen Geschichtskonstruktionen zugrunde liegen. Gemeinsam ist den Mythoskonzeptionen von Horkheimer, Adorno und Habermas eine ihnen zugrundeliegende eurozentrische Perspektive. Die Gegenwartsbezogenheit der Rekonstruktionen der Phylogenese führt zu einer systematischen Einordnung aller historischen Phänomene in ein kategoriales Raster, das einzig dazu taugt, die jeweils aktuelle Form der Vernunft als - vorläufigen - Endpunkt der Gesamtentwicklung zu begreifen[1]. Erscheinungen, die der jeweiligen Theorie Inkonsistenzen aufbürden könnten, fallen von vornherein durch das kategoriale Raster durch. Insofern wird die Universalität der Vernunftentwicklung in der alten und neuen Kritischen Theorie nicht bewiesen, sondern sie wird durch die Annahme einer Universalität des modernen Denkens allenfalls hypothetisch eingeführt.

Die eurozentrische Perspektive der universalgeschichtlichen Konstruktionen in der älteren und in der neuen Kritischen Theorie spiegelt sich am augenfälligsten in den jeweiligen Mythoskonzeptionen. Neuere religionswissenschaftliche und ethnologische Befunde, die die archaischen Weltbilder weit weniger "opak" und "bizarr" erscheinen lassen, als sie sich dem aufgeklärten europäischen "Lehnstuhl-Anthropologen" darstellen, werden sowohl in der älteren als auch in der revidierten Kritischen Theorie beinahe vollständig ignoriert. Der Mythos ist kein Ausdruck des Verfallenseins an Natur, keine Geschichte, die Menschen sich im Dunkel einer unverstandenen und unbeherrschten Natur erzählen, um ihre Ängste zu überwinden, sondern - soweit wir das heute beurteilen können - immer schon eine kulturelle Leistung, die Natur, aber auch das gesellschaftliche Interaktionsgefüge transzendiert. Bei einer direkten Kontrastierung von "modernen" und "primitiven" Formen der Rationalität ist äußerste Behutsamkeit geboten. Darüber besteht heute ein breiter Konsens (man denke an die Auseinandersetzungen um "La mentalité primitive" von Lévy-Bruhl), den auch Habermas teilt (vgl. TKH 1: 74). Dennoch scheint die These einer Konfusion von Kultur und Natur, die Habermas dem mythischen Denken bescheinigt, keine hinreichende Distanz aufzuweisen zu Lévy-Bruhls Vorstellung der prälogischen, unmittelbaren Einbindung der "Primitiven" in die Welt - ganz zu schweigen von dem Lévy-Bruhl überbietenden

1 "In der formalpragmatischen Rekonstruktion ist alles immer schon vorausgewußt", wie Kimmerle für die Habermassche Geschichtskonstruktion feststellt (Kimmerle 1986: 187).

Gedanken eines "barbarischen Zeitalters von Dämonenfratzen" in der "Dialektik der Aufklärung" (DA: 58).

Die für die Geschichtskonstruktion der "Dialektik der Aufklärung" zentrale Annahme einer Naturverfallenheit des primitiven Denkens sowie die These, der Mythos sei nichts als der ohnmächtige Versuch des archaischen Menschen, sich der Übermacht der bedrohlichen Natur durch deren abbildende Wiederholung zu erwehren, verdanken sich einer geradezu souveränen Ignorierung neuerer Forschungsergebnisse. Bereits zum Zeitpunkt der Entstehung der "Dialektik der Aufklärung" waren die Theorien des Präanimismus (Marett) und des Prälogismus (Lévy-Bruhl), auf die Horkheimer und Adorno sich im wesentlichen stützen, schlüssig widerlegt (vgl. Cochetti 1985: 214 ff.). Die komplexen semantischen Potentiale und gesellschaftlichen Funktionen mythischer Erzählungen sperren sich prinzipiell gegen eine Interpretation mit Hilfe eines Kategorienapparats, der einseitig auf die Erfassung von Herrschaft ausgelegt ist. Keineswegs ist der Mythos Ausdruck "archaischer Willkürakte von Machtergreifung" (ND: 315). Der Mythos ist keine Ursünde der Menschheit, in dem alle katastrophalen Ereignisse der Geschichte wurzeln. Die Nachahmung der Natur, die Bestandteil des mythischen Denkens ist, kann nicht als ausschließlich dem Zweck der Selbsterhaltung dienende repressive Mimesis verstanden werden. Die von Horkheimer und Adorno vorgenommene Reduzierung des mythischen Denkens auf den Funktionszusammenhang von Angst, Selbsterhaltung und Herrschaft, mit der die Zentralthese einer Konvergenz von Mythos und Moderne steht und fällt, verdankt sich ausschließlich geschichtsphilosophischen Spekulationen; ein wissenschaftlicher Beleg läßt sich für sie nicht beibringen.

Wie schon Horkheimer und Adorno begeht auch Habermas den Fehler, das mythische Denken auf eine angebliche kindliche Hilflosigkeit des archaischen Menschen zurückzuführen. Auch für Habermas verrät sich "in Mythen und magischen Praktiken (...) die Angst vor den unkontrollierten Gefahren" (Habermas 1988a: 3). Das mythische Denken bewegt sich jedoch nicht in den Bahnen, in denen die kruden funktionalistischen Überlegungen Kritischer Theoretiker es kreisen sehen: Keinesfalls ist der Mythos einfach ein funktionales Erfordernis, um eine scheinbare primitive Hilflosigkeit zu kompensieren. "Diese Auslegung von Mythos und Magie im Lichte wissenschaftlich-technischer Naturbeherrschung ersetzt offenkundig fehlendes Wissen durch überzeugt vorgetragene (und für überzeugend gehaltene) Vorurteile" (Kimmerle 1986: 185). Die unbefragte aufklärerische Selbstgewißheit, mit der Habermas seine Thesen zum mythischen Denken expliziert, muß angesichts der bekannten Schriften von Malinowski, Eliade und Lévi-Strauss - um nur einige zu nennen - verwundern. Auch die philosophischen Mythosdeutungen von Blumenberg und Kolakowski sehen weit umfassendere Potentiale im mythischen Denken, als sie Habermas im Lichtkegel seiner dreistrahligen Vernunft wahrzunehmen in der Lage ist. So sieht Kolakowski den Mythos als eine Grundvoraussetzung für die menschliche Gesellschaft an (vgl. Kolakowski 1984: 40), denn "die Welt der Werte ist eine mythische Realität" (Kolakowski 1984: 41). Eine völlige Emanzipation vom Mythos käme deshalb der "Tyrannei einer anderen Illusion" gleich (Kolakowski 1984: 40). "Jeder der Geschichte gegenüber erhobene Anspruch, jedes Werten von Ereignissen [ist] entweder unbegründet oder aber im Mythos begründet" (Kolakowski 1984: 48). Laut Blumenberg können die Wissenschaften die Sinngebungs- und Deutungspotentiale des Mythos nicht vollständig ersetzen: "Kausalität ist in gewisser Weise enttäuschend: als ein Prinzip der Verhältnismäßigkeit von Ursache und Wirkung schließt sie Signifikanz aus. Wenn die Verzichte spürbar werden, unter denen uns Wissenschaft Lebensbedingungen gewährleistet, aber Fragen abschneidet, liegt Mythologie nahe, denn die 'eigentlich bewegende Frage' ist nicht auch notwendig die, von deren Lösung unser pures Existieren abhängt" (Blumenberg 1971: 48).

Die emphatische Forderung Benjamins, vorzudringen "mit der geschliffenen Axt der Vernunft und ohne rechts noch links zu sehen", um allen Boden "vom Gestrüpp des Wahns und des Mythos" zu reinigen (Benjamin 1983: 570 f.), scheint auch für die Theorien von Horkheimer, Adorno und Habermas noch programmatisch. "Ohne rechts noch links zu sehen", unter Absehung von anderslautenden Befunden, wird die Andersartigkeit und Fremdheit des mythischen Denkens als minderwertig verfemt (vgl. Hesse 1984: 142). Zu kritisieren ist nicht der Versuch einer Selbstvergewisserung des Vernunftpotentials der Moderne, sondern die aufklärerische Selbstgerechtigkeit und die ethnozentrische Blickverengung, mit der jedes fremde und andersartige Denken gemustert wird. Die in dieser Hinsicht notwendige Selbstreflexion der Aufklärung bedeutet nicht, mit dem Projekt der Aufklärung zu brechen, denn "die

Moderne kann und will ihre orientierenden Maßstäbe nicht mehr Vorbildern einer anderen Epoche entlehnen, *sie muß ihre Normativität aus sich selber schöpfen*" (PhDM: 16). Zugleich jedoch bezeugt die Geschichte der Aufklärung, daß deren gleißendes Licht oft Helligkeit, doch selten Wärme ausgestrahlt hat. Weber bringt das in dem Bild von den "kalten Skeletthänden rationaler Ordnungen" zum Ausdruck (Weber 1920a: 561). In Jäger- und Sammlergesellschaften hingegen ist ein "ständiges Bemühen um Gemeinschaftlichkeit" festzustellen (Linkenbach 1986: 228). Dort bestehen "Möglichkeiten der kollektiven, rituellen Überwindung und Bemeisterung von Lebenskrisen und Konfliktsituationen" (Linkenbach 1986: 229). Die Naturbeziehung der Menschen in diesen Gesellschaften ist durch eine ökologische Verantwortung charakterisiert, die sich am deutlichsten darin zeigt, "daß nicht mehr Tiere getötet oder Früchte gesammelt werden, als für den Lebensunterhalt der Gruppe (einschließlich evtl. Vorratshaltung) erforderlich erscheint, obwohl dies leicht möglich wäre" (Linkenbach 1986: 186). Dem strengen Kognitivismus der Kritischen Theorie sind solche Qualitäten des mythischen Denkens, die wir offensichtlich verlernt haben, entgangen. Dies zu korrigieren wäre der Testfall für eine Theorie moderner Rationalität, "die diese Möglichkeit des Verlernens nicht a priori ausschließen darf" (TKH 2: 588).

Verzeichnis der Siglen

GS 1 Adorno, Theodor W. (1973) Philosophische Frühschriften (Gesammelte Schriften Bd. 1). Frankfurt/M.

ÄT Adorno, Theodor W. (1973b) Ästhetische Theorie. Frankfurt/M.

GS 5 Adorno, Theodor W. (1975a) Gesammelte Schriften Bd. 5. Frankfurt/M.

GS 10 Adorno, Theodor W. (1977a) Gesammelte Schriften Bd. 10. Frankfurt/M.

GS 8 Adorno, Theodor W. (1979) Soziologische Schriften I (Gesammelte Schriften Bd. 8). Frankfurt/M.

JE Adorno, Theodor W. (1980) Jargon der Eigentlichkeit. Zur deutschen Ideologie. Frankfurt/M.

NL Adorno, Theodor W. (1981) Noten zur Literatur. Frankfurt/M.

ND Adorno, Theodor W. (1982) Negative Dialektik (Gesammelte Schriften Bd. 6). Frankfurt/M.

MM Adorno, Theodor W. (1986) Minima Moralia. Frankfurt/M.

GS 2 Adorno, Theodor W. (1986a) Kierkegaard. Konstruktion des Ästhetischen. Frankfurt/M.

RHM Habermas, Jürgen (1976) Zur Rekonstruktion des Historischen Materialismus. Frankfurt/M.

MKH Habermas, Jürgen (1983a) Moralbewußtsein und kommunikatives Handeln. Frankfurt/M.

VE Habermas, Jürgen (1984) Vorstudien und Ergänzungen zur Theorie des kommunikativen Handelns. Frankfurt/M.

TKH Habermas, Jürgen (1985) Theorie des kommunikativen Handelns. Bd. 1: Handlungsrationalität und gesellschaftliche Rationalisierung. Bd. 2: Zur Kritik der funktionalistischen Vernunft. Frankfurt/M.

PhDM Habermas, Jürgen (1986a) Der philosophische Diskurs der Moderne. Zwölf Vorlesungen. Frankfurt/M.

KiV Horkheimer, Max (1985) Zur Kritik der instrumentellen Vernunft. Frankfurt/M.

DA Horkheimer, Max u. Adorno, Theodor W. (1984) Dialektik der Aufklärung. Frankfurt/M.

MEW 42 Marx, Karl (1983) Grundrisse der Kritik der politischen Ökonomie.

Berlin.
MEW 23 Marx, Karl (1986) Das Kapital. Bd. 1. Berlin.
MEW 25 Marx, Karl (1986a) Das Kapital. Bd. 3. Berlin.
MEW 3 Marx, Karl u. Engels, Friedrich (1983) Werke Bd. 3. Berlin.

Literaturverzeichnis

Adorno, Theodor W. (1973a) Die Idee der Naturgeschichte. In: GS 1, 345-365.

Adorno, Theodor W. (1973c) Vorlesungen zur Ästhetik 1967-68. (Raubdruck) Zürich.

Adorno, Theodor W. (1975) Drei Studien zu Hegel. In: ders. 1975a, 247-380.

Adorno, Theodor W. (1977) Prismen. Kulturkritik und Gesellschaft. In: GS 10, 9-287.

Adorno, Theodor W. (1977b) Stichworte. Kritische Modelle 2. In: GS 10, 595-782.

Adorno, Theodor W. (1979a) Theorie der Halbbildung. In: GS 8, 93-121.

Adorno, Theodor W. (1979b) Über Statik und Dynamik als soziologische Kategorien. In: GS 8, 217-237.

Adorno, Theodor W. (1979c) Beitrag zur Ideologienlehre. In: GS 8, 457-477.

Albert, Hans (1968) Traktat über kritische Vernunft. Tübingen.

Alexander, Jeffrey (1986) Habermas' neue Kritische Theorie: Anspruch und Probleme. In: Honneth, Axel u. Joas, Hans (Hrsg.) 1986, 73-109.

Allkemper, Alo (1981) Rettung und Utopie. Studien zu Adorno. Paderborn.

Apel, Karl-Otto (Hrsg.) (1982) Sprachpragmatik und Philosophie. Frankfurt/M.

Apel, Karl-Otto (1982a) Sprechakttheorie und transzendentale Sprachpragmatik zur Frage ethischer Normen. In: ders. (Hrsg.) 1982, 10-173.

Apel, Karl-Otto (1989) Normative Begründung der "Kritischen Theorie" durch Rekurs auf lebensweltliche Sittlichkeit? Ein transzendentalpragmatisch orientierter Versuch, mit Habermas gegen Habermas zu denken. In: Honneth, Axel u.a. (Hrsg.) 1989, 15-65.

Arnason, Jóhann Páll (1971) Von Marcuse zu Marx. Prolegomena zu einer dialektischen Anthropologie. Neuwied und Berlin.

Arnason, Jóhann Páll (1976) Zwischen Natur und Gesellschaft. Studien zu einer kritischen Theorie des Subjekts. Frankfurt/M. u. Köln.

Arnason, Jóhann Páll (1988) Praxis und Interpretation. Sozialphilosophische Studien. Frankfurt/M.

Arnold, Heinz L. (Hrsg.) (1977) Theodor W. Adorno. Sonderband aus der Reihe Text und Kritik. München.

Arnold, Heinz L. (Hrsg.) (1979): Walter Benjamin. Heft 31/32 der Zeitschrift Text und Kritik. München.

Arrowsmith, William u. Korth, Michael (Hrsg.) (1986) Meine Worte sind wie Sterne - sie gehen nicht unter. Reden der Indianerhäuptlinge. München.

Austin, John L. (1972) Zur Theorie der Sprechakte. Stuttgart.

Baum, Klaus (1988) Die Transzendierung des Mythos. Zur Philosophie und Ästhetik Schellings und Adornos. Würzburg.

Benhabib, Seyla (1982) Die Moderne und die Aporien der Kritischen Theorie. In: Bonß, Wolfgang u. Honneth, Axel (Hrsg.) 1982, 127-175.

Benhabib, Seyla (1986) Critique, Norm and Utopia. New York.

Benhabib, Seyla (1986a) Kritik des 'postmodernen Wissens' - eine Auseinandersetzung mit Jean-François Lyotard. In: Huyssen, Andreas u. Scherpe, Klaus R. (Hrsg.) 1986, 103-127.

Benjamin, Walter (1972) Über das Grauen. Manuskript 807, Benjamin Archiv, Frankfurt/M, zit. nach Schweppenhäuser 1972, 120.

Benjamin, Walter (1974) Goethes Wahlverwandtschaften. In: ders. GS 1, 123-201.

Benjamin, Walter (1974a) Gesammelte Schriften Bd. 1. Frankfurt/M.

Benjamin, Walter (1974b) Charles Baudelaire. Ein Lyriker im Zeitalter des Hochkapitalismus. In: ders. 1974a, 509-690.

Benjamin, Walter (1977) Über das mimetische Vermögen. In: ders. 1977a, 210-213.

Benjamin, Walter (1977a) Gesammelte Schriften Bd. 2. Frankfurt/M.

Benjamin, Walter (1982) Ursprung des deutschen Trauerspiels. Frankfurt/M.

Benjamin, Walter (1983) Das Passagen-Werk. Frankfurt/M.

Bergmann, Rolf; Pauly, Peter; Schlaefer, Michael (1981) Einführung in die deutsche Sprachwissenschaft. Heidelberg.

Bernstein, Richard J. (1979) Restrukturierung der Gesellschaftstheorie. Frankfurt/M.

Bernstein, Richard J. (Hrsg.) (1985) Habermas and Modernity. Cambridge, Massachusetts.

Bertram, Hans (Hrsg.) (1986) Gesellschaftlicher Zwang und moralische Autonomie. Frankfurt/M.

Birzele, Karl-Heinrich (1977) Mythos und Aufklärung. Adornos Philosophie, gelesen als Mythos - Versuch einer kritischen Rekonstruktion (unveröff. Diss.). Würzburg.

Bloch, Ernst (1985) Das Prinzip Hoffnung (3 Bde.). Frankfurt/M.

Blumenberg, Hans (1971) Wirklichkeitsbegriff und Wirkungspotential des Mythos. In: Fuhrmann, Manfred (Hrsg.) 1971, 11-66.

Blumenberg, Hans (1981) Die Genesis der kopernikanischen Welt. Bd. 1: Die Zweideutigkeit des Himmels - Eröffnung der Möglichkeit eines Kopernikus. Frankfurt/M.

Blumenberg, Hans (1986) Arbeit am Mythos. Frankfurt/M.

Bohannan, Paul (1983) Über Tausch und Investition bei den Tiv. In: Kramer, Fritz u. Sigrist, Christian (Hrsg.) 1983, 70-84.

Böhme, Hartmut u. Böhme, Gernot (1985) Das Andere der Vernunft. Zur Entwicklung von Rationalitätsstrukturen am Beispiel Kants. Frankfurt/M.

Bohrer, Karl Heinz (Hrsg.) (1983) Mythos und Moderne. Begriff und Bild einer Rekonstruktion. Frankfurt/M.

Bolte, Gerhard (Hrsg.) (1989) Unkritische Theorie: Gegen Habermas. Lüneburg.

Bolz, Norbert (1987) Das Selbst und sein Preis. In: van Reijen, Willem u. Schmid Noerr, Gunzelin (Hrsg.) 1987a, 154-191.

Bonß, Wolfgang (1983) Empirie und Dechiffrierung von Wirklichkeit. Zur Methodologie bei Adorno. In: von Friedeburg, Ludwig u. Habermas, Jürgen (Hrsg.) 1983, 201-225.

Bonß, Wolfgang u. Honneth, Axel (Hrsg.) (1982) Sozialforschung als Kritik. Zum sozialwissenschaftlichen Potential der Kritischen Theorie. Frankfurt/M.

Breuer, Stefan (1982) Die Depotenzierung der Kritischen Theorie. Über Jürgen Habermas' "Theorie des kommunikativen Handelns". In: Leviathan, 10. Jg. 1982, Heft 1, 132-146.

Brunkhorst, Hauke (1987) Die Welt als Beute. Rationalisierung und Vernunft in der Geschichte. In: van Reijen, Willem u. Schmid Noerr, Gunzelin (Hrsg.) 1987a, 154-191.

Brunner, Otto; Conze, Werner; Koselleck, Reinhart (Hrsg.) (1972) Geschichtliche Grundbegriffe. Historisches Lexikon zur politisch-sozialen Sprache in Deutschland. Stuttgart.

Bubner, Rüdiger (1980) Kann Theorie ästhetisch werden? Zum Hauptmotiv der Philosophie Adornos. In: Lindner, Burkhardt u. Lüdke, W. Martin

(Hrsg.) 1980, 108-137.

Buck-Morss, Susan (1977) The Origin of Negative Dialectics. Theodor W. Adorno, Walter Benjamin and the Frankfurt Insititute. New York.

Bürger, Peter (1974) Theorie der Avantgarde. Frankfurt/M.

Cassirer, Ernst (1969) Philosophie der symbolischen Formen. Zweiter Teil: Das mythische Denken. Darmstadt.

Cochetti, Stefano (1985) Mythos und "Dialektik der Aufklärung". Königstein/Ts.

Colby, Ann u. Kohlberg, Lawrence (1986) Das moralische Urteil: Der kognitionszentrierte entwicklungspsychologische Ansatz. In: Bertram, Hans (Hrsg.) 1986, 130-162.

Döbert, Rainer (1973) Systemtheorie und die Entwicklung religiöser Deutungssysteme. Zur Logik des sozialwissenschaftlichen Funktionalismus. Frankfurt/M.

Döbert, Rainer (1973a) Zur Logik des Übergangs von archaischen zu hochkulturellen Religionssystemen. In: Eder, Klaus (Hrsg.) 1973, 330-363.

Dubiel, Helmut (1978) Wissenschaftsorganisation und politische Erfahrung. Studien zur frühen Kritischen Theorie. Frankfurt/M.

Dubiel, Helmut (1989) Herrschaft oder Emanzipation? Der Streit um die Erbschaft der Kritischen Theorie. In: Honneth, Axel u.a. (Hrsg.) 1989, 504-518.

Düver, Lothar (1979) Theodor W. Adorno. Der Wissenschaftsbegriff der Kritischen Theorie in seinem Werk. Bonn.

Dux, Günter (1982) Die Logik der Weltbilder. Sinnstrukturen im Wandel der Geschichte. Frankfurt/M.

Eckensberger, Lutz H.; Reinshagen, Heide (1980) Kohlbergs Stufentheorie der Entwicklung des Moralischen Urteils: Ein Versuch ihrer Reinterpretation im Bezugsrahmen handlungstheoretischer Konzepte. In: Eckensberger, Lutz H.; Silbereisen, Rainer K. (Hrsg.) 1980, 65-131.

Eckensberger, Lutz H.; Silbereisen, Rainer K. (Hrsg.) (1980) Entwicklung sozialer Kognitionen: Modelle, Theorien, Methoden, Anwendung. Stuttgart.

Edelstein, Wolfgang u. Nunner-Winkler, Gertrud (Hrsg.) (1986) Zur Bestimmung der Moral. Philosophische und sozialwissenschaftliche Beiträge zur

Moralforschung. Frankfurt/M.

Eder, Klaus (Hrsg.) (1973) Seminar: Die Entstehung von Klassengesellschaften. Frankfurt/M.

Eder, Klaus (1976) Die Entstehung staatlich organisierter Gesellschaften. Ein Beitrag zu einer Theorie sozialer Evolution. Frankfurt/M.

Eder, Klaus (1981) Anthropologische Evolutionstheorie. In: Schulte, W. (Hrsg.) 1981, 70-75.

Eder, Klaus (1988) Die Vergesellschaftung der Natur. Studien zur sozialen Evolution der praktischen Vernunft. Frankfurt/M.

Eickelpasch, Rolf (1973) Mythos und Sozialstruktur. Düsseldorf.

Eickelpasch, Rolf (1990) Die Rückkehr des Edlen Wilden. Jean Zieglers Verabschiedung des Aufklärungsprojekts. In: Blätter für deutsche und internationale Politik, April 1990, 495-503.

Eliade, Mircea (1961) Mythen, Träume und Mysterien. Salzburg.

Eliade, Mircea (1985) Das Heilige und das Profane. Vom Wesen des Religiösen. Frankfurt/M.

Evans-Pritchard, Edward E. (1981) Theorien über primitive Religionen. Frankfurt/M.

Firth, Raymond (1983) Der soziale Rahmen der ökonomischen Organisation. In Kramer, Fritz u. Sigrist, Christian (Hrsg.) 1983, 101-131.

Fleck, Christian (1979) Der prominente Überbau. Studien zur Sozialisationstheorie und Evolutionstheorie von Jürgen Habermas. (unveröff. Diss.). Graz.

Forde, C. Daryll (1983) Zum Verhältnis von Umwelt, Wirtschaft und Gesellschaft. In: Kramer, Fritz u. Sigrist, Christian (Hrsg.) 1983, 52-56.

Frank, Manfred (1982) Der kommende Gott. Vorlesungen über die Neue Mythologie. Frankfurt/M.

Frank, Manfred (1983) Die Dichtung als "Neue Mythologie". In: Bohrer, Karl Heinz (Hrsg.) 1983, 15-40.

Fromm, Erich (1981) Jenseits der Illusionen. Die Bedeutung von Marx und Freud. Reinbek bei Hamburg.

Früchtl, Josef (1986) Mimesis: Konstellation eines Zentralbegriffs bei Adorno. Würzburg.

Fuhrmann, Manfred (Hrsg.) (1971) Terror und Spiel. Probleme der Mythenre-

zeption. München.
Gamm, Gerhard (1985) Vorwort. In: ders. (Hrsg.) 1985a, 7-10.
Gamm, Gerhard (Hrsg.) (1985a) Angesichts objektiver Verblendung. Über die Paradoxien Kritischer Theorie. Tübingen.
Gamm, Gerhard (1986) Wahrheit als Differenz. Studien zu einer anderen Theorie der Moderne. Descartes - Kant - Hegel - Schelling - Schopenhauer - Marx - Nietzsche. Frankfurt/M.
Gamm, Gerhard (1987) Eindimensionale Kommunikation: Vernunft und Rhetorik in Jürgen Habermas' Deutung der Moderne. Würzburg.
Garz, Detlev (1984) Strukturgenese und Moral: rekonstruktive Sozialisationsforschung in den Sozial- und Erziehungswissenschaften. Opladen.
Gebauer, Richard (1989) Handlungstheorie und Ethik. Probleme einer formalpragmatischen Begründung der Diskursethik im Werk von Jürgen Habermas. (Manuskript) Münster.
Geyer, Carl-Friedrich (1982) Kritische Theorie. Max Horkheimer und Theodor W. Adorno. Freiburg u. München.
Geyer, Carl-Friedrich (1986) Rationalitätskritik und 'neue Mythologien'. In: Philosophische Rundschau, 33. Jg. 1986, Heft 3/4, 210-241.
Geyer-Ryan, Helga u. Lethen, Helmut (1987) Von der Dialektik der Gewalt zur *Dialektik der Aufklärung*. Eine Re-Vision der *Odyssee*. In: van Reijen, Willem u. Schmid Noerr, Gunzelin (Hrsg.) 1987a, 41-72.
Giddens, Anthony (1985) Reason without Revolution? Habermas's *Theorie des kommunikativen Handelns*. In: Bernstein, Richard J. (Hrsg.) 1985, 95-121.
Ginsburg, Herbert u. Opper, Sylvia (1985) Piagets Theorie der geistigen Entwicklung. Stuttgart.
Gmünder, Ulrich (1985) Kritische Theorie: Horkheimer, Adorno, Marcuse, Habermas. Stuttgart.
Godelier, Maurice (1973) Mythos und Geschichte. Überlegungen über die Grundlagen des wilden Denkens. In: Eder, Klaus (Hrsg.) 1973, 301-329.
Greenfield, Patricia M. (1984) Kulturvergleichende Forschung und Piagets Theorie: Paradox und Fortschritt. In: Schöfthaler, Traugott u. Goldschmidt, Dietrich (Hrsg.) 1984, 96-111.
Grenz, Friedemann (1973) Die Idee der Naturgeschichte. Zu einem frühen,

unbekannten Text Adornos. In: Hübner, Kurt u. Menne, Albert (Hrsg.) 1973, 344-350.

Grenz, Friedemann (1975) Adornos Philosophie in Grundbegriffen. Frankfurt/M.

Gripp, Helga (1984) Jürgen Habermas. Und es gib sie doch - Zur kommunikationstheoretischen Begründung von Vernunft bei Jürgen Habermas. Paderborn, München, Wien, Zürich.

Habermas, Jürgen (1963) Theodor W. Adorno. Ein philosophierender Intellektueller. In: ders. 1987, 160-166.

Habermas, Jürgen (1969) Theodor W. Adorno. Urgeschichte der Subjektivität und verwilderte Selbstbehauptung. In: ders. 1987, 167-179.

Habermas, Jürgen (1969a) Technik und Wissenschaft als 'Ideologie'. Frankfurt/M.

Habermas, Jürgen (1971) Theorie und Praxis. Sozialphilosophische Studien. Frankfurt/M.

Habermas, Jürgen (1972) Wahrheitstheorien. In: ders. 1984, 127-183.

Habermas, Jürgen (1972a) Vorbereitende Bemerkungen zu einer Theorie der kommunikativen Kompetenz. Vorlage für Zwecke einer Seminardiskussion. In: Habermas, Jürgen u. Luhmann, Niklas 1972, 101-141.

Habermas, Jürgen (1973) Legitimationsprobleme im Spätkapitalismus. Frankfurt/M.

Habermas, Jürgen (1973a) Kultur und Kritik. Verstreute Aufsätze. Frankfurt/M.

Habermas, Jürgen (1981) Kleine politische Schriften (I-IV). Frankfurt/M.

Habermas, Jürgen (1982) Zur Logik der Sozialwissenschaften. Erweiterte Auflage. Frankfurt/M.

Habermas, Jürgen (1982a) Was heißt Universalpragmatik? In: Apel, Karl-Otto (Hrsg.) 1982, 174-272.

Habermas, Jürgen (1983) Die Verschlingung von Mythos und Aufklärung. Bemerkungen zur *Dialektik der Aufklärung* - nach einer erneuten Lektüre. In: Bohrer, Karl Heinz (Hrsg.) 1983, 405-431.

Habermas, Jürgen (1985a) Die Neue Unübersichtlichkeit. Kleine politische Schriften V. Frankfurt/M.

Habermas, Jürgen (1986) Nachwort von Jürgen Habermas. In: Horkheimer,

Max u. Adorno, Theodor W. 1986, 277-294.
Habermas, Jürgen (1986b) Entgegnung. In: Honneth, Axel u. Joas, Hans (Hrsg.) 1986, 327-405.
Habermas, Jürgen (1986c) Eine Stellungnahme zur Diskussion über "Stufe 6". In: Edelstein, Wolfgang u. Nunner-Winkler, Gertrud (Hrsg.) 1986, 291-318.
Habermas, Jürgen (1987) Philosophisch-politische Profile. Erweiterte Ausgabe. Frankfurt/M.
Habermas, Jürgen (1988) Nachmetaphysisches Denken: Philosophische Aufsätze. Frankfurt/M.
Habermas, Jürgen (1988a) Die Einheit der Vernunft in der Vielheit ihrer Stimmen. In: Merkur, 42. Jg. 1988, Heft 1, 1-14.
Habermas, Jürgen (1990) Die nachholende Revolution. Kleine politische Schriften VII. Frankfurt/M.
Habermas, Jürgen; Bovenschen, Silvia u.a. (1981) Gespräche mit Herbert Marcuse. Frankfurt/M.
Habermas, Jürgen u. Luhmann, Niklas (1972) Theorie der Gesellschaft oder Sozialtechnologie - Was leistet die Systemforschung? Frankfurt/M.
Haug, Walter (Hrsg.) (1979) Formen und Funktionen der Allegorie. Symposion Wolfenbüttel 1978. Stuttgart.
Hegel, G.W.F. (1986) Phänomenologie des Geistes (Hegel Werke Bd. 3). Frankfurt/M.
Heider, Martin (1979) Geschichte und Erfahrung. Zum Geschichtsbegriff Theodor W. Adornos (unveröff. Diss.). Paderborn.
Heinrich, Klaus (1985) Vernunft und Mythos. Frankfurt/M.
Hesse, Heidrun (1982) Rückkehr in die Gegenwart. Nietzsche und die Kritische Theorie. In: Konkursbuch 8 1982, 52-63. Tübingen.
Hesse, Heidrun (1984) Vernunft und Selbstbehauptung. Kritische Theorie als Kritik der neuzeitlichen Rationalität. Frankfurt/M.
Hofmann, Werner (1969) Grundelemente der Wirtschaftsgesellschaft. Reinbek bei Hamburg.
Homer (1984) Odyssee. Übertragen von Johann Heinrich Voß. München.
Honneth, Axel (1982) Von Adorno zu Habermas. Zum Gestaltwandel kritischer Gesellschaftstheorie. In: Bonß, Wolfgang u. Honneth, Axel (Hrsg.)

1982, 87-126.

Honneth, Axel (1985) Kritik der Macht. Reflexionsstufen einer kritischen Gesellschaftstheorie. Frankfurt/M.

Honneth, Axel u. Joas, Hans (1980) Soziales Handeln und menschliche Natur: anthropologische Grundlagen der Sozialwissenschaften. Frankfurt/M. u. New York.

Honneth, Axel u. Joas, Hans (Hrsg.) (1986) Kommunikatives Handeln. Beiträge zu Jürgen Habermas' "Theorie des kommunikativen Handelns". Frankfurt/M.

Honneth, Axel u.a. (Hrsg.) (1989) Zwischenbetrachtungen: Im Prozeß der Aufklärung. Jürgen Habermas zum 60. Geburtstag. Frankfurt/M.

Horkheimer, Max (1970) Vernunft und Selbsterhaltung. Frankfurt/M.

Horkheimer, Max (1986) Traditionelle und kritische Theorie. Vier Aufsätze. Frankfurt/M.

Horkheimer, Max u. Adorno, Theodor W. (1986) Dialektik der Aufklärung. Frankfurt/M.

Hubert, Henri u. Mauss, Marcel (1902) Esquisse d'une Théorie générale de la Magie. In: L'Année Sociologique 1902-1903, 1-146.

Hubig, Christoph (1979) Dialektik der Aufklärung und neue Mythen. Eine Alternative zur These von Adorno und Horkheimer. In: Poser, Hans (Hrsg.) 1979, 218-240.

Hübner, Kurt (1985) Die Wahrheit des Mythos. München.

Hübner, Kurt u. Menne, Albert (Hrsg.) (1973) Natur und Geschichte. X. Deutscher Kongress für Philosophie, Kiel 8.-12. Oktober 1972. Hamburg.

Huyssen, Andreas u. Scherpe, Klaus R. (Hrsg.) (1986) Postmoderne. Zeichen eines kulturellen Wandels. Reinbek bei Hamburg.

Inhelder, Bärbel u. Chipman, Harold H. (Hrsg.) (1976) Piaget and his school. A reader in developmental psychology. New York.

Jaeggi, Urs u. Honneth, Axel (Hrsg.) (1977) Theorien des Historischen Materialismus. Frankfurt/M.

Jarvie, I.C. u. Agassi, Joseph (1967) Das Problem der Rationalität von Magie. In: Kippenberg, Hans G. u. Luchesi, Brigitte (Hrsg.) 1987, 120-149.

Jay, Martin (1985) Dialektische Phantasie. Frankfurt/M.

Jay, Martin (1989) The Debate over Performative Contradiction: Habermas vs. the Post-structuralists. In: Honneth, Axel u.a. (Hrsg.) 1989, 171-189.

Kager, Reinhard (1988) Herrschaft und Versöhnung. Einführung in das Denken Theodor W. Adornos. Frankfurt/M. u. New York.

Kamper, Dietmar u. van Reijen, Willem (Hrsg.) (1987) Die unvollendete Vernunft: Moderne versus Postmoderne. Frankfurt/M.

Kamper, Dietmar u. Wulf, Christoph (Hrsg.) (1987) Das Heilige. Seine Spur in der Moderne. Frankfurt/M.

Kansy, Angelika (1986) Aufklärerisches Denken und Rückfall in den Mythos - Zur "Dialektik der Aufklärung" und ihrer kommunikationstheoretischen Transformation. In: Widerspruch 12, 71-78.

Kant, Immanuel (1964) Werke Bd. 9. Hg. v. W. Weischedel. Darmstadt.

Kant, Immanuel (1966) Werke Bd. 5. Hg. v. W. Weischedel. Darmstadt.

Kimmerle, Gerd (1985) Der eingebildete Zeuge. In: Gamm, Gerhard (Hrsg.) 1985a, 11-69.

Kimmerle, Gerd (1986) Verwerfungen. Vergleichende Studien zu Adorno und Habermas. Tübingen.

Kippenberg, Hans G. u. Luchesi, Brigitte (Hrsg.) (1987) Magie. Die sozialwissenschaftliche Kontroverse über das Verstehen fremden Denkens. Frankfurt/M.

Kneer, Georg (1990) Die Pathologien der Moderne. Zur Zeitdiagnose in der "Theorie des kommunikativen Handelns" von Jürgen Habermas. Opladen.

Kohlberg, Lawrence (1971) From Is to Ought: How to commit the naturalistic fallacy and get away with it in the study of moral development. In: Mischel, Theodore (Hrsg.) 1971, 151-235.

Kohlberg, Lawrence (1987) Moralische Entwicklung und demokratische Erziehung. In: Lind, Georg u. Raschert, Jürgen (Hrsg.) 1987, 25-43.

Kohlberg, Lawrence; Levine, Charles; Hewer, Alexandra (1983) Moral stages: a current formulation and a response to critics. (Contributions to human development, vol. 10. Series Editor: Meacham, John A.). Basel.

Kohlberg, Lawrence; Boyd, Dwight R.; Levine, Charles (1986) Die Wiederkehr der sechsten Stufe: Gerechtigkeit, Wohlwollen und der Standpunkt der Moral. In: Edelstein, Wolfgang u. Nunner-Winkler, Gertrud (Hrsg.) 1986, 205-240.

Kolakowski, Leszek (1984) Die Gegenwärtigkeit des Mythos. München.

Kracauer, Siegfried (1977) Das Ornament der Masse. Essays. Frankfurt/M.

Kramer, Fritz u. Sigrist, Christian (Hrsg.) (1983) Gesellschaften ohne Staat. Gleichheit und Gegenseitigkeit. Frankfurt/M.

Kunneman, Harry u. de Vries, Hent (Hrsg.) (1989) Die Aktualität der *Dialektik der Aufklärung*: zwischen Moderne und Postmoderne. Frankfurt/M. u. New York.

Landmeier, Reinhard (1986) Wissen und Macht. Studien zur Kritik der naturbeherrschenden und sozialtechnologischen Vernunft. Münster.

Lange, Wolfgang (1983) Tod ist bei Göttern immer nur ein Vorurteil. Zum Komplex des Mythos bei Nietzsche. In: Bohrer, Karl Heinz (Hrsg.) 1983, 111-137.

Lee, Richard B. (1979) The !Kung San: men, women, and work in a foraging society. New York u.a.

Lévi-Strauss, Claude (1973) Das wilde Denken. Frankfurt/M.

Lévi-Strauss, Claude (1980) Mythos und Bedeutung. Vorträge. Frankfurt/M.

Liessmann, Konrad (1981) Die Odyssee des Prometheus - die Vernunft an ihrem Ende und die Rückkehr der Mythen. Zum Verhältnis von rationalen und nichtrationalen Denkformen: Dialektik der Aufklärung und Arbeit am Mythos. In: Östereichische Zeitschrift für Soziologie, 6. Jg. 1981, Heft 3, 4-7.

Lind, Georg u. Raschert, Jürgen (Hrsg.) (1987) Moralische Urteilsfähigkeit. Eine Auseinandersetzung mit Lawrence Kohlberg über Moral, Erziehung und Demokratie. Weinheim und Basel.

Lindner, Burkhardt (1977) Herrschaft als Trauma. Adornos Gesellschaftstheorie zwischen Marx und Benjamin. In: Arnold, Heinz L. (Hrsg.) 1977, 72-91.

Lindner, Burkhardt (1979) "Natur-Geschichte" - Geschichtsphilosophie und Welterfahrung in Benjamins Schriften. In: Arnold, Heinz L. (Hrsg.) 1979, 41-58.

Lindner, Burkhardt u. Lüdke, W. Martin (Hrsg.) (1980) Materialien zur ästhetischen Theorie Theodor W. Adornos. Konstruktion der Moderne. Frankfurt/M.

Link, Thomas (1986) Zum Begriff der Natur in der Gesellschaftstheorie Theodor W. Adornos. Köln und Wien.

Linkenbach, Antje (1986) Opake Gestalten des Denkens. Jürgen Habermas und die Rationalität fremder Lebensformen. München.

Löbig, Michael u. Schweppenhäuser, Hermann (Hrsg.) (1984) Hamburger Adorno-Symposion. Lüneburg.

Löwenthal, Leo (1983) Erinnerung an Theodor W. Adorno. In: von Friedeburg, Ludwig u. Habermas, Jürgen (Hrsg.) 1983, 388-401.

Lüdke, W. Martin (1981) Anmerkungen zu einer "Logik des Zerfalls": Adorno-Beckett. Frankfurt/M.

Luhmann, Niklas (1982) Autopoiesis, Handlung und kommunikative Verständigung. In: Zeitschrift für Soziologie, 11. Jg. 1982, Heft 4, 366-379.

Luhmann, Niklas (1987) Soziale Systeme. Grundriß einer allgemeinen Theorie. Frankfurt/M.

Lukács, Georg (1920) Die Theorie des Romans. Berlin.

Lukács, Georg (1976) Geschichte und Klassenbewußtsein. Darmstadt und Neuwied.

Lypp, B. (1972) Ästhetischer Absolutismus und politische Vernunft. Zum Widerstreit von Reflexion und Sittlichkeit im deutschen Idealismus. Frankfurt/M.

MacIntyre, Alasdair (1987) Der Verlust der Tugend: zur moralischen Krise der Gegenwart. Frankfurt/M. u. New York.

Malinowski, Bronislaw (1983) Das Geschlechtsleben der Wilden in Nordwest-Melanesien: Liebe, Ehe und Familienleben bei den Eingeborenen der Trobriand-Inseln, Britisch-Neuguinea. Frankfurt/M.

Malinowski, Bronislaw (1983a) Der Ringtausch von Wertgegenständen auf den Inselgruppen Ost-Neuguineas. In: Kramer, Fritz u. Sigrist, Christian (Hrsg.) 1983, 57-69.

Malinowski, Bronislaw (1984) Argonauten des westlichen Pazifik. Ein Bericht über Unternehmungen und Abenteuer der Eingeborenen in den Inselwelten von Melanesisch-Neuguinea. Frankfurt/M.

Marcuse, Herbert (1973) Konterrevolution und Revolte. Frankfurt/M.

Marcuse, Herbert (1981) Theorie und Politik. Ein Gespräch zwischen Herbert Marcuse, Jürgen Habermas, Heinz Lubasz, Tilman Spengler. In: Habermas, Jürgen; Bovenschen, Silvia u.a. 1981, 9-62.

Marcuse, Herbert (1982) Repressive Toleranz. In: Wolff, Robert Paul u.a.

1982, 91-128.

Marcuse, Herbert (1985) Der eindimensionale Mensch. Studien zur Ideologie der fortgeschrittenen Industriegesellschaft. Darmstadt u. Neuwied.

Marcuse, Herbert (1987) Triebstruktur und Gesellschaft. Ein philosophischer Beitrag zu Sigmund Freud. Frankfurt/M.

Marett, R. R. (1909) The Threshold of Religion. London.

Matthes, Joachim (1967) Religion und Gesellschaft. Einführung in die Religionssoziologie I. Reinbek bei Hamburg.

Matthiesen, Ulf (1985) Das Dickicht der Lebenswelt und die Theorie des kommunikativen Handelns. München.

McCarthy, Thomas (1978) Der Ansatz von Habermas. Protokoll der Diskussion vom 11.06.1976. In: Oelmüller, Willi (Hrsg.) 1978, 123-159.

McCarthy, Thomas (1989) Kritik der Verständigungsverhältnisse. Zur Theorie von Jürgen Habermas. Mit einem Anhang zur Taschenbuchausgabe. Frankfurt/M.

Menninghaus, Winfried (1980) Walter Benjamins Theorie der Sprachmagie. Frankfurt/M.

Menninghaus, Winfried (1986) Schwellenkunde. Walter Benjamins Passage des Mythos. Frankfurt/M.

Mirbach, Thomas (1979) Kritik der Herrschaft. Zum Verhältnis von Geschichtsphilosophie, Ideologiekritik und Methodenreflexion in der Gesellschaftstheorie Adornos. Frankfurt/M. u. New York.

Mischel, Theodore (Hrsg.) (1971) Cognitive development and epistemology. New York.

Mühlmann, Wilhelm E. (1984) Geschichte der Anthropologie. Wiesbaden.

Müller-Schwefe, Rudolf (1984) Versuch einer anthropologischen Relativierung von Piagets Zeitbegriff. In: Schöfthaler, Traugott u. Goldschmidt, Dietrich (Hrsg.) 1984, 245-273.

Neumann, Erich (1949) Ursprungsgeschichte des Bewußtseins. Zürich.

Nietzsche, Friedrich (1980) Sämtliche Werke. Kritische Studienausgabe in 15 Bänden. Bd. 1. Hrsg. von G. Colli u. M. Montinari. München.

Oelmüller, Willi (Hrsg.) (1978) Materialien zur Normendiskussion Bd. 1: Transzendentalphilosophische Normenbegründung. Paderborn.

Offe, Claus (1989) Fessel und Bremse. Moralische und institutionelle Aspekte "intelligibler Selbstbeschränkung". (Im Inhaltsverzeichnis angekündigt als: Bindung, Fessel, Bremse. Die Unübersichtlichkeit von Selbstbeschränkungsformeln) In: Honneth, Axel u.a. (Hrsg.) 1989, 739-774.

Panikkar, Raimundo (1985) Rückkehr zum Mythos. Frankfurt/M.

Pettazzi, Carlo (1977) Studien zu Leben und Werk Adornos bis 1938. In: Arnold, Heinz L. (Hrsg.) 1977, 22-43.

Piaget, Jean (1947) Die moralische Entwicklung von Jugendlichen in primitiven und "modernen" Gesellschaften. In: Bertram, Hans (Hrsg.) 1986, 118-124.

Piaget, Jean (1954) Das moralische Urteil beim Kinde. Zürich.

Piaget, Jean (1973) Die Entwicklung des Erkennens III. Das biologische Denken. Das psychologische Denken. Das soziologische Denken. Stuttgart.

Piaget, Jean (1974) Biologie und Erkenntnis. Über die Beziehungen zwischen organischen Regulationen und kognitiven Prozessen. Frankfurt/M.

Piaget, Jean (1974a) Urteil und Denkprozeß des Kindes. Düsseldorf.

Piaget, Jean (1974b) Abriß der genetischen Epistemologie. Olten.

Piaget, Jean (1976) Need and significance of cross-cultural studies in genetic psychology. In: Inhelder, Bärbel u. Chipman, Harold H. (Hrsg.) 1976, 259-268.

Piaget, Jean (1981) Einführung in die genetische Erkenntnistheorie. Frankfurt/M.

Piaget, Jean (1985) Weisheit und Illusionen der Philosophie. Frankfurt/M.

Plumpe, Gerhard (1978) Alfred Schuler. Chaos und Neubeginn. Zur Funktion des Mythos in der Moderne. Berlin.

Poser, Hans (Hrsg.) (1979) Philosophie und Mythos. Ein Kolloquium. Berlin u. New York.

Poser, Hans (1979a) Mythos und Vernunft. Zum Mythenverständnis der Aufklärung. In: ders. (Hrsg.) 1979, 130-153.

Puka, Bill (1986) Vom Nutzen und Nachteil der Stufe 6. In: Edelstein, Wolfgang u. Nunner-Winkler, Gertrud (Hrsg.) 1986, 241-290.

Rath, Norbert (1982) Adornos Kritische Theorie. Vermittlungen und Vermittlungsschwierigkeiten. Paderborn, München, Wien, Zürich.

Rath, Norbert (1984) Münchhausen-Trilemma. In: Historisches Wörterbuch der Philosophie. Bd. 6. Basel u. Stuttgart, 223 f.

Rath, Norbert (1987) Zur Nietzsche-Rezeption Horkheimers und Adornos. In: van Reijen, Willem u. Schmid Noerr, Gunzelin (Hrsg.) 1987a, 73-110.

Richter, Horst E. (1986) Der Gotteskomplex. Die Geburt und die Krise des Glaubens an die Allmacht des Menschen. Reinbek bei Hamburg.

Rohrmoser, Günter (1976) Das Elend der kritischen Theorie. Theodor W. Adorno, Herbert Marcuse, Jürgen Habermas. Freiburg.

Sahlins, Marshall (1974) Stone Age Economics. London.

Salaquarda, Jörg (1979) Mythos bei Nietzsche. In: Poser, Hans (Hrsg.) 1979, 174-198.

Schapp, Wilhelm (1976) In Geschichten verstrickt. Zum Sein von Mensch und Ding. Wiesbaden.

Schiller, Hans-Ernst (1984) Selbstkritik der Vernunft. Zu einigen Motiven der Dialektik bei Adorno. In: Löbig, Michael u. Schweppenhäuser, Hermann (Hrsg.) 1984, 99-120.

Schluchter, Wolfgang (1979) Die Entwicklung des okzidentalen Rationalismus. Tübingen.

Schluchter, Wolfgang (1988) Religion und Lebensführung. Studien zu Max Webers Kultur- und Werttheorie (2 Bde.). Frankfurt/M.

Schmid, Michael (1982) Habermas's Theory of Social Evolution. In: Thompson, John B. u. Held, David (Hrsg.) 1983, 162-180.

Schmid, Michael (1982a) Theorie sozialen Wandels. Opladen.

Schmid Noerr, Gunzelin (1988) Das Eingedenken der Natur im Subjekt: Jenseits der Aufklärung? Zu Horkheimers und Adornos 'Dialektik der Aufklärung'. In: Schmid Noerr, Gunzelin (Hrsg.) 1988a, 68-98.

Schmid Noerr, Gunzelin (Hrsg.) (1988a) Metamorphosen der Aufklärung. Vernunftkritik heute. Tübingen.

Schmidt, Alfred (1974) Zur Idee der Kritischen Theorie. Elemente der Philosophie Max Horkheimers. München.

Schmidt, Alfred (1981) Adorno - ein Philosoph des realen Humanismus. In: ders. 1981a, 27-55.

Schmidt, Alfred (1981a) Kritische Theorie, Humanismus, Aufklärung. Stuttgart.

Schmidt, Alfred (1986) Aufklärung und Mythos im Werk Max Horkheimers. In: ders. u. Altwicker, Norbert (Hrsg.) 1986, 180-243.

Schmidt, Alfred u. Altwicker, Norbert (Hrsg.) (1986) Max Horkheimer heute: Werk und Wirkung. Frankfurt/M.

Schmidt, Burghart (1986) Postmoderne - Strategien des Vergessens. Darmstadt u. Neuwied.

Schmucker, Joseph F. (1977) Adorno, Logik des Zerfalls. Stuttgart-Bad Cannstatt.

Schnädelbach, Herbert (1986) Transformation der Kritischen Theorie. In: Honneth, Axel u. Joas, Hans (Hrsg.) 1986, 15-34.

Schnädelbach, Herbert (1987) Vernunft und Geschichte. Vorträge und Abhandlungen. Frankfurt/M.

Schnädelbach, Herbert (1989) Die Aktualität der *Dialektik der Aufklärung*. In: Kunneman, Harry u. de Vries, Hent (Hrsg.) 1989, 15-35.

Schöfthaler, Traugott (1984) Wissen oder Weisheit? Die kulturelle Relativierung von Piagets Modell formaler Denkoperationen als Problem der Bildungsforschung. In: Schöfthaler, Traugott u. Goldschmidt, Dietrich (Hrsg.) 1984, 15-44.

Schöfthaler, Traugott u. Goldschmidt, Dietrich (Hrsg.) (1984) Soziale Struktur und Vernunft. Jean Piagets Modell entwickelten Denkens in der Diskussion kulturvergleichender Forschung. Frankfurt/M.

Schulte, W. (Hrsg.) (1981) Soziologie in der Gesellschaft. Referate aus den Veranstaltungen der Sektionen der Deutschen Gesellschaft für Soziologie, der Ad-hoc-Gruppen und des Berufsverbandes Deutscher Soziologen beim 20. Deutschen Soziologentag, Bremen 1980. Bremen.

Schütz, Alfred u. Luckmann, Thomas (1979) Strukturen der Lebenswelt. Frankfurt/M.

Schweitzer, Friedrich (1987) Lebensgeschichte und Religion. Religiöse Entwicklung und Erziehung im Kindes- und Jugendalter. München.

Schweppenhäuser, Hermann (1972) Mythisches und historisches Katastrophenbewußtsein. In: Tractanda. Suhrkamp, Frankfurt/M.

Schweppenhäuser, Gerhard (1989) Die 'kommunikativ verflüssigte Moral'. Zur Diskursethik bei Habermas. In: Bolte, Gerhard (Hrsg.) 1989, 122-145.

Searle, John R. (1969) Speech Acts. London.

Seattle (1986) Meine Worte sind wie Sterne - sie gehen nicht unter. In: Arrowsmith, William u. Korth, Michael (Hrsg.) 1986, 19-26.

Seel, Martin (1985) Die Kunst der Entzweiung. Zum Begriff der ästhetischen Rationalität. Frankfurt/M.

Shweder, Richard A. (1984) Ähnlichkeit und Korrelation im Alltagsdenken: Magisches Denken in Persönlichkeitsbeurteilungen. In: Schöfthaler, Traugott u. Goldschmidt, Dietrich (Hrsg.) 1984, 204-225.

Sohn-Rethel, Alfred (1978) Warenform und Denkform. Mit zwei Anhängen. Frankfurt/M.

Söllner, Alfons (1979) Geschichte und Herrschaft. Studien zur materialistischen Sozialwissenschaft 1929 - 1942. Frankfurt/M.

Söllner, Alfons (1983) Angst und Politik. Zur Aktualität Adornos im Spannungsfeld von Politikwissenschaft und Sozialpsychologie. In: von Friedeburg, Ludwig u. Habermas, Jürgen (Hrsg.) 1983, 338-349.

Steiner, Franz (1983) Notiz zur vergleichenden Ökonomie. In: Kramer, Fritz u. Sigrist, Christian (Hrsg.) 1983, 85-100.

Steingress, Gerhard (1982) "Arbeit am Mythos" heißt Kritik am Mythos (Eine Antwort auf K. Liessmanns Suche nach einer "neuen", "mythischen" Vernunft). In: Östereichische Zeitschrift für Soziologie, 7. Jg. 1982, Heft 3 u. 4, 103-109.

Steinhagen, Harald (1979) Zu Walter Benjamins Begriff der Allegorie. In: Haug, Walter (Hrsg.) 1979, 666-685.

Stuke, Horst (1972) Aufklärung. In: Brunner, Otto; Conze, Werner; Koselleck, Reinhart (Hrsg.) 1972, 243-342.

Swanson, G. E. (1960) The Birth of the Gods. Ann Arbor.

Tambiah, S. J. (1970) Form und Bedeutung magischer Akte. Ein Standpunkt. In: Kippenberg, Hans G. u. Luchesi, Brigitte (Hrsg.) 1987, 259-296.

Thierkopf, Dietrich (1979) Nähe und Ferne. Kommentare zu Benjamins Denkverfahren. In: Arnold, Heinz L. (Hrsg.) 1979, 3-18.

Thompson, John B. (1982) Universal Pragmatics. In: Thompson, John B. u. Held, David (Eds.) 1982, 116-133.

Thompson, John B. u. Held, David (Eds.) (1982) Habermas - Critical Debates. London

Tylor, Edward B. (1873) Die Anfänge der Cultur. Untersuchungen über die Entwicklung der Mythologie, Philosophie, Religion, Kunst und Sitte (2 Bde.). Leipzig.

Unger, Roberto Mangabeira (1986) Leidenschaft. Ein Essay über Persönlichkeit. Frankfurt/M.

van Reijen, Willem (1982) Horkheimer. Hannover.

van Reijen, Willem (1987) Post-scriptum. In: Kamper, Dietmar u. van Reijen, Willem (Hrsg.) 1987, 9-36.

van Reijen, Willem u. Schmid Noerr (1987) Vorwort. In: dies. (Hrsg.) 1987a, 7-11.

van Reijen, Willem u. Schmid Noerr (1987a) Vierzig Jahre Flaschenpost: "Dialektik der Aufklärung" 1947 bis 1987. Frankfurt/M.

Vogt, Rolf (1986) Psychoanalyse zwischen Mythos und Aufklärung oder Das Rätsel der Sphinx. Frankfurt/M. u. New York.

von Friedeburg, Ludwig u. Habermas, Jürgen (Hrsg.) (1983) Adorno-Konferenz 1983. Frankfurt/M.

Waldenfels, Bernhard (1985) In den Netzen der Lebenswelt. Frankfurt/M.

Weber, Max (1920) Die protestantische Ethik und der Geist des Kapitalismus. In: ders. 1920a, 17-206.

Weber, Max (1920a) Gesammelte Aufsätze zu Religionssoziologie 1. Tübingen.

Weber, Max (1973) Gesammelte Aufsätze zur Wissenschaftslehre. Tübingen.

Wellmer, Albrecht (1977) Kommunikation und Emanzipation. Überlegungen zur "sprachanalytischen Wende" der kritischen Theorie. In: Jaeggi, Urs u. Honneth, Axel (Hrsg.) 1977, 465-500.

Wellmer, Albrecht (1985) Zur Dialektik von Moderne und Postmoderne. Vernunftkritik nach Adorno. Frankfurt/M.

Wenzel, Harald u. Hochmuth, Uwe (1989) Die Kontingenz von Kommunikation. [im Inhaltsverzeichnis lautet der Obertitel: "Die Kontingenz der Kommunikation"; H.K.] Zur kritischen Theorie des kommunikativen Handelns von Jürgen Habermas. In: Kölner Zeitschrift für Soziologie und Sozialpsychologie, Heft 2 1989, 241-269.

Widerspruch. Münchener Zeitschrift für Philosophie. 6. Jahrg., Nr. 12 1986.

Wiggershaus, Rolf (1987) Theodor W. Adorno. München.

Wiggershaus, Rolf (1988) Die Frankfurter Schule. Geschichte, theoretische Entwicklung, politische Bedeutung. München.

Wittgenstein, Ludwig (1963) Tractatus logico-philosophicus. Logisch-philoso-

phische Abhandlung. Frankfurt/M.
Wolff, Robert Paul u.a. (1982) Kritik der reinen Toleranz. Frankfurt/M.

Namenregister

(Um eine Überfülle zu vermeiden, entfällt hier die Erwähnung der Namen Horkheimer, Adorno und Habermas)

GPSR Compliance

The European Union's (EU) General Product Safety Regulation (GPSR) is a set of rules that requires consumer products to be safe and our obligations to ensure this.

If you have any concerns about our products, you can contact us on ProductSafety@springernature.com

In case Publisher is established outside the EU, the EU authorized representative is:

Springer Nature Customer Service Center GmbH
Europaplatz 3
69115 Heidelberg, Germany

Batch number: 10809472

Printed by Printforce, the Netherlands